Mahallenin En Mutlu Bebeği

Çeviren

Özge Meliha Düzgün

Çocuk Gelişimi: 17
ISBN: 978-605-384-413-6
Yayıncı Sertifika No: 16238

Mahallenin En Mutlu Bebeği

Yazar: Dr. Harvey Karp
Çeviri: Özge Meliha Düzgün
Yayın Yönetmeni: Ender Haluk Derince
Görsel Yönetmen: Faruk Derince
Yayın Koordinatörü: Özge Ceren Kalender

Baskı:
MY MATBAACILIK SAN. VE TİC. LTD. ŞTİ.
Maltepe Mah. Yılanlı Ayazma Sk. No: 8/F Zeytinburnu / İstanbul
Tel: 0212 674 85 28 e-posta: mymatbaa34@gmail.com
Sertifika No: 34191

YAKAMOZ KİTAP / SONSUZ KİTAP
Gürsel Mah. Alaybey Sk. No: 7/1 Kağıthane/İSTANBUL
Tel: 0212 222 72 25 Faks: 0212 222 72 35
www.yakamoz.com.tr / info@yakamoz.com.tr
www.facebook.com/yakamozkitap
www.twitter.com/yakamozkitap

Mahallenin En Mutlu Bebeği

YAZAR HAKKINDA

Doktor Harvey Karp, UCLA Tıp Fakültesi Pediatri Bölümü'nde asistanlık yapmaktadır. Mahallenin En Mutlu Yumurcağı kitabının yazarı olan Doktor Karp, çocuk gelişimi, çocuk sağlığı-çevre ilişkileri ve ana sütü konusunda ülke çapında ün yapmış bir uzmandır. Karısı ve kızıyla birlikte Califronia'da yaşamaktadır.

Profesyoneller Dr. Karp ve "Mahallenin En Mutlu Bebeği" hakkında ne dediler?

"Bu iyi yazılmış kitap sürekli ağlayan bebeklerle ilgilenmek konusunda bilimsel olarak sağlam ve etkili bir ebeveyn rehberine duyulan çok büyük bir ihtiyacı karşılıyor. Doktor Karp'ın bu kitabı, bu zorlu konu üzerine yazılmış okuduğum en iyi kitap."

–Dr. Morris Gren, Indiana Üniversitesi Tıp Fakültesi Pediatri Profesörü Perry W. Lesh

"Bu muhteşem bir kitap! Nesiller boyu birçok ebeveyn bebeklerin neden ağladığını ve onlara nasıl yardım edebileceklerini anlatan bu açık ve eğlenceli kitap için Doktor Karp'a müteşekkir olacak."

–California Üniversitesi Tıp Fakültesi Pediatri Profesörü ve *Çocuklarla Karşılaşmalar: Pediatrik Gelişim ve Davranışlar* Kitabının Ortak Yazarı Dr. Martin Stein

"*Mahallenin En Mutlu Bebeği* baştan sona bilgelikle dolu, eğlenceli ve usta işi bir kitap. Yeni doğmuş bebekler hakkında gördüğüm en iyi ve en orijinal fikirleri içeriyor. Doktor Karp, ailelerin uygulayabileceği, harika ve yaratıcı önerilerde bulunuyor ve insanları eğlendirerek bilgi veriyor."

–Notre Dame Üniversitesi Antropoloji Bölüm Başkanı ve Anne-Bebek Davranışsal Uyku Laboratuarı Yöneticisi Dr. James McKenna

"Harvey Karp, her ebeveynin isteyeceği tipte bir çocuk doktoru. Deneyimi hiçbir şeyle kıyaslanamaz ve ailelerle empati kurma yeteneği de çok etkileyici. *Mahallenin En Mutlu Bebeği,* ebeveynlere, bebekleriyle birlikte büyüme ve mutlu olmaları için mükemmel çözümler öneriyor.

–Lamaze International Yönetim Kurulu Üyesi Sandra Apgar Steffes

"'Karp Paketi, bebeklerin ağlamasını anında kesebilen çok güçlü bir araç. Eğitim verdiğim bebek bakıcıları, bu yöntemin bebekleri diğer her şeyden daha hızlı sakinleştirdiğini söylüyor."

–SM-UCLA Hastanesi Yeni Doğan Servisi Hemşireleri Müdürü Lynn Sullivan

"Doktor Karp doktorlara, terapistlere ve öğretmenlere yeni yetenekler kazanma fırsatı yaratıyor ve onlara, mızmız bebeklerin ailelerine yardım etmek için harika ve çok net bir yaklaşım sunuyor."

–Erken Çocukluk Merkezi ve Cedar-Sinai Tıp Merkezi Müdürü Doktor Carol Blake

"Ebeveynlik eğlencelidir ve öyle de olmalıdır. Bu kitap, sağlam bilimsel kanıtlar ve yılların deneyiminin harika bir karışımı. Bu kitap, hem ebeveynleri hem de bebekleri mutlu etmek için bir alet çantası."

–Waismann Gelişim Merkezi Müdürü ve Wisconsin-Madison Üniversitesi Pediatri Profesörü Lewis Leavitt

"5 Temel Prensip' o kadar etkili ki, yeni doğmuş bebekleri olan her ebeveyne öğretilmeli."

–*Çocukların Uyku Problemlerine Dair Çözümler* kitabının yazarı Elizabeth Pantley

Ünlüler Dr. Karp ve "Mahallenin En Mutlu Bebeği" hakkında ne dediler?

"Bu kitap okunmalı! Doktor Karp, çok eski ve en yeni bilgileri harmanlayarak ebeveynlik konusunda çok önemli ipuçları veriyor. Oğlumuz '5 Temel Prensip'e hemen tepki verdi."

–Keely ve Pierce Brosnan, Televizyon Gazetecisi/Çevreci ve Aktör

"Keşke Doktor Karp'ı daha önceki iki bebeğim olduğunda tanısaydım. Bu kitaptaki sakinleştirici ve sevgi dolu öneriler sayesinde daha küçük iki çocuğumu büyütmek benim için bir rüya gibiydi."

–Oyuncu ve Hunter's Choosen Child Vakfı Kurucusu Hunter Tylo

"Büyük annem, Harvey Karp'la gurur duyardı. O bizi en eski ve temel değerlere yönlendirip sağduyuyu öğütlüyor."

–Oyuncu Alfre Woodart

"Doktor Karp'ın ağlayan bir bebek üzerinde gösterdiği mucizeleri izlemek kadar keyifli hiçbir şey yok. O bir çocuk doktoru değil, bir sihirbaz. Çocuklarımı ne zaman onu görmeye götürsem, oradan babalarının o olmasını dileyerek çıkıyorum."

–*Curb Your Enthusiasm*'ın Yıldızı ve Seinfeld'in Ortak Yapımcısı Larry David

"Harvey Karp'ın açık fikirli ve yaratıcı yaklaşımı sadece çocuklarımızın değil, ebeveyn olarak benim ve karımın da çok işine yaradı."

–Kristen ve Lindsey Buckhingam, Fotoğrafçı ve Şarkıcı/Şarkı Sözü Yazarı

"Doktor Karp yeni ebeveynlik deneyimimizde bize en çok yardımcı olabilecek, en doğru doktordu. Onun, sadece çocuklara değil, ebeveynlere karşı da büyülü bir gücü var."

–Robin Swicord ve Nicholas Kazan, *Matilda, Practical Magic ve Reversal of Fortune* Filmlerinin Senaryo Yazarları

"Doktor Karp, dünyanın en iyi doktoru. Ne zaman çocuklarımızın bir sorunu olsa, o bizi sıcaklığı, bilgisi ve espri anlayışıyla yönlendirdi. Bu da geceleri *bizim* daha rahat uyumamıza yardımcı oldu."

–Janet ve Jerry Zucker, *Airplane, Ghost* ve *Rat Race* Filmlerinin Yönetmeni

Ebeveynler Dr. Karp ve "Mahallenin En Mutlu Bebeği" hakkında ne dediler?

"Az önce bebeğimi sakinleştirmek için ne yaptığınızı bana öğretirseniz size 100 Dolar veririm."

–Denise, Michael, Jacqueline ve Olivia

"Curtis'in ağlaması yüksek sesli ve iç parçalayıcıydı. Onu sakinleştirmek için bulduğum tek yol, ofisinizde öğrettiğiniz o küçük 'numaralardı'."

–Carol, Don, Curtis ve Carter

"Kızımızın ağlama sorunu çok korkunçtu. Doktor Karp'ı görmeye gittiğimde tükenmiştim. Onun tekniğini kullandıktan sonra sıkı takipçisi olduk. İnanılmaz biçimde, yöntem bizim için her zaman işe yaradı."

–Alise, Will ve Cameron

"Bize Karp yöntemini öğrettiğiniz için ikinci çocuğumuzun mutluluğunu size borçluyuz. Bu, karın ağrıları için mucizevî bir çözüm."

–Ana, Jeff ve Alexander

"Biz buna 'Karp Geçişi' diyoruz. Bunu ilk gördüğümde şaşkınlıktan donakalmıştım. Ben saniyeler içinde ağlamaktan vazgeçti ve benim çenem neredeyse yere düşmüştü!"

–Christina, Jonah ve Ben

"Karımla birlikte bebekler üzerine en az on kitap almışızdır. Fakat sizin bize gösterdiğiniz şeyler hiçbir kitapta yok."

–Martin, Ann ve Madison

"Theo'yu kundaklamak çok büyük bir fark yarattı. Artık geceleri beş–altı saat deliksiz uyuyor. Ayrıca artık geceleri kusmuyor. Size çok şey borçluyuz."

–Lisa, Evan ve Theo

"Doktor Karp'ın yöntemi hayatımızı kurtardı. Basit bir 1-2-3, kundakla, "şşşt" sesiyle ya da hafif bir sallamayla bebeğimiz uykuya dalıyor ve biz de büyük alkışlar alıyoruz."

–Laurel, Atillio, Raffaella ve Rocco

"Bizim en büyük derdimiz gaz sancılarıydı. Doktor Karp'ı aradıktan iki hafta sonra Emma gecede 8-10 saat uyumaya başladı. Doktor Karp hayatımızı değiştirdi!"

–Jody, Sam ve Emma

Dünyanın her yerindeki yeni
ebeveynlerin cömert yüreklerine ve
dünyaya böyle bir güvenle gelen
sevgili bebeklerimize...

Teşekkürler

Keşfetmenin asıl yolculuğu, yeni ülkeler aramak değil, yeni bir vizyona sahip olmaktır.

Marcel Proust

Ben bir çocuk doktoruyum ve mesleğimi çok seviyorum. Tıbbın kısmen biyolog, kısmen psikolog, kısmen antropolog, kısmen hayvan taklitçisi ve en önemlisi, kısmen büyük anne olmama izin veren çok özel bir alanında çalıştığım için kendimi çok ayrıcalıklı hissediyorum.

Bu kitapta, tüm bu kimliklerimi kullandım. Tarihteki en iyi ebeveynlerin çocuklarını sakinleştirmek için neler yaptıklarını gösterirken, bir yandan da bunların neden işe yaradığını açıklamayı ve biraz da eğlenmeyi umuyorum! Bu kitabı yazma amacım ebeveynlere, büyük ebeveynlere ve bebeklerle ilgilenen herkese, sevgi mesajlarını tüm bebeklerin anlayacağı dile tercüme etmeyi öğretmek.

Bu kitabı hazırlamak uzun yıllarımı aldı ve hepsine derin bir şükran ve sevgi duyduğum küçük bir grup insan olmasaydı asla tamamlanmazdı:

- Çalışmalarım sırasında çocuklarına dokunmama, ailelerinin bir parçası olmama ve onlarla birlikte öğrenmeme izin veren tüm anne ve babalara,
- Bana dünyanın güzelliği ve düzenine hayran olmayı öğ-

reten sevgili annem Sophie'ye ve sabrını örnek aldığım, kendini hiçe sayan cömertliğiyle beni hep kollayan ve bana eğitim armağanını veren babam Joe'ya,

- Ruh eşim, kalbimi ve gözlerimi açan en iyi arkadaşım, öğretmenim ve tutkum olan olağanüstü karım Nina'ya; çok özel ve cesur bir kadın olan kayınvalidem Desa'ya ve uzun çalışma saatlerime zarafetle anlayış gösteren kızım Lexi'ye,
- Öğretmenlerim Arthur H. Parmelee Jr. ve T. Berry Brazelton'a. Onların karmaşık şeyleri basitleştirme yeteneği çocukları nasıl gözlemlemem ve anlamam gerektiğini öğrenmeme yardım etti. Meraklı zihinlere sahip olan Ronald Barr, Julius Richmond, Tiffany Field, Barry Lester'a ve çalışmaları bebeklerin iç dünyasına giden yolda beni yönlendiren yol işaretleri olan daha birçok dürüst bilim insanına,
- Zamanlarını ve bilgilerini esirgemeden bu kitabı gözden geçiren meslektaşlarım Marty Stein, Jim McKenna, Neal Kaufman, Sandra Steffes, Constance Keeffer ve Stan Inkelis'e,
- Uzun kitap yazımı sürecinde bana fikir veren ve yardım eden dostlarım Toby Berlin, Michael Grecco, Laurie David, Eric Weissler, Peter Gardner, Bart Walker, Richard Grant, Sylvie Rabineau, Katy Arnoldi, Laurel ve Tom Barrack, Jonathan Feldman, Dick ve Lisa Stolley ve Darry Cook'a; kitabımı yardımları sayesinde tamamladığım Tent Street'teki ebeveynlere ve ortaklarıma,
- Becerikli yardımları için asistan editör Nita Taublib'e; keskin zekâlı ve keskin kalemli editörüm Robin Michaelson'a; Jennifer Kalis'in eğlenceli hayal gücüne ve menajerim Suzanne Gluck'un deneyimli önerilerine,

Hepinize teşekkür ederim!

İçindekiler

Giriş..**19**

Ağlayan Bebekleri Sakinleştirmenin
En Eski Yolunu Nasıl Yeniden Keşfettim?.................. 19

BİRİNCİ BÖLÜM

Bak Şu Ciyaklayana:
Bebekler Neden Ağlar? Ve Bazı Bebekler Neden Çok
Fazla Ağlar?.. 23

1. En Azından Umut Var: Ağlayan Bebekleri
Sakinleştirmenin Kolay Bir Yolu.............................. 25
2. Ağlamak: Bebeklerimizin En Eski Hayatta
Kalma Aracı.. 45
3. Korkunç Kolik: Tüm Aile için Kriz 57
4. Ağlama Krizleri Hakkındaki En Yaygın Beş Teori ve
Bunların Yanlış Olma Sebepleri................................ 69
5. Koliğin Gerçek Sebebi: Eksik Kalan Dördüncü
Üç Aylık Dönem... 109

İKİNCİ BÖLÜM

Tarihî Çocuk Sakinleştirme Sanatını Öğrenmek........ 133

6. Bebeğini At Sanan Kadın: Dördüncü Üç Aylık
Dönemi Unutan Modern Ebeveynler........................ 135
7. Bebeğinizin Ağlamasını "Kapatma" Düğmesi:
Sakinleşme Refleksi ve "Beş Temel Prensip".............. 147

8. İlk Prensip: Kundaklama – Tamamen Sarmalanmışlık Duygusu 171
Gecenin Bir Yarısı: Beş Temel Prensiple Bebeğinizin Ağlamasını Durdurmak 202
9. İkinci Prensip: Yan ya da Yüzükoyun – Bebeğinizin Kendini İyi Hissettiği Pozisyon 205
10. Üçüncü Prensip: Şşşt – Bebeğinizi En Çok Sakinleştiren Ses 219
11. Dördüncü Prensip: Sallama – Bebeğinizin İhtiyaçlarına Göre Ritimli Biçimde Sallanmak 237
12. Beşinci Prensip: Emmek – Keyif Kısmı 265
13. Sarmalama Tedavisi: Beş Prensibi Bir Araya Getirerek Bebeğiniz için Mükemmeli Bulmak 283
14. Diğer Ağlama Krizi Çareleri: Masaj ve Yeme Sorunlarının Çözümlerinden Kocakarı Hikâyelerine 295
15. Sihirli Altıncı Prensip: Tatlı Rüyalar! 319

SONUÇ
Tünelin Ucundaki Gökkuşağı: Bebeğiniz Sonuçta Doğmaya Hazır 353

EKLER
EK A: Kırmızı Bayraklar ve Kırmızı Alarmlar: Ne Zaman Doktoru Aramanız Gerekir? 359

EK B: Yeni Ebeveynin Hayatta Kalma Kılavuzu: Yeni Doğan Bebeklerin Ebeveynlerine En Önemli On Hayatta Kalma Sırrı 369

Bu kitap bebeklerin bakımıyla ilgili tavsiye ve bilgiler içerir. Tıbbi tavsiyenin yerine geçmesi için değil, çocuk doktorunuzun tavsiyelerine destek olması amacıyla yazıldı. Her çocuk farklıdır. Bu nedenle çocuğunuzla ilgili özel sorunları mutlaka doktoruyla görüşmeniz gerekir.

Giriş

Ağlayan Bebekleri Sakinleştirmenin En Eski Yolunu Nasıl Yeniden Keşfettim?

1970'lerin başında çocuklar üzerine çalışmalarıma başlarken, ağlayan bebekleri sakinleştirmenin ne kadar kolay olduğunun kesinlikle farkında değildim. Albert Einstein College'daki tıp eğitimim boyunca öğretmenlerim bana bebeklerin gaz sancısı yüzünden çığlık attığını öğretmişti, bu nedenle de ağlama krizlerini sakinleştirmek için kabul gören sadece iki yaklaşım vardı. İlki, büyük annenin tavsiyesine uyarak bebeği kucağa almak, sallamak ve emzik kullanmaktı. Bu başarısız olduğunda, ilaçlara başvururdunuz: *Yatıştırıcılar* (bebeği uyumaya zorlamak için), *spazm giderici ilaçlar* (mide kramplarını iyileştirmek için) ya da *gaz önleyici damlalar* (bebeğin geğirmesine yardımcı olmak için).

Fakat 1970'lerin sonlarında bu üç yaklaşım sorgulanmaya başlandı. Çocuklara yatıştırıcı vermenin uygunsuz olduğu düşünülüyordu. Spazm giderici ilaçlar yüzünden komaya girip ölen bebekler olduktan sonra, doktorlar bu ilaçları da kullanmayı bıraktı. Araştırmalar, gaz önleyici damlaların sudan daha faydalı olmadığını ortaya çıkarınca onlar da çekiciliklerini kaybettiler.

Tıp eğitimim çok iyi olmasına rağmen, konu yeni doğmuş

bebeklerin ağlama krizleri olunca kendimi çaresiz hissediyordum. Los Angeles'ta yaşarken üç yıl boyunca, dünyanın en kalabalık çocuk hastanelerinden biri olan Los Angeles Çocuk Hastanesi'nde çalıştım. Mükemmel eğitim almış bir "bebek doktoruydum", fakat perişan olmuş ailelere, yeni doğan bebeklerinin çığlıklarını dindirmeleri konusunda yardım edemiyordum. 1980'de UCLA Tıp Fakültesi'nin Çocuk Gelişimi Bölümü'nde öğretim üyesi olarak çalışmaya başladığımda, rahatsızlığım bir şok ve alarm hissine dönüştü. UCLA Çocuk Tacizi Ekibi'nin bir üyesi olarak, bebeklerinin sonu gelmez çığlıklarını engellemeyi başaramayınca korkunç tacizlerde bulunan ebeveynlerin ciddi yaralar almış çocuklarını tedavi ettim.

Gelişmiş tıp sistemimizin, bu çok görülen ve çok rahatsız edici olan soruna tek bir etkili çözüm bile üretememiş olması beni çok rahatsız ediyordu. İki yıllık öğretim görevliliği döneminde, ağlama krizleri hakkında bulabildiğim her şeyi okudum. Niçin bu kadar çok çocuğun bu gizemli rahatsızlıktan muzdarip olduğunu ortaya çıkarabilecek her ipucunun peşinden gitmeye kararlıydım.

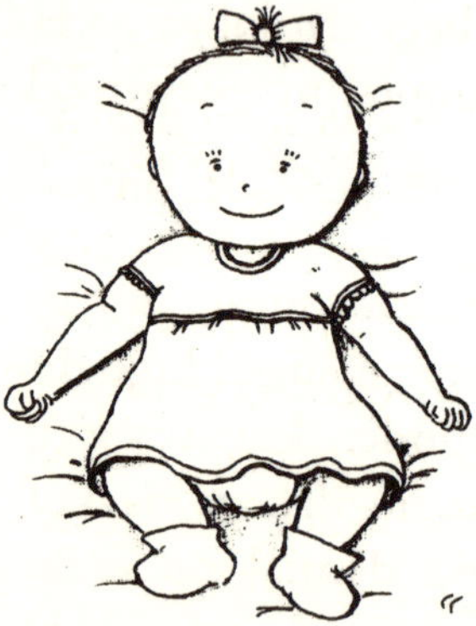

Kısa süre sonra, paniğimi umuda dönüştüren iki gerçeği keşfettim.

Bunlardan ilki, yeni doğmuş bir bebekle, üç aylık bir bebeğin beyni arasındaki büyük farkları öğrenmem oldu. Amerika'nın saygın çocuk doktorlarından Arthur H. Parmelee Jr.'ın 1977'de yayınladığı muhteşem bir makalede, bebeklerin beyinlerinin

hayatlarının ilk aylarında ne kadar gelişip karmaşıklaştığı anlatılıyordu. Bu durumu, iki bebeğin çizimlerini göstererek belirginleştirmişti: Yaygara koparan yeni doğmuş bir bebek ve size gülümseyen üç aylık bir bebek (solda görebilirsiniz). Doktor Parmelee, bebek sahibi olmak üzere olan birçok çiftin, üç aylık bebeğe benzer, onlara gülümseyen bir bebekle karşılaşmayı hayal edip, gerçekte, en azından ilk birkaç ay için, daha çok bir fetüse benzeyen, gürültücü bir bebeğe sahip olduğunu gözlemlemişti. Bu örnek, bebeklerin hayatlarının ilk üç ayında geçirdikleri devasa değişimi ve aynı zamanda, toplumumuzdaki ebeveynlerin, yeni doğan bebeklerin nasıl görünmelerini ve kişiliklerini ortaya koymalarını beklediklerini etkileyici biçimde ortaya koyuyor.

İkinci önemli keşfimi, farklı toplumların çocuk yetiştirme pratikleri hakkında okurken yaptım. UCLA Tıp Kütüphanesi'nin küflü raflarındaki eski kitapları okurken, hastalarımdan birçoğunun hayatını epeyce etkileyen ağlama krizlerinin dünyanın her yanındaki kültürlerdeki bebeklerde de görüldüğünü öğrenip çok şaşırdım.

Bu konuyu araştırdıkça kültürümüzün, başka birçok alanda çok önde olsa da, söz konusu bebeklerin ihtiyaçlarını anlamak olduğunda oldukça geri kaldığını gördüm. Bir yerlerde, bir şekilde yanlış bir yola sapmıştık. Bebeklerin ağlaması hakkındaki fikirlerimizin, yüzyıllar süren efsanelere ve yanlış anlamalara dayandığını fark ettiğimde, bebeklerin neden ağladığı ve onları nasıl sakinleştirebileceğimiz hakkındaki ezeli sorunun cevabı bir anda tam bir berraklık kazandı. Bizim bebeklerimiz, üç ay erken doğuyordu.

Sizi, bebeğinizin dünyayı nasıl algıladığını deneyimlemeye davet ediyorum. Son yirmi yılda, son derece etkili tekniklerimi, binlerce hastamın bebeklerini başarıyla sakinleştirmekte kullandım. Bu teknikler başlangıçta biraz garip görünebilir, fakat onlara alışınca, hepsinin ne kadar basit olduğunu göreceksiniz. Dünyanın dört bir yanındaki ebeveynler bu teknikleri binlerce yıldır bebeklerini sakinleştirmek için başarıyla kullanıyor. Ve kısa süre sonra, bunu siz de yapabileceksiniz!

Harvey Karp

BİRİNCİ BÖLÜM

Bak Şu Ciyaklayana:

Bebekler Neden Ağlar? Ve Bazı Bebekler Neden Çok Fazla Ağlar?

1

En Azından Umut Var: Ağlayan Bebekleri Sakinleştirmenin Kolay Bir Yolu

Ana Noktalar:

- Bütün bebekler ağlar, fakat yeni ebeveynlerin genellikle onları sakinleştirmek konusunda çok az deneyimi vardır.
- Temel Sorun: Birçok açıdan bebekler üç ay erken doğarlar.
- Sakinleşme Refleksi: Doğanın, bebek ağlamasını kapatma düğmesi
- Beş Prensip: Bebeğinizin sakinleşme refleksini nasıl ortaya çıkarabilirsiniz?
- Sarmalama Tedavisi: Yaygaracı bir bebeğe yardım etmek için "Beş Prensip"i birleştirmek

---

Suzanne endişeli ve perişandı. İki aylık bebeği Sean hiç durmadan çığlık atıyordu. Saatlerce, hiç susmadan ağladığı oluyordu. Bir akşamüstü bebeğe bakmak için kız kardeşi gelmiş, Suzanne da sıcak bir banyo ve hızlı bir "kaçamak" yapmak için banyoya girmişti. Kırk beş dakika sonra uyandığında, banyonun mavi döşemeli zemininde bir top gibi kıvrılmıştı ve yüzüne buz gibi su sıçrıyordu.

Bu arada, dünyanın öbür ucundaki Kuzey Botswana'nın zorlu Kalahari platolarında Nisa, Choku adlı küçük bir kız çocuğu doğurdu. Chuko zayıf ve hassastı, fakat küçük boyutlarına rağmen o da sık sık ağlayan zor bir bebekti.

Nisa, Chuko'yu deri bir askıyla kendine bağlamıştı ve gittiği her yere onu da götürüyordu.

Suzanne'in tersine o, Chuko ağladığında hiç endişelenmiyordu, çünkü Kung San Kabilesi'nin tüm kadınları gibi, bebeğini saniyeler içinde nasıl sakinleştirebileceğini biliyordu.

Suzanne Sean'ın çığlıklarını dindirmekte neden bu kadar zorluk çekiyordu?

Nisa, bebeğini böyle kolayca sakinleştirmesine yardım eden hangi eski sırları biliyordu?

Birazdan öğreneceğiniz gibi, bu iki sorunun cevabı, bebeklere bakışınızı temelden değiştirecek! Bu cevaplar size dünyayı bebeğinizin gözlerinden gösterecek ve daha da önemlisi, size bebeğinizin ağlamasını birkaç dakikada nasıl durduracağınızı ve uyku saatlerini nasıl uzatacağınızı öğretecek.

Bebeğiniz Doğdu

Tamamen kuru olduğunda, tatlı ve saf teni, doğadaki en öpülesi şey olur.

Marion Harland *Bebek Bakımında Sağduyu,* 1886

Tebrikler! Şimdiden çok büyük bir iş başardınız! Bebeğinizi, oluştuğu andan itibaren, "doğum" gününe kadar başarıyla beslediniz. Bir bebek sahibi olmak harika bir duygudur. Ayrıca, sizi aynı anda hem ağlatacak hem güldürecek hem de şaşkına çevirecek deneyimlerle doludur.

Yeni bir ebeveyn olarak en önemli göreviniz, bebeğinizi deliler gibi sevmektir. Onu sevgiyle kucakladıktan sonraki önemli görevleriniz ise onu beslemek ve ağladığı zaman sakinleştirmektir.

Yirmi beş yıllık çocuk doktorluğu deneyimime dayanarak söyleyebilirim ki, bu iki görevi yerine getirmekte başarılı olan anne-babalar kendilerini gururlu, güvenli ve dünyanın tek hâkimi gibi hissederler. Onların bebekleri dünyanın en mutlu bebeğidir ve onlar, mahallenin en iyi ailesidir. Fakat bu görevleri yerine getirmekte sıkıntı çeken anne ve babalar genellikle umutsuzluğa kapılır.

Neyse ki bir bebeği doyurmak *genellikle* oldukça basit bir iştir. Yeni doğmuş bebeklerin çoğu emme işini, midelerini doldurmada doktora dereceleri varmış gibi kolaylıkla öğrenir. Fakat ağlayan bir bebeği sakinleştirmek, beklenmedik derecede zorlayıcı olabilir.

Hiçbir çift, yeni doğmuş tatlı bebeklerinin "zor" olmasını beklemez. Ailelerin ve arkadaşların anlattığı korkutucu hikâyeleri kim dinler ki? Bizler bizim çocuğumuzun "*kolay*" bir bebek olacağını varsayarız. Yeni ebeveynlerin, bebeklerini susturmanın ne kadar zor olabileceğini öğrendiklerinde şok olmalarının sebebi de budur.

Lütfen beni yanlış anlamayın. Size ağlamanın kötü olduğunu söylemiyorum. Hatta, ağlamak çok iyidir! Doğanın, çaresiz bebeklerin dikkatimizi çekebilmeleri için bulduğu harika bir yoldur. Ve bebeğiniz dikkatinizi çekmeyi başardığında, muhtemelen olası durumları içeren bir listeyi gözden geçirirsiniz:

- Acıktı mı? Onu doyur.
- Altını mı ıslattı? Bezini değiştir.
- Kendini yalnız mı hissetti? Kucağına al.
- Gazı mı var? Gazını çıkart.
- Üşüdü mü? Kalın giydir.

Sorun, *hiçbir şey* işe yaramadığı zaman başlar.

Her beş bebekten birinin, *ortada belirgin bir sebep yokken* tekrarlanan ağlama krizlerine girdiği tahmin edilmektedir. Bu, her yıl ABD'de doğan neredeyse bir milyon sevimli bebek, saatler süren, kızarmış suratlar ve sıkılmış gözlerle ağlama krizlerinden muzdariptir.

Mutsuz bebeklerin ebeveynlerinin birer kahraman olmalarının sebepleri de budur. Bir bebeğin çığlığı gerçekten de çok yürek burkucudur. Bitkin ve çıldırmış anne ve babalar, saatler boyunca ağlayan bebeklerini sevgiyle kucaklar ve onları sakinleştirmeye çalışır. Fakat sonu gelmeyen ağlamalar, kendilerine güvenlerini zedeleyebilir: "Bebeğimin canı mı yanıyor?", "Onu şımartıyor muyum?", "Kendini terk edilmiş mi hissediyor?", "Ben kötü bir anne miyim?"

Bu engelle karşılaşan en sevgi dolu ebeveynler bile bazen kendilerini umutsuzluk ve depresyonun kollarında bulurlar. Bir bebeğin sonu gelmeyen çığlıkları, umutsuzluğa düşmüş yetişkinlerin sınırlarını zorlayarak, çocuk istismarı sınırlarını geçmelerine bile sebep olabilir.

Bitkin ebeveynlere genellikle, "bebeklerinin büyüyüp bu alışkanlıktan vazgeçmesini beklemeleri" söylenir. Fakat birçoğumuz, bunun doğru olamayacağını hissederiz. Bebeklerimize yardım etmenin bir yolu olmalıdır.

Ben size bunu öğreteceğim.

Yardım Aranıyor: Bebekleri Çok Fazla Ağlayan Ebeveynler Kimden Yardım İster?

Annelere, bebeklerinin yeme sorunları konusunda yardımcı olabilecek birçok klinik ve uzman varken, sürekli ağlayan bebekler konusunda destek veren çok az kurum vardır. Bu büyük bir talihsizliktir, çünkü ağlayan bir bebeği susturma ihtiyacı içgüdüsel olsa da, bunu yapabilme yeteneği öğrenilmesi gereken bir beceridir.

Bugünün ebeveynleri, daha önceki nesillerle karşılaştırıldığında bebek bakımı konusunda en az deneyime sahip olan nesildir. (Şaşırtıcı biçimde, kültürümüzde ehliyet almak için bebek sahibi olmak içi gerekenden çok daha fazla eğitim almanız gerekir.)

Bu, deneyimsiz ebeveynlerin yalnız oldukları anlamına gelmez. Tam tersine, onlar bir tavsiye bombardımanına maruz kalır. Deneyimlerime göre Amerika'nın en önemli boş vakit geçirme eğlencesi beysbol değil, yeni ebeveynlere istenmeyen tavsiyeler vermektir. "Canı sıkılmıştır", "Ateşi çıkmıştır", "Bir şapka tak" ya da "Gazı vardır."

Bu gerçekten çok kafa karıştırıcı olabilir! Kime inanmanız gerekir?

Ebeveynler genellikle, hayal kırıklığı ve endişeyle doktorlarından yardım isterler. Araştırmalar, her altı çiftten birinin, bebeklerinin sürekli ağlama sorunu yüzünden doktora başvurduğunu gösteriyor. Bu bebekler muayene edilip sağlıklı bulunduğunda, doktorun ebeveynlere sağlayabileceği çözüm, onlara sempati duymaktan pek de öteye geçmez. "Zor olduğunu biliyorum ama sabırlı olun, bu durum sonsuza dek sürmeyecek." Bu tip tavsiyeler genellikle endişeli ebeveynlerin bebekler üzerine yazılmış kitaplara yönelmesine sebep olur.

Ağlama krizlerinden muzdarip bebeklerin ebeveynleri, çocuklarının sorununa çözüm arayarak saatlerce bu kitapların sayfalarını karıştırır. Fakat genellikle bu tavsiyeler de kafa karıştırıcıdır: "Bebeğinizi kucağınıza alın -fakat onu şımartmamaya dikkat edin." "Bebeğinizi sevin- ama ağlayarak yorgun düşüp uyumasına izin verin."

Bu uzmanlar bile *gerçekten* yaygaracı bebekler için önerebilecekleri bir çözüm olmadığını itiraf eder:

Çığlıklarını durdurmayı bile sık sık başaramayabilirsiniz.

Bebeğinizin İlk Yılında Neler Beklemelisiniz – Eisenberg, Murkoff ve Hathaway

Bu durum bir saat, hatta bazen saatler boyunca devam edebilir.

Bebeğiniz ve Çocuğunuz – Penelope Leach

Bebeğinizi, sesini bastırmak için sıcak suyu açıp duşa girdiğinizde beşiğine koymanızda hiçbir sakınca yoktur.

Kız Arkadaşın, Anneliğin İlk Yılı Atlatması için El Kitabı
– Vicki Iovine

Fakat ağlama krizleri geçiren bir bebeğin ebeveynleri için, sıcak bir duş pek de etkili bir çözüm sayılmaz.

Karşılaştığım birçok bitkin ebeveyn, tüm mantıklarına rağmen yapabilecekleri tek şeyin bebeklerinin yanında durup ağlamasına katlanmaları gerektiğine ikna olmuş olur. Ama ben onlara tersini söylüyorum. Mutsuz bebekler sakinleştirilebilir, hem de birkaç dakikada!

Bebekleri Sakinleştirmenin Dört Temel Yolu

İlkel kültürlerde yaşayan insanlar, birçok açıdan Batı toplumlarına göre geridedir. Fakat, bazı alanlardaki bilgileri harikadır... Bu alanlarda "ilkel" olan bizleriz. Bu özellikle yeni doğmuş bebekleri sakinleştirmek konusunda geçerlidir.

Geçmişin bilgeliğinden parçalar alıp onları en yeni modern araştırmalarla birleştirdim ve beş binden fazla bebekle ilgilendiğim yıllarda edindiğim kendime özgü gözlemlerimle harmanladım. Bu birikimden, bebekleri daha iyi anlamak ve onları sakinleştirme ve deliksiz uyumalarını sağlama konusunda daha becerikli olmak isteyen herkesin hayati önem taşıyan dört temel ilke oluşturdum:

- Eksik Kalan Dördüncü Üç Aylık Dönem
- Sakinleşme Refleksi
- Temel Prensipler
- Sarmalama Tedavisi

Eksik Kalan Dördüncü Üç Aylık Dönem - Birçok Bebek, Üç Ay Erken Doğduğu için Ağlar

Hiç yeni doğmuş bir at ya da inek yavrusu gördünüz mü? Bu yeni doğmuş hayvanlar, doğdukları gün yürüyebilir, hatta koşabilir. Çünkü hayatta kalabilmek için koşabilmek zorundadırlar.

Onlara kıyasla bizim yeni doğmuş bebeklerimiz olgunluktan epeyce uzaktır. Koşamazlar, yürüyemezler, hatta yan bile dönemezler. İngiliz bir anne bana, yeni doğan kızları gözlerine dünyaya hiç hazır değilmiş gibi göründüğü için kocasıyla birlikte ona "küçük yaratık" takma ismini verdiklerini söylemişti. Bebekleri bu şekilde gören sadece onlar değildir; İspanyollar bebekler için, "yaratık" anlamına gelen *criatura* kelimesini kullanırlar.

Yeni doğan bebeğiniz birçok açıdan bir çocuktan çok bir fetüse benzer. Zamanının büyük bir kısmını uyuyarak ve beslenerek geçirir. Doğumunuzu üç ay geciktirebilecek olsaydınız, bebeğiniz gülümseme, ses çıkarma ve tepki verme yetenekleriyle doğardı. (Ve bunu, bebeğinin dünyada geçirdiği ilk gününde istemeyen ebeveyn yoktur!) Fakat şimdiye kadar hiçbir kadını, bebeğini üç ay daha taşımaya ikna edemedim... Ve bunun oldukça iyi bir sebebi var. Dokuz aylık hamileliğin ardından, bebeğin başının doğumu tamamlaması yeterince zor bir süreçtir; on iki aylık bir hamileliğin sonunda bu imkânsız olurdu.

Bebeklerimiz doğumda neden bu kadar az gelişmiştir? Bunun sebebi basittir. Hayatta kalması büyük ve güçlü bedenine bağlı olan atların aksine, bir insan yavrusunun hayatta kalması büyük ve güçlü beynine bağlıdır. Hatta bizim bebeklerimizin beyni öyle büyüktür ki, fetüslerin doğum kanalında sıkışıp kalmasını engellemek amacıyla beyinleri dünyada yaşamaları için yeterli hâle gelmesinden uzun süre önce onları "evden çıkarmak" zorunda kalırız.

Yeni doğmuş bebekler, dünyaya hazır olduklarına dair bazı işaretlere sahiptir, fakat buna rağmen, dünyadaki ilk üç aylarında bebeklerimiz öylesine olgunlaşmamıştır ki, kendilerini endişeli hissettiklerinde tekrar annelerinin karnına dönme şansına sahip olsalar çok mutlu olurlardı. Fakat bizler kanguru olmadığımız için, sevgi dolu ve şefkatli ebeveynler olarak, elimizden gelen, criatura'larımızın anne karnında günün 24 saati keyfini çıkardıkları rahatlatıcı hisleri sağlamaktır.

Fakat ebeveynler, bebeklere dördüncü üç aylık dönemlerini yaşatabilmek için çok önemli bir soruyu cevaplamak zorundadırlar: Anne karnında olmak nasıl bir histir?

Bebeğiniz karnınızdayken, dar bir alanda, fetüs pozisyonundadır ve etrafı, rahmin sıcak duvarları tarafından sarılmıştır. Günün büyük kısmını, hafifçe sallanarak geçirir. Ayrıca sürekli olarak, bir elektrikli süpürgeden daha yüksek, boğuk bir sesle çevrilidir!

Binlerce yıldır ebeveynler, rahimdeki koşulların benzerlerini yaratmanın, yeni doğmuş bebeklerin rahatlamalarını sağladığını bilirler. Dünya üzerindeki neredeyse tüm geleneksel bebek sakinleştirme tekniğinin, karın içindeki duyguları taklit etmeye çalışmasının sebebi budur. Kundaklamaktan sallamaya ve "şşşt" sesi çıkarmaya bu yöntemler, bebeğiniz tepki vermeye, gülümsemeye ve aileye katılmaya hazır olana kadar ona yumuşak, ritmik ve rahim benzeri bir ortam yaratır. Bu dördüncü üç aylık dönemi yaratmak bebekler için çok yardımcı olduğu gibi, çok ağlayan bebekler için de *hayatidir*.

Birçok ebeveyn bu taklidin bebeğe kendini "yeniden evinde hissettirerek" sakinleştirdiğini düşünür. Aslında bu deneyimler, bugüne dek hiç fark edilmemiş ve açıklanmamış çok ciddi nörolojik tepkileri tetikler. Bu tarihi ve çok önemli bebek tepkisinin adı *sakinleşme refleksi*'dir.

Sakinleşme Refleksi: Bebeğinizin Ağlamasını Durdurmak için Doğanın Harika Yöntemi

Bu otomatik yeniden başlatma düğmesi, bir bebeğin ağlamasını hemen durdurur ve hem bebeklerin hem de ebeveynlerin en iyi dostudur. Doğa, bu harika refleksi tetiklemesi için neden rahim benzeri bir ortamı seçmiştir? Bunun sebebi sizi şaşırtabilir: Atalarımız için, yeni doğmuş bebeklerini sakinleştirmek çok önemli olsa da, henüz doğmamış *fetüslerini* sakinleştirmek daha da önemliydi!

Karnınızdaki fetüsün bir öfke patlaması yaşamasının size neler hissettireceğini bir hayal edin. Karnınızda rastgele savrulan yumruk ve tekmeler canınızı yakmakla kalmaz, hassas plasentaya zarar verebilir ya da göbek kordonunu yırtarak ölümcül bir kanamaya sebep olabilir. Kaza eseri oluşabilecek yaralanmalardan daha tehlikeli olan bir başka risk de, kıpırdanan bebeğin rahim duvarlarına takılıp kalarak kaymayı başaramaması ve hem kendisinin hem de annesinin ölümüne sebep olabilmesidir.

Bebeklerimizin ve hatta belki de türümüzün devamını sağlayan şeyin bu sakinleşme refleksi olduğuna eminim. Milyonlarca yıldır, rahmin içindeki duygularla kendilerinden geçen ve aşırı hareket etmeyen fetüsler hayatta kalma ihtimali en fazla olan bebekler olmuştur. Bugünkü bebeklerimiz, o zamanın rahimde kolayca sakinleşen "Zen" fetüslerinin doğrudan akrabasıdır.

Beş Temel Prensip: Bebeğinizin Sakinleşme Refleksini Uyandırmak için Beş Adım

Bir elektrikli süpürge neden ninni görevi görür? Bir Volvo'yla bir battaniyenin ortak yanı nedir? Bunların her biri, rahim ortamının bir özelliğini taklit ederek bebeğinizin sakinleşme refleksini aktive etmeye yardımcı olur.

Atalarımız, bebeklerinin ağlamasını durdurup sakinleştirmeyi sezgisel olarak biliyordu, fakat sakinleşme refleksi, 1990'ların ortalarında, çalışmalarım esnasında yüzlerce ağlayan bebeğin ortak özelliklerini araştırırken ve ben tanımlayana kadar, tamamen göz ardı edilmişti.

Birçok geleneksel bebek sakinleştirme yönteminin *tam olarak doğru* uygulanmadığı sürece işe yaramadığı gerçeği karşısında çok şaşırmıştım. Bir doktorun, doğru yere ufak bir çekiçle hafifçe vurmasıyla tetiklediği diz refleksi gibi, sakinleşme refleksinin de çok belirgin eylemlerle tetiklenebileceğini fark ettim. Fakat doğru uygulandığında, anne karnının sesleri ve duygularının öyle güçlü bir etkisi vardı ki, bir bebeği çığlıklardan sükûnete taşıyabiliyordu. Hatta bunu, bir ağlama krizinin tam ortasındayken bile yapabiliyordu.

Ebeveynler ve büyük ebeveynler geleneksel olarak bebekleri sakinleştirmek için rahmin beş farklı özelliğini kullanır. Ben zamanla değerleri anlaşılmış olan bu sakinleştirme araçlarından "Temel Prensipler" olarak bahsedeceğim:

1. Kundaklama – Sıkıca sarma
2. Yan ya da Yüzükoyun – Bebeğinizi yan ya da yüzükoyun yatırmak
3. Şşşt Sesi – Yüksek ve monoton gürültü
4. Sallamak – Ritmik sallanma hareketi
5. Emmek – Bebeğinizin memenizi, parmağını ya da bir emziği emmesi

Bu beş yöntem, *tam olarak doğru* uygulandığında inanılmaz etkilidir. Doğru teknik ve hızda yapılmadıkları takdirde hiçbir işe yaramazlar. (Beş temel prensibin her birinin nasıl uygulanması gerektiğine dair detaylı açıklamaları 8–12. bölümler arasında bulabilirsiniz.)

Sarmalama Tedavisi: Bebeğinizin Mutluluğu için Beş Temel Prensibin Mükemmel Karışımı

Çok iyi bir ebeveyn olmak için bir bilim insanı olmanıza gerek yoktur, fakat işinizi iyi yapmanıza yardımcı olabilecek birkaç ipucu işinize yarayabilir. Birçok bebek bakımı kitabı bu sakinleştirme önerilerini listeler, fakat bu size, bir yemeği nasıl hazırlayıp pişireceğinizi söylemeden kullanılacak malzemeleri anlatmaları kadar yardımcı olabilir.

Beş prensibin her biri ortalama ciddiyette ağlama krizi geçiren bir bebeği sakinleştirmeye yetecektir. Sizin "kolay" bebeğiniz, sakinleşmek için sadece bir şeyler emmeye ya da odanın içinde ritmik biçimde dans etmeye ihtiyaç duyuyor olabilir. Fakat beş prensibi aynı anda uygulamak öyle karşı konulamaz bir etki yaratır ki en çılgın bebeği bile sakinleştirir. Bu beş prensibin birbiri üzerine katmanlar hâlinde eklenmesi mutsuz bir bebeğin kendini iyi hissetmesine yardım etmekte öyle başarılı ki, hastalarımdan biri buna "Sarmalama Tedavisi" ismini taktı.

Sarmalama Tedavisi, malzemeleri beş temel prensip olan bir pasta olsaydı, muhtemelen çok katlı bir pasta olurdu.

Sakinleştirme adımlarının ilki ve bu konfor pastasının ilk katı kundaklamadır. İkinci sırada yan ya da yüzükoyun yatırma gelir. Bu iki prensip, bebeğinizi sakinleşmeye hazırlar. Kundaklamak bebeğinizin kendine zarar vermesini ve etrafındaki uyaranlardan aşırı etkilenmesini engelleyerek başarı için zemini hazırlar; yan ya da yüzükoyun yatırmak da bebeğinizin düşmekte olduğu hissini yok ederek kendine zarar vermesine engel olur ve sakinleşme refleksini aktive eder.

Bir sonraki katman monoton sestir ve hemen arkasından sallama gelmelidir. Her ikisi de sakinleşme refleksini tetikler ve bebeğinizin dikkatini size ve harika sarılışınıza vermesine yardımcı olur. Bu bebeğinizin gittikçe rahatlamasını sağlar.

Son olarak, en önemli prensiplerden biri olan emme, bebeğiniz için en keyifli kısımdır. Bu prensip en çok, diğer katmanlar bebeğinizi sakinleştirmeye başladıktan sonra işe yarar. Bu da sakinleşme refleksini tetikler ve bebeğinizin derin bir mutluluk ve huzur hissetmesini sağlar. (Elbette çocuğunuzun bakış açısından ona bir pasta yapmış olmayacaksınız fakat kısa bir dördüncü üç aylık dönem için onu yeniden "fırına" vermiş olacaksınız.)

ÇOK KATLI KONFOR VE SAKİNLEŞTİRME PASTASI

Sarmalama Tedavisi İmdada Yetişiyor: Sean'ın Hikâyesi

Bu beş prensip, sinirli bebekleri sakinleştirmek için keşfedilmiş en etkili programdır. Bu program, Sean gibi en zorlu bebeklerde bile işe yarar...

Sean'ı hatırladınız mı? Ağlama krizleri o kadar yorucuydu ki, annesi banyo zemininde uyuyakalmıştı.

Don ve Suzanne yeni bir bebek sahibi olmanın bazen çukur ve tümseklerle dolu bir yolda ilerlemeye benzeyeceğini tahmin ediyordu, fakat bunun bir uçurumdan aşağı araba sürmeye benzeyebileceği konusunda hiçbir fikirleri yoktu. Sean tipik ağlama krizleri geçiren bir bebekti ve ebeveynleri de ağlama krizleri geçiren bir bebeğin tipik sevgi dolu, çıldırmış ve bitkin ebeveynleriydi.

Bakın Suzanne Sean'la geçirdiği ilk günleri nasıl anlatıyor:

"Ben büyürken annem bana sık sık küçükken ağlama krizleri geçiren bir bebek olduğumu söylerdi. Sean doğduktan kısa süre sonra, kefaretimi ödeme zamanının geldiğini anlamıştım. Yakışıklı, koyu renk saçlı oğlum bir hafta erken doğmuştu fakat tıpkı bir yarış atı gibi kapıdan 'dörtnala' çıkmıştı!

Hayatının ikinci haftasından itibaren Sean her gün saatlerce kontrol edilemez ağlama krizleri geçirmeye başladı. Onun acı içinde çığlık atışını izlerken berbat bir anne olduğumu hissediyordum. Hiçbir şey onu sakinleştiremiyordu ve genellikle sonunda kendimi onunla birlikte ağlarken buluyordum.

Ayrıca gizli korkum, Sean'ın ağlama krizlerinin doğum sırasında aldığı bir yaranın sonucu olduğu inancım da beni geren şeylerden biriydi. Doğumum oldukça zor olmuştu. Bir buçuk saat boyunca ıkındıktan sonra doğum uzmanı onu bir vakum yardımıyla almak zorunda kaldı. Buna dair ilk anım, zavallı Sean'ın siyah ve mor renkteki, bir muza benzeyen kafasının görüntüsüydü.

İlk ay, çocuk doktorumuz bize, Sean'ın ağlamalarının 'üzerindeki stresi atmak' için yapılan bir eylem olduğunu söyledi. Bizi, bebeğimizin ağlamasına her defasında tepki vermenin onu şımartabileceği ve istemeden de olsa onu daha çok ağlamaya teşvik edebileceği konusunda uyardı! Tavsiyesinin mantıklı olduğunu düşündük, fakat Sean ağlamaya başladığında onu kendi hâline bırakmak onun daha da çıldırmasına sebep oluyordu ve bu bizim için de çok acı vericiydi.

Don'la birlikte bebekler üzerine bulabildiğimiz tüm kitapları okuduk. Her gün yeni bir yaklaşımı uygulamaya koyuyorduk: Kundaklamak başarıya ulaşmadı; emzikler işe yaramadı; yemek düzenimde değişiklik yapmam da boş bir çabaydı; sallamak ise, otuz bin fit yükseklikteki bir jet uçağına el sallamakla aynı etkiyi gösterdi. Hatta bir arabanın çıkardığı gürültü ve titreşimleri taklit eden bir cihaz kullanmayı bile denedik. Ve bu da hiçbir işe yaramadı.

Bitap düşmüş ve çaresiz hâlde doktorumuza başvurduk. Doktorumuz oldukça sempatikti fakat bize bir kez daha Sean biraz büyüyüp bu aşamayı atlatana kadar ağlamalarına göğüs germemiz gerektiğini söyledi. O akşamüstü eve döndüğümüzde, Don'la birlikte beklemenin hem biz hem de bebeğimiz için katlanılmaz olduğuna karar verdik.

Ertesi sabah da çok korkunçtu. Artık sabrımız taşmıştı ve altı haftalık bebeğimizi yeni bir çocuk doktoruna götürdük. Doktor Karp bize bir sürü soru sordu ve Sean'ın ciddi bir tıbbi sorunu olmadığına emin olduktan sonra bize, "Sarmalama Tedavisi" adını verdiği bir tekniği öğretti.

Sarmalama Tedavisi; sıkı kundaklama, hızlı ve güçlü sallama ve yüksek, monoton sesin karışımıydı. Doktor Karp bize, bu hislerin, bebeğin anne karnındaki hayatına benzediğini açıkladı. Bize birçok bebeğin ağlamasının sebebinin, "henüz doğmaya hazır olmamaları" olduğunu açıkladı. Birçok açıdan daha üç ay boyunca rahmin koruyucu dünyasında yaşamaya ihtiyaçları vardı.

Dürüst olmak gerekirse, içimdeki şüpheci ses, "*Bu gerçek olmak için fazla basit*" diyordu. Sonuçta daha önce kundağı, sallamayı, monoton gürültüyü denemiştim ve sonunda kendimi bir sinekliğin altında ezilmiş sinek gibi hissederken bulmuştum. Fakat Doktor Karp'ın tekniğini izledikten sonra bunların hepsini yarım yaptığımı fark ettim.

Don'la birlikte Sarmalama Tedavisi'ni denemeye karar verdik. İnanmak çok güç olsa da o akşamüstü, Sean son kez kontrol edilemez biçimde ağlama krizine girdi! Sarmalama Tedavisi, Sean'ın ağlama krizlerini iyileştirmişti. Sean krizin eşiğine geldiğinde Sarmalama Tedavisi'nin adımlarını bir bir uyguluyorduk ve birkaç dakika içinde minik vücudu sakinleşmeye ve kendini kollarımıza bırakmaya başlıyordu. Sonunda Sean'ın haftalardır bizden umutsuzca istediği konforu ona vermenin yolunu bulmuştuk."

Sarmalama Tedavisi Don ve Suzanne için çok hızlı sonuç vermişti, fakat her teknik gibi, tekniği tam olarak kavramanız için biraz çalışmanız gerekebilir. Ama endişelenmeyin: Bu kitaptaki tavsiyeleri adım adım takip ederseniz, beş ila on deneme arasında, bu konuda uzmanlaşabilirsiniz.

Konuştuğum ebeveynlerin bazıları beş temel prensibi uygulamak konusunda çekingen davranırlar. Yeni doğan bebeklerini şımartmamaları gerektiği konusunda uyarılmışlardır ve beş temel prensibin çocuklarına istemeden de olsa kötü alışkanlıklar kazandırmasından korkarlar. Bu mümkün müdür? Küçük bebekler istemeden de olsa sürekli kucağa alınmak ve ilgi çekmek isteyen şımarıklara dönüştürülebilir mi?

Neyse ki bu sorunun cevabı, 'hayır'. Hayatının ilk üç ayında (yani dördüncü üç aylık dönemde) bebeğinizi saatlerce kucağınızda tutarak ya da istediği an süt emmesine izin vererek şımartmanız mümkün değildir. Bu sizi şaşırttı mı? Aslında, bebeğiniz doğuncaya kadar ona sağladığınız bu duyguları düşünürseniz, bu sizi şaşırtmamalı. Şu an bebeğinizi günde on iki saat boyunca kucağınızda tutsanız bile, bu *onun açısından* büyük bir gerileme anlamına gelir.

Üç ya da dört ay içinde, bebeğinizin sesler çıkararak, etrafta hareket ederek ya da ellerini emerek kendini başarıyla sakinleştirmeye başladığını göreceksiniz. Artık size o derece ihtiyacı olmamaya başladığında, beş temel prensibi kullanmaktan vazgeçmeye başlayabilirsiniz.

21. Yüzyılda Ağlayan Bebeklere Ebeveynlik Etmek

Umarım bebeğiniz huysuzluk yaptığında onu hızla sakinleştirmenin yolları olduğunu düşünerek heyecanlanmaya başlamışsınızdır! Benim amacım size, tüm dünyadaki en iyi ebeveynlerin yüzyıllardır kullandığı yöntemleri öğretmek.

Bu kitabın ilk bölümü, aşağıdaki soruları cevaplamak için yazıldı:

- Bebekler neden ağlar?
- Ağlama krizi nedir ve bebeğinizin ağlama krizleri geçirdiğini nasıl anlarsınız?
- Eksik kalan dördüncü üç aylık dönem nedir ve ağlama krizlerinin gerçek sebebi nedir?

Kitabın ikinci kısmındaysa şu konuları inceleyeceğiz:

- Sakinleşme refleksi ve rahim koşullarını oluşturarak onu nasıl tetikleyebileceğiniz
- Beş temel prensip ve hepsinin doğru ve güçlü biçimde yapılması gerekmesinin sebebi
- Kundaklama, yan ya da yüzükoyun yatırma, monoton ses, sallama ve emme konusunda uzmanlaşmanıza yardım edecek detaylı açıklamalar
- Sarmalama Tedavisi ve beş prensibin hepsini uygulayarak nasıl harikalar yaratabileceğiniz
- Huysuz bebeğinizi sakinleştirmenize yardım edebilecek diğer teknikler
- Bebeğinizin geceleri daha uzun uyumasına yardımcı olacak ipuçları ve püf noktaları
- Ağlama krizlerine benzer belirtiler gösterebilen tıbbi hastalıklar

Bebeğinizin dördüncü üç aylık dönem ihtiyacını, temel prensipleri ve Sarmalama Tedavisi'ni anladığınızda, ağlama ve çığlıklarla dolu sonu gelmez saatleri engelleyebileceksiniz.

Benim umudum, bu bilgi yayıldıkça, ağlama krizlerinin sadece sözlüklerde bulunabilen bir sorun hâline gelmesi.

Siz, bir insanın yaşayabileceği en muhteşem deneyime sahip oldunuz, bir bebeğin doğumu. Bu heyecanlı bir yolculuktur, kendinizi hazırlayın... Ve keyfini çıkarın. Lütfen bebeğiniz ağladığı zaman endişelenmeyin. Bunu, huzursuz bebeğinizi *mahallenin en mutlu bebeğine* dönüştürmeyi öğrenirken karşınıza çıkan yeni bir fırsat olarak görün!

2

Ağlamak: Bebeklerimizin En Eski Hayatta Kalma Aracı

Ana Noktalar:

- Ağlama Refleksi: Bebeğinizin muhteşem dikkat çekme aracı
- Bir bebeğin ağlaması size kendinizi nasıl hissettirir?
- Farklı bebek ağlayışlarının farklı anlamları var mıdır? Bazı bebekler küçük sorunlar karşısında bile çığlık atar

Doğum sırasında çocuğunuzun güçlü çığlıkları, sağlıklı bir bebek dünyaya getirdiğinizin işaretidir. Fakat bebeğiniz doğduktan bir ya da iki hafta sonra hâlâ ağlamaya devam ediyorsa, bu dünyada duymak istediğiniz en son ses hâline gelebilir! Fakat bebeklerimizin ağlama yeteneği olduğu için şükran duymalıyız; bu onların en muhteşem yeteneklerinden biridir.

Hayatının ilk birkaç ayında bebeğiniz nasıl gülümseyeceği ya da konuşacağı hakkında en ufak bir fikre bile sahip olmamasına rağmen, size derdini anlatmayı başarır, fakat size seslenme yeteneği olmasaydı büyük bir tehlikeyle karşı karşıya olurdu. Yeni doğan bebeğinizin sizin ilginizi çekebilmesi o kadar önemlidir ki, başı dışarı çıkar çıkmaz bu yeteneğe sahip olur. Bu "ağlama refleksi" olarak adlandırılan harika bir yetenektir.

Ağlama Refleksi: Bir Mağara Kadınının Dikkatini Çekmek için Doğanın Muhteşem Yolu

Bir bebeğin ağlaması... Ağlama, susturulmalıdır.

Peter Ostwald, *Ses Çıkarma: Duyguların Akustik İletişimi*

Benim tahminim, milyonlarca yıl önce bir Taş Devri bebeğinin, annesinin ona gelmesini sağlamak için ihtiyacı olan mükemmel bir araçla doğduğu yönünde: Ağlamak! Sadece hıçkırıp kendi kendini korkuttuğu için bile bağırıyor olsa, annesi saniyeler içinde yanına gelecekti.

Diğer yavru hayvanlar da annelerinin ilgisini çabucak çekmeye ihtiyaç duyarlar, fakat hiçbiri bunun için *çığlık atmaz.* Bir tavşan ya da maymun için yüksek sesle ağlamak ölümcül bir hata olabilir, çünkü sesi, aç bir aslanın yerini tespit etmesine sebep olabilir. Bu nedenle kedi yavruları yardım istemek için kısık sesle miyavlar, sincap maymunları ağaçlardan aşağı düştüklerinde biplemeye benzeyen kısık sesler çıkarır ve bebek goriller annelerine ihtiyaç duyduklarında yavaşça inler.

Fakat insan yavruları bu tip önlemlerden uzun zaman önce vazgeçmiştir. Mağara kadını annelerinin ilgisine ihtiyaç duymaya başladıklarında, ağlamaya da başlarlar! Belki de bu aceleci ve talepkâr bebeklerin güvende olmalarının sebebi, ebeveynlerinin tehlikeli hayvanları korkutup kaçırma yeteneğine sahip olmasıdır. Belki de güçlü bir çığlık, bir bebeğin sesinin mağaranın dışında çalışan ya da arkadaşlarıyla gevezelik eden annesine ulaşmasına yetecek kadar güçlü olan tek sesti.

Bebekler Neden Gülme Refleksiyle Değil Ağlama Refleksiyle Doğar?

Bebekler gülmeyi bilerek doğsaydı, bu daha eğlenceli olmaz mıydı? Elbette olurdu, fakat yeni doğan bebeklerin ağlayarak fırtınalar koparma yeteneğine sahip olarak doğarken neden kıkırdamayı bilmedikleri konusunda gerçekten iyi iki sebep vardır.

Öncelikle, ağlamak gülmekten daha kolaydır. Daha az koordinasyon gerektirir, çünkü her nefesle birlikte gelen kesintisiz bir sesi içerir. Oysa gülmek, tek bir nefeste birbirine eklenen hızlı ve güçlü birçok sesin yan yana dizilmesinden oluşur.

Ve bebeğiniz biraz büyüdüğünde gülmek sosyal hayatı için faydalı olsa da, ağlamak bebeğiniz için doğduğu günden itibaren an be an hayatta kalması için çok daha önemlidir.

Hatta bazı bilim insanları, bebeklerin nesiller boyu gitgide daha yüksek sesle ağlamaya başladığına, çünkü bu gürültücü bebeklerin onları susturmak isteyen annelerinden daha fazla ilgi görüp daha iyi beslendiği için hayatta kalma şanslarının arttığına inanır.

Çok eski insan bebeklerinin nasıl ve ne zaman ağlamaya başladığını hiçbir zaman kesin olarak öğrenemeyebiliriz, fakat bu mağara bebekleri arasından hayatta kalıp genlerini gelecek nesillere aktarmış olanların "iyi bir yaygara koparmayı" bilenler olduğu gayet açıktır.

Bebeğinizin tiz sesi uykunuzdan uyanmanızı ya da pantolonunuzu çekmeye fırsat bulamadan aceleyle tuvaletten fırlamanızı sağlamaya yetecek kadar güçlüdür. (Bu da, 4.5 kiloluk bir ufaklık için hiç de fena bir başarı sayılmaz.) Fakat bebeğinizin ağlamasının sebebinin, sizin *yardımınızı istediği* şeklinde yorumlamak da bir hatadır. Hayatının ilk birkaç ayında, ağlayan bebeğinizin aklındaki en son şey sizin dikkatinizi çekmektir. Hatta bebeğiniz, size bir mesaj gönderdiğinin bile farkında değildir.

İki haftalık bir bebeğin çığlık attığını duyduğunuzda, bu onun sizinle iletişim kurma çabasından çok, sizin onun kendi kendisiyle konuşmasına *yanlışlıkla kulak misafiri olmanızdan* ibarettir. Çığlıkları daha çok, sinirli sinirli kendi kendine söylenmesi olarak yorumlanabilir: "Tanrım, çok acıktım" ya da "Çok üşüyorum!" Hemen yanındaki kişi siz olduğunuz için, homurtularını duyup ona sevgiyle yanıt verirsiniz: "Neyin var tatlım? Sesin üzgün gibiydi."

Birkaç ay içinde bebeğiniz, ağlamasının sizin yanına gitmenizi sağladığını keşfedecektir. Dört ila altı ay arası bebeğiniz, size özel ihtiyaçlarını iletmek için homurtular, mızıltılar ve çığlıklardan oluşan bir kelime hazinesi geliştirir.

Bu aşamada, bebeğinizin yanına gitmeniz için "sahte" çığlıklar atmaya başladığını fark edebilirsiniz. Fakat bundan önce, ağlamalarına tepki vermenin ona kötü alışkanlıklar kazandırmasından endişe etmeyin. Çocuğunuza manipülatif olmaması konusunda eğitmeniz, hayatının ikinci altı ayında vermeniz gereken önemli bir derstir. Şu an için onun, o ne zaman ağlarsa yanına gideceğini öğrenmesini *istemelisiniz.* Bu tahmin edilebilir, tutarlı sevgi ve destek mesajı, size duyacağı güveni besleyen şeydir.

Bir Bebeğin Ağlaması Bize Kendimizi Nasıl Hissettirir?

Yine de Caroline ağlamaya devam etti ve Martha'nın sinirleri, sanki çocuk onun bedenine sayısız görünmez kablolarla bağlıymış gibi olağandışı bir titreşimle tepki verdi.

Doris Lessing – *A Propper Marriage*

Bebeğinizin otomatik ve doğuştan gelen (ağlamak gibi) reflekslerle doğması gibi, siz de bebeğiniz hakkında birçok otomatik ve içgüdüsel duygulara sahipsinizdir. Araştırmacılar yıllar önce yetişkinlerin bir bebek yüzünü doğal olarak çekici bulduğunu kanıtladı. Bebeğinizin kalp şeklindeki yüzü, kalkık burnu, kocaman gözleri ve geniş alnı sizde onu saatlerce kucaklama ve öpme isteği uyandırır!

Ayrıca, bebeğinizin sadece anlamsız sesler mi çıkardığını yoksa acilen size ihtiyacı mı olduğunu anlamanızı sağlayacak özel içgüdülere sahipsiniz. Bu mesajı sadece beyniniz değil, vücudunuz da alır. Bebeğinizin çığlıklarının gerçekten "içinize işlemesinin" sebebi de budur. Kalp atışlarınız hızlanır, kan basıncınız yükselir, avuç içleriniz terler ve mideniz bir yumruk gibi büzülür ve siz, tüm sinir sisteminizin "kırmızı alarm verdiğini" hissedersiniz. Araştırmalar, bir bebeğin acı dolu çığlığının, bir ebeveynin sinir sistemi üzerinde elektrik şoku etkisi gösterebileceğini kanıtlıyor.

Tahmin edebileceğiniz gibi araştırmalar, başka stres kaynaklarına -aşırı yorgunluk, yalnızlık, evlilik sorunları, mali gerilim, hormon dengesizliği, aile ve komşularla sorunlar ya da benzeri engellere- maruz kalan ebeveynlerin, bebeklerinin ağlamasına karşı daha da duyarlı olduğunu ortaya koyuyor.

Bebeğiniz ağladığında, ona yardım etmek istemenize sebep olan şey, sadece çıkardığı *sesler* değil, aynı zamanda o anki görüntüsüdür. Minik yumruklarını havada savurduğunu ve yüzünün belirgin bir acıyla kasıldığını görmek, kalbinize bir ok gibi saplanır.

Vücudunuzdaki sevgi dolu her damar, ağlayan bebeğinizi sakinleştirme isteğiyle dolar. Çocuk odasının kapısında durup, bebeğinizin tükenene kadar ağlamasına izin vermenin çok yanlış olduğunu hissetmenize neden olan şey de *tam olarak* bu biyolojik dürtüdür.

Bebeklerin ağlamasından etkilenen sadece ebeveynler değildir. Bekâr yetişkinler ve çocuklar da bir bebeğin ağlamasını üzücü bulurlar. Fakat özellikle daha önce bebek bakımıyla ilgili hiç deneyimi olmayan yeni ebeveynler bebeklerinin ağlamasını daha da rahatsız edici bulurlar.

Bebeğinizin ağlaması, sizin geçmişinizde kalmış ve unutmuş olduğunuz eski travmaların canlanmasına bile sebep olabilir. Bir anda geçmişte kalmış başarısızlıkları ya da yaşadığınız utanç anlarını hatırlayabilirsiniz ya da bir zamanlar size haksızlık etmiş ya da saldırgan davranmış kişiler aklınıza gelebilir. Bebeğinizin ağlaması, kendinizi geçmişte yaptığınız hatalar için cezalandırılıyormuşsunuz gibi hissetmenize sebep olabilir. Bazı ebeveynler için bu çaresizlik hissi öyle dayanılmaz hâle gelir ki, bebeklerinden kaçmaya ve onların ihtiyaçlarını görmezden gelmeye başlarlar. (Bu zor günleri atlatmak konusunda daha fazla pratik tavsiye için Ek B bölümüne göz atın.)

Elbette bebeğiniz bilinçli olarak size kendinizi suçlu ya da yetersiz hissettirmeye çalışmaz. Hayatının ilk birkaç ayında, bebeğinizin ağlamaları *asla, asla, asla* sizi yönlendirmeye çalışan, kötü niyetli, kaba ya da eleştirel tavırlar değildir. Fakat bebeğiniz durmadan çığlık atmaya devam ettikçe, içinizde bunlara benzer duygular uyanabilir.

"Anneye Derdinin Ne Olduğunu Söyle": Bebeğinizin Üç Sözcüklük Kelime Dağarcığı

Minik bebeğimizin bize söylediği ilk sözcükler anne ya da baba değildi. Bu daha çok... Bir yangın alarmına benziyordu! Tam bir baş belasıydı! Bu çok korkutucuydu çünkü bize tam olarak ne anlatmaya çalıştığı hakkında hiçbir fikrimiz yoktu.

Marty ve Debbie, iki haftalık Sarah-Rose'un ebeveynleri

Bebeğinizi hastaneden ilk eve getirdiğinizde, çıkardığı her ses bir sorun, her ağlaması acil bir alarm gibi görünür. Bütün ebeveynler kendilerini yeni doğmuş bebeklerinin ihtiyaçlarına adarlar, fakat bebeğiniz ağladığında, onun tam olarak neye ihtiyacı olduğunu anlayabilir misiniz? Bebeğinizin ağlama biçiminden, onu rahatsız eden şeyin ne olduğunu anlayabilmeniz gerekir mi? Bir aylık bir bebeğin "Uykum geldi" çığlığı, "Acıktım" ağlamasından farklı mıdır?

Bazı bebek kitapları, çok dikkatli bir gözlemle ebeveynlerin, bebeklerinin ağlama biçiminden vermek istedikleri mesajı çözebileceklerini söyler, fakat dünyanın en iyi ağlama krizi uzmanlarının kırk yıllık araştırmaları bize, bunun aslında doğru olmadığını öğretmiştir.

1990 yılında Connecticut Üniversitesi'nde yapılan bir çalışmada annelere iki farklı bebeğin kaydedilmiş sesleri dinletildi. Bu bebeklerden biri bir aylık ve açtı, diğeriyse yeni doğmuş ve yeni sünnet olmuştu. Onlara bu bebeklerin sorununun ne olduğu soruldu: Aç, ağrısı var, kızgın, korkmuş ya da altını ıslatmış. Aç bebeğin ağlamasının açlıktan olduğunu bilen annelerin oranı sadece %25 oldu. (Annelerin %40'ı bebeğin çok yorgun olduğu için ağladığını söyledi.) Ve annelerin sadece %40'ı, az önce sünnet olmuş bebeğin ağlamasının sebebinin acı kaynaklı olduğunu söyledi. (Annelerin %30'u bebeğin kızgın ya da korkmuş olduğunu düşündü.)

Bu annelerin, daha deneyimli olsalardı, bebeklerin ağlamalarını ayırt etmek konusunda daha başarılı olup olmayacağını merak edebilirsiniz. Fakat durumun bununla ilgisi olmadığını gösteren kanıtlar da var. Finlandiya'daki araştırmacılar, 80 deneyimli yeni doğan hemşiresine doğum anında, açken, canı yanarken ve keyif sesleri çıkarırken kaydedilmiş bebek sesleri dinletti. Şaşırtıcı biçimde, bu yılların deneyimine sahip profesyoneller de bebeklerin ağlama sebeplerini sadece %50 başarıyla tanımlayabildi. Yani sadece tahmin eden annelerle aralarında çok küçük bir fark vardı.

Üç aylık olduğunda bebeğiniz, gönderdiği mesajları daha kolay anlamanızı sağlayacak ağlamak dışında farklı sesler çıkarmayı öğrenmeye başlayacaktır. Fakat doğum anında bebeğinizin küçük beyni, farklı seslerden oluşan bir repertuara sahip olmak için yeterince alana sahip değildir. Yeni doğan bebeklerin, hayatlarının ilk üç ayında sadece üç basit fakat ayırt edilebilir ses çıkarmasının sebebi de budur:

Sızlanma: Bu yumuşak memnuniyetsizlik sesi, yakınmadan çok talep etmeye benzer; tıpkı komşunuzun sizi arayıp biraz şeker ödünç istemesi gibi.

Ağlama: Bu sağlam ve güçlü ses, acilen dikkat etmenizi talep eder; mutfak saatinizin çalması gibi.

Çığlık Atma: Bu son "sözcük", yürek parçalayıcı ve camları çatlatma gücüne sahip bir sestir ve hırsız alarmı gibi tiz ve katlanılmazdır.

Bu seslerin her birinin ne anlama geldiği sorulsa büyük ihtimalle sızlanmanın hafif bir açlığın, bir sancı ya da yorgunluk gibi hafif bir rahatsızlığın; ağlamanın çok acıkmak, susamak ya da üşümek gibi daha büyük bir stres kaynağının; çığlık atmanınsa acı, korku ya da kızgınlık gibi (bebeğin daha önceki çağrılarının duyulmadığında) durumların belirteci olduğunu tahmin edersiniz.

Bebeğiniz kolay ve sakin bir çocuksa, bu tahminleriniz büyük ihtimalle yerinde olacaktır. Kural olarak, bebeğinizin ağlaması ne kadar yoğun ve tizse -ve ne kadar hızlı çığlık atma noktasına ulaşıyorsa- acı çekiyor ya da acilen sizin yardımınıza ihtiyaç duyuyor olma ihtimali o kadar fazladır.

Bebeğinizin çıkardığı seslere birkaç görsel ipucunu da ekleyerek, çoğu zaman yerinde tahminlerde bulunma ihtimaliniz oldukça yüksektir. Örneğin:

- Bebeğiniz ağzını açıp dilini dışarı çıkarıyor mu? (Bu açlığın işaretidir.)
- Esniyor, gözlerini ovuşturuyor, başını sık sık bir yandan diğer yana çeviriyor ve göz kapakları kapanıyor mu? (Bunar yorgunluğun göstergeleridir.)
- Bilinçli olarak size bakmaktan kaçınıyor ya da hıçkırmaya başlıyor mu? (Bu, fazla ilginin işaretidir.)
- Yüzünü buruşturup dizlerini çekiyor mu? (Bu bağırsaklarıyla ilgili bir rahatsızlığı olduğu anlamına gelir.)

Kısaca, kolay bebek bir şeyden rahatsız olduğunda, kapının dışında kalmış bir köpek yavrusu gibi sızlanır. Genellikle bu protestonun daha yüksek sesli hâle gelmesi için bebeğin uzun süre görmezden gelinmesi ya da daha büyük bir stres altında olması gerekir.

Diğer yandan *huysuz* bebeklerin ihtiyaçlarının çıkardıkları seslerden anlaşılması genellikle imkânsızdır. Bu bebekler, özellikle de yorgun oldukları ve çok fazla uyarana maruz kaldıklarında, üç "sözcüklük" kelime dağarcıkları boyunca ilerlemeleri için gereken sabırdan yoksundur. Onlar sızlanma ve ağlama aşamalarını hızla geride bırakarak doğrudan yüksek ve kulak tırmalayıcı çığlıklara geçerler ki bu da, acil bir sorunları olup olmadığını anlamayı imkânsız hâle getirir. Bu bebekler genellikle kendi yüksek sesli ağlamalarından da rahatsız olur ve bu etki bir çığ gibi büyür; bir süre sonra, ağladıkları için ağlamaya başlarlar! En başta ağlamaya başlamalarına sebep olan gaz ya da duydukları yüksek ses, neredeyse unutulur.

Bilim insanları, huysuz bebeklerin ağlamalarını ayırt etmek için gelişmiş ses analiz cihazları kullandığında bile açlık, acı, aşırı uyaran, can sıkıntısı, korku ve hatta sabırsızlık çığlıkları arasında bir fark bulmayı başaramamıştır.

Bu hassas bebekler, *onları rahatsız eden şeyin ne olduğundan bağımsız olarak* her duruma uygun çığlıklarını kullanır ve büyük bir yaygara koparırlar.

Matthew ve Austin adında iki güçlü oğlanın annesi olan Pam bana, oğulları bebekken kocasıyla aralarında, çığlıklarının bir yangın alarmına benzediği konusunda şakalaştıklarını söylemişti. "Bir yangın alarmı çalmaya başladığında, bu sesin küçük bir

> ***sorun yüzünden mi –yanık bir tost– ya da bir facia yüzünden mi –evinizin alev almış olması– duyulduğunu söylemek imkânsızdır. Benim oğullarım da böyleydi; Ağlamalarının yoğunluğundan, gerçek bir sorunları mı var, yoksa az sonra geğireceklerini mi haber veriyorlar, anlamamız imkânsızdı."***

Çoğunlukla bir bebeğin en korkunç çığlıkları bile size acıktığını, altını ıslattığını ya da yalnız hissettiğini söyleme yöntemidir ve onun ihtiyacını giderdiğiniz anda son bulacaktır. Fakat bebeğinizin altını değiştirmenize ve onu kucağınıza almanıza rağmen ağlaması kesilmiyorsa ne yapacaksınız? *Her şeyi* denediyseniz fakat o hâlâ ağlamaya devam ediyorsa ne olacak?

İşte ebeveynler tam bu noktada bebeklerinin "kolik" olup olmadığından şüphelenmeye başlar.

3

Korkunç Kolik: Tüm Aile için Kriz

Ana Noktalar:

- Kolik nedir?
- Kolik hakkında en çok tutulan on eski teori
- Kolik İpuçları: Kolik hakkındaki evrensel gerçekler
- Günümüzde en çok tutulan beş kolik teorisi

Ağlayan bir bebeğin sesi, duyabileceğimiz en rahatsız edici, talepkâr ve yürek parçalayan sestir. Bir bebeğin ağlamasında geçmiş ve gelecek yoktur, sadece şu an vardır. Yatıştırma, taviz verme ya da mantıklı açıklamalara yer yoktur.

Sheila Kitzinger, *Ağlayan Bebek*

Uvaaaa... Uvaaa... uvvvvvaaaaaa... UUVVVVAAAAA!!!!!!!! İngilizcede "bebek" anlamına gelen 'infant' kelimesi Latinceden gelir ve anlamı 'sesi olmayan'dır. Fakat birçok kolik bebek öyle güçlü çığlıklar atabilir ki ebeveynleri "*mega*-fant" isminin onlara daha uygun olacağını düşünür!

Kolik bebeklerin, herhangi bir yetişkinden daha uzun süre ve daha yüksek sesle ağlayabileceğine şüphe yoktur. Bizler beş dakikalık bir ağlama krizinin ardından bitkin düşeriz, fakat bu ufaklıklar, Energizer tavşanının enerjisini bile geride bırakarak saatlerce ağlamaya devam edebilirler.

"*Kolik*" sözcüğü, Yunanca'daki *kolikos* sözcüğünden gelir ve anlamı 'uzun bağırsaklar'dır. Antik Yunan'da ebeveynler bebeklerin karın ağrısı ya da gaz sancısı yüzünden ağladığına inanırdı. (Bir gaz sancısı bebeğin çığlıklar atmaya başlamasına sebep olabilse de, birçok durumda aynı bebekler gazı ve mide gurultusu olmasına rağmen çıtını bile çıkarmaz. Bu konuda daha geniş bilgi için 4. Bölüm'e bakabilirsiniz.)

Bütün bebekler, toplamı günde yaklaşık yarım saati bulan, birkaç dakikalık ağlama döngülerine girer. Bu bebekler karnı doyurulunca, kucağa alınınca ya da sallanınca hızla susarlar. Fakat kolik bebekler çılgın ağlama krizlerine girdiklerinde, aralıklı da olsa saatler boyunca çığlık atmaya devam edebilirler.

Bebeğinizin Kolik Olup Olmadığına Nasıl Karar Verirsiniz?

1962 yılında Doktor T. Berry Brazelton, 82 yeni doğum yapmış anneden, sağlıklı ve normal bebeklerinin hayatlarının ilk üç ayında her gün ne kadar süreyle ağladıklarının kaydını tutmasını istemişti.

Bu araştırmanın sonuçları aşağıdaki grafikte sergilenmektedir. Doktor Brazelton gerekli hesaplamaları yaptığında, iki haftalık bebeklerin %25'inin günde iki saatten fazla ağladığını gördü.

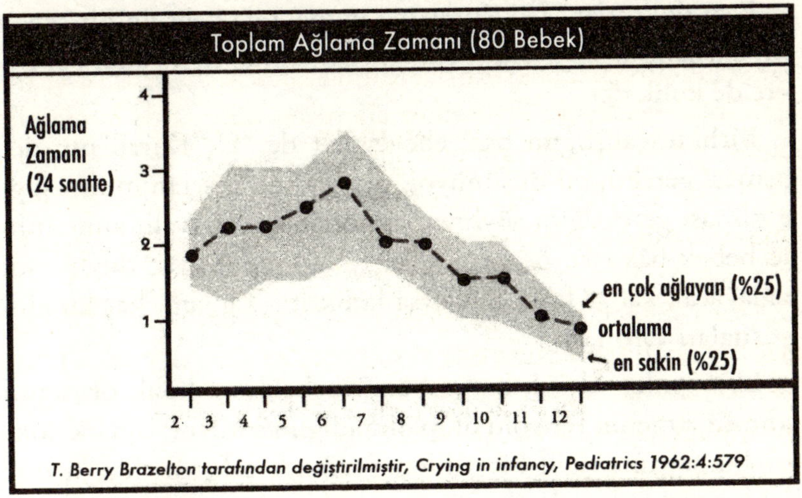

Toplam Ağlama Zamanı (80 Bebek)

T. Berry Brazelton tarafından değiştirilmiştir, Crying in infancy, Pediatrics 1962:4:579

Altıncı haftada, bu %25, günde üç saatten fazla ağlıyordu. Neyse ki, Doktor Brazelton üçüncü ayın sonunda neredeyse tüm bebeklerin bu ağlama döneminden çıktığını ve çok az bebeğin günde bir saatten daha fazla ağladığını keşfetti. (Sürekli ağlama durumu ilk üç ayın sonunda geçmeye eğilimlidir, bu nedenle bazı doktorlar buna "ilk üç ay" koliği derler.)

Bir bebek aşırı ağlama sorunuyla bana getirildiğinde ilk olarak ebeveynlerinin aile geçmişlerini, bebeğin doğumunu, beslenme alışkanlıklarını, genel davranışlarını sorarım. Daha sonra bebeğin tamamen sağlıklı olduğundan emin olmak için onu muayene ederim. Bebeğin sağlıklı olduğundan emin olduktan sonra, bebeğin ağlama düzeninin, ilk kez Connecticut'tan özel bir çocuk doktoru olan Doktor Morris Wessel tarafından formüle edilmiş olan "Üç Kuralı"na uyup uymadığını değerlendiririm.

"Üç Kuralı"na göre bir bebeğin kolik olduğunu söyleyebilmemiz için bebeğin; "günde üç saat, haftada üç gün ve üç hafta üst üste" ağlaması gerekir.

Bazı doktorlar "Üç Kuralı"na uymasa da belirgin bir sebep olmaksızın sık sık kontrol edilemez biçimde çığlık atan bebeklere de kolik der.

Birlikte çalıştığım bazı ebeveynler de "Üç Kuralı"nın değişmesi gerektiğini düşünüyor. Koliğin gerçek tanımının şöyle olması gerektiğini söylüyorlar: Bir bebek, zavallı annesinin üç bebek bakıcısı, üç margarita ve altı ele ihtiyaç duymasını sağlayacak kadar fazla ağlıyorsa koliktir! (Tamam, her kuralın istisnaları vardır.)

Ebeveynler sık sık bana, hangi bebeklerin kolik olacağını tahmin etmenin bir yolu olup olmadığını soruyor. Birçok doktor bu sorunla ilgili bir şablon bulmaya çalıştıysa da, henüz kolik bebeklerle bebeğin cinsiyeti, erken doğum, doğum sırası ya da ebeveynlerinin yaşı, mali durumu ya da eğitimiyle ilgili tutarlı bir bağlantı bulunamadı. Kolik herkesin bebeğinin başına gelebilir. Bu herkesin eşit şansa sahip olduğu bir ebeveyn kâbusudur!

Koliğin Asıl Sebebi Nedir?

Kolik bebeklerin ebeveynlerinin onda dokuzu, bebeklerinin canını yakan bir şeyler olduğuna inanır. Bu aslında mantıklı bir tahmindir, çünkü kolik bebekler:

- Beslenme ya da kucağa alınmayla rahatlamazlar.
- Sıklıkla acıyla kıvranır ve homurdanırlar.
- Bir anda ağlamaya başlayıp ağlamayı kesebilirler.
- Acı çekerken çıkardıkları seslere benzeyen tiz bir ağlamaları vardır (Örneğin bir darbe aldıktan sonra).

Sherry de bebeğini durmak bilmez ağlama krizleri yüzünden bana getirdiğinde aklındaki şey, bebeğinin acı çektiğiydi:

İki aylık sağlıklı bir bebek olan Charlie'nin muayene sonuçları çok normaldi. Bu durum, her gün girdiği ağlama krizlerinin, bebeğinin acı çekmesiyle ilgisi olduğunu düşünen annesini çok şaşırttı. Ona, bundan nasıl emin olduğunu sorduğumda Sherry utanarak Charlie'nin başına yanlışlıkla telefon ahizesiyle vurduğunu itiraf etti: "Bu olaydan sonra ağlamaya başladığında, ağlamasının, her akşamüstü düzenli olarak girdiği ağlama krizlerindeki ağlayışla tam olarak aynı olduğunu fark ettim. Ben de bunun, oğlumun bunca zamandır acı çektiğini kanıtladığını düşündüm."

Sherry haklı mıydı? Charlie'nin ağlamasının sebebi acı çekiyor olması mıydı? Yoksa durumu bir şekilde yanlış mı değerlendiriyordu? Tahmin edebileceğiniz gibi insanlığın en başından beri ağlayan bebeklerin ebeveynleri çocuklarının çığlıklarını analiz ederek küçük, mutlu bebeklerinin neden bazen mahallenin en mutsuz bebeklerinden birine "dönüştüğünü" anlamaya çalışıyor.

"Kem Göz" (Ve Diğer Teoriler): Atalarımız Koliği Nasıl Açıklıyordu?

Evlenmeden önce, bir çocuğu nasıl büyütmemiz gerektiğine dair altı teorim vardı; şimdi altı çocuğum var ve hiç teorim yok.

John Wilmot

Kısa süre öncesine kadar insanlar, sülüklerin hastalıkları iyileştirebileceğine ve bebeklerin kör doğduğuna inanıyordu. Benzer biçimde, atalarımız da bebeklerin neden bu kadar çok ağladığı konusunda birçok tahminde bulunmuştur. Bir Taş Devri bebeğinin ağlamasını deşifre etmek, pekâlâ tarihin ilk çoktan seçmeli sorusu olabilir:

Mağara bebeğiniz ağlıyor çünkü:

a. Acıktı.

b. Üşüdü.

c. Temiz beze ihtiyacı var.

d. Bir cadı onu büyüledi.

Yüzyıllar boyunca sonu gelmez ağlama krizleri hakkında bir sürü teori ortaya atılmıştır. Burada bazılarını bulabilirsiniz.

Kolik Ağlamanın Sebebi Hakkındaki En İyi On Tarihi Teori

1. Anneyi sevmeyen birinin bebeğe "kem gözü" değmiştir.
2. Bebek cereyanda kalmıştır.
3. Bebeğin babası, bebeğin kendinden olduğunu reddettiği için bebeğin ruhu mutsuzdur.
4. Şeytan bebeği lanetlemiştir.
5. Bebek, doğmamış bebeklerin ruhlarıyla iletişim kurmaktadır.
6. Gündüz, yetişkinlerin gürültü yapma vaktidir, gecelerse bebeğin.
7. Bebeğin ağlaması Adem ile Havva'nın ilk günahının cezasıdır.
8. Annenin sütü bebeğe yaramıyordur.

9. Annenin sütü bebeğe ağır geliyordur.
10. Hamilelik sırasında yaşanan bir travma bebeği korkutmuştur.

Shakespeare bile, bebeklerin neden ağladığını açıklamak konusunda şansını denemiştir. *Kral Lear*'daki tahmini şöyledir: *Doğduğumuzda, bu aptallarla dolu sahneye çıktığımız için ağlarız.* Bebekler harikadır, fakat korkarım Shakespeare onlara hak ettiklerinden biraz fazla güveniyordu.

"Sinirini Atma" Efsanesi

Nasıl kanamak damarlara iyi gelirse, ağlamak da ciğerlere iyi gelir!

Lee Salk

Ebeveynler uzun zaman önce huysuz bebeklerin ağlayıp sonunda kendilerini yorarak uykuya daldıklarını fark etmiştir. Bazı uzmanlar bebeklerin ciğerlerinin açılması ya da uykuya dalmadan önce günün gerginliğini üzerlerinden atmaları için ağlamaya *ihtiyaç duyduklarını* düşünür.

Ben bu fikre kesinlikle katılmıyorum. Çığlık atmanın bebekler için iyi olduğu iddiası, hem biyolojik hem de evrimsel perspektiflerden çok mantıksızdır. Öncelikle, sakin bebeklerin akciğerleri de çok ağlayan ya da kolik bebeklerinkiler kadar sağlıklıdır. Ayrıca tarih öncesi dönemdeki kolik bebekler pekâlâ kendilerini tehlikeye atıyor olabilirlerdi. Çığlıkları, ailenin gizlenme yerini düşmanlarına açık edebilirdi. Ve bu, Neandartal ebeveynlerinin öfkelenmesine, onları terk etmesine hatta öldürmesine sebep olabilirdi.

Şimdi açık yüreklilikle itiraf ediyorum ki...

Evet... Bebekler bütün gün yaşadıkları şeylerin heyecanıyla öfkelenebilir.

Evet... Bazı bebekler, ebeveynlerinin onları sakinleştirmek için yaptıkları her şeyi görmezden gelir.

Evet... Çığlık atan bebekler sonunda bitap düşüp uyur.

Fakat bebeğiniz, sakinleşmeden önce "buharını atması gereken" bir düdüklü tencere değildir. Bebeğinizin sonunda bitap düşüp uyuyuncaya kadar ağlamasına izin vermeniz, arabanızın alarmı çalmaya başladığında gözlerinizi kapatıp pilinin bitmesini beklemek kadar anlamsızdır.

Bu noktada şöyle düşünüyor olabilirsiniz: "Ama ben genellikle ağladıktan sonra kendimi iyi hissederim." Bu tabii ki doğrudur, fakat yetişkinler birkaç dakika ağladıktan sonra dururken, kolik bebekler çığlıklarını saatlerce sürdürebilirler!

Bebeklerinin bitkin düşene kadar ağlamasına izin veren ebeveynlerin bunu sadece, kendilerini tükenmiş ve çaresiz hissettikleri için yaptıklarına inanıyorum. Bu tüm ebeveyn içgüdülerinin karşıtı olan bir son çaredir. Peki bu bebeğinizin ağlamasını durdurabilir mi? Evet. Fakat asıl soru, bebeğinize öğretmek istediğiniz şeyin bu tutarsızlık -bebeğiniz ağladığında bazen onunla ilgilenmeniz ve bazen ilgilenmemeniz- olup olmadığıdır. Çoğu ebeveyn bu soruya net bir 'hayır' cevabı verir.

Bütün bebek uzmanları, çocuklarımız için en faydalı olanın onlara karşı *tutarlı* tavırlar sergilememiz olduğu konusunda uzlaşırlar. Bazı günler bebeğinizi sakinleştirebilirken, bazı günler yaptığınız hiçbir şeyin işe yaramamasının ne kadar sinir bozucu olduğunu siz de bilirsiniz. İşte bebeğiniz de, sabah ağlaması onu kucağınıza alıp emzirmenizle sonuçlanıp akşamüstü ağlaması görmezden gelindiğinde kendini böyle hisseder.

Peki, bebeğinizin ağlamasına *asla* izin vermemeniz mi gerekir? Ben bebeğinizin siz banyodayken ya da akşam yemeğini hazırlarken on dakika kadar ağlamasının sorun olmayacağına inanıyorum.

Gün boyunca ona gösterdiğiniz sevgi ve dokunuşlar bu tip kısa süreli hayal kırıklıklarını kolayca gölgede bırakacaktır. Fakat yaygaracı bebekler, daha büyük çocuklara benzemez. İki yaşındaki çocuğunuz, küpenizi çekmesine izin vermediği için ağlamaya başladığında, ona "Hayır!" dediğinizde bu konuda ciddi olduğunuzu göstermek için ağlamasına izin verebilirsiniz. Disiplin konusunda dersler vermenin önemli, hatta hayat kurtarıcı olacağı dönemler gelecektir. Ama iki aylık bebeğinizi disipline etmeniz gerektiğini düşünüyorsanız, acele etmiş olursunuz.

İlk birkaç ay, bebeğinizi her ağladığında sakinleştirmeniz gerekir. Bebekler, onları mutsuz eden bir şey olmadığında çok nadir ağlarlar. Neye ihtiyaçları olduğunu ve bunu ona nasıl sağlayacağımızı bulmak bizim mücadelemiz ve görevimizdir.

Kolik İpuçları: Koliğin Evrensel Özellikleri

Koliğe neyin sebep olduğunu anlamak için öncelikle bunun ne olduğu konusunda fikir birliğine sahip olmalıyız. Araştırmacılar, dünyanın dört bir yanındaki bebekler üzerinde yaptıkları analizler sonucunda, kolik ve kolik bebekler hakkında on temel özelliği keşfetmiştir:

1. *Kolik ağlama genellikle iki haftalıkken başlar altıncı haftada zirve yapar ve üç ile dördüncü ayda sona erer.*
2. *Erken doğan bebeklerin zamanında doğan bebeklere oranla kolik olma ihtimali daha fazla değildir. (Kolik oldukla-*

rı durumda da, bu kondisyon normal doğum tarihlerinden iki hafta sonrasına dek başlamaz.)

3. *Kolik bebeklerin, acı çekiyorlarmış gibi görünen büzüşmüş yüzleri vardır ve iç parçalayan çığlıklar atarlar.*
4. *Çığlıkları genellikle emzirme sırasında ya da emzirmeden hemen sonra başlar.*
5. *Genellikle iki büklüm olur, homurdanır, kasılır ve gaz çıkardıktan ya da kaka yaptıktan sonra rahatlamış görünürler.*
6. *Kolik genellikle akşamları kötüleşir.*
7. *Koliğin bir çiftin ilk bebeğinde ortaya çıkma ihtimaliyle, beşinci bebeğinde ortaya çıkma ihtimali farklı değildir.*
8. *Kolik ağlama genellikle sallama, kucaklama, şşşt sesi ve hafifçe karna bastırmayla hafifletilebilir.*
9. *Bebekler ağlama krizleri arasında sağlıklı ve mutludur.*
10. *Dünyadaki birçok kültürde kolik bebeklere rastlanmaz.*

Bilim insanları kolik hakkında bu ipuçlarını keşfedince, bunları popüler kolik teorileriyle kıyaslayıp aralarından hangilerinin bu kavramı en iyi açıkladığını tespit etmeye çalıştılar. Araştırmacılar birçok eski ve çılgınca fikri hızla eledikten sonra geriye kalan günümüz kolik teorilerine ulaştılar:

1. *Küçük Hazım Sorunları* – Bebekler basit hazım sorunları yüzünden ciddi rahatsızlıklar yaşayabilir. (Gaz sancısı, kabızlık ya da kramplar gibi)
2. *Büyük Hazım Sorunları* – Bebekler gerçek sindirim hastalıkları yüzünden çok acı çekebilir. (Yiyecek intoleransı ya da mide asidi reflüsü gibi)
3. *Anne Tedirginliği* – Bebekler, annelerinden aldıkları gerginlik nedeniyle ağlayabilir.

4. *Gelişmemiş Beyin* – Bir bebeğin az gelişmiş sinir sistemi kolayca tedirgin olmasına ve çığlık atmasına sebep olabilir.
5. *Zorlu Kişilik* – Bebeğin yoğun ya da hassas kişiliği küçük olaylar karşısında bile çığlık atmasına sebep olabilir.

Bu teorilerin her birinin takipçileri vardır, fakat bunlardan biri koliğin gerçek sebebi midir?

4

Ağlama Krizleri Hakkındaki En Yaygın Beş Teori ve Bunların Yanlış Olma Sebepleri

Ana Noktalar:

- Gaz, kabızlık ve fazla çalışan bağırsaklar: Bu küçük hazım sorunları neden ciddi ağlama krizlerinin sebebi olamaz?
- Yiyecek intoleransı ve reflü: Bu büyük hazım sorunları neden nadiren ağlama krizlerine sebep olur?
- Anne tedirginliği neden koliğin sebebi değildir?
- Bebeklerin beyinleri hangi açılardan az gelişmiştir ve neden bu kontrol edilemez ağlama krizleri için tam bir açıklama olamaz?
- 'Zorlu kişilik'ten kasıt nedir ve bu neden bebeklerin kolik olma sebebini açıklamada yetersiz kalır?

Teori 1: Küçük Hazım Sorunları Koliğe Sebep Olur Mu?

Binlerce yıldır birçok ebeveyn, bebeklerinin kötü gaz sancıları yüzünden ağladığına dair bir sezgiye sahiptir. Kolik sebebi olarak en önemli şüphelilerden olan üç sindirim sistemi sorunu gaz, kabızlık ve aşırı çalışan bağırsaklardır.

En İyi Gaz Çıkarma Yöntemleri

Bebekler genellikle beslenirken hava yutarlar. Burada, bebeğinizin daha az hava yutması ve yuttuğu havayı daha kolay çıkarması için birkaç ipucu bulabilirsiniz:

1. Beslenme sırasında bebeğinizi düz yatırmayın. (Dümdüz yatarken hava yutmadan bir şeyler içmenin ne kadar zor olacağını hayal edin.)
2. Bebeğiniz emme sırasında çok ses çıkarıyorsa, arada durup onun gazını çıkartın.
3. Bebeğinizin gazını çıkartmadan önce onu sağ kolunuzun üstüne oturtun ve sol elinizi çenesinin altına koyun. Sonra birkaç kez onu havaya kaldırıp indirin. Bu, kolayca geğirmesi için hava kabarcıklarının midenin üst tarafında toplanmasına yardımcı olur.
4. En iyi gaz çıkarma pozisyonu: Bebeğinizi kucağınıza alıp oturun ve kolunuzu kıvırıp onu çenesinin altından destekleyin. (Ben bebeklerin gazını asla omzumda çıkartmam, çünkü kustuklarında tüm kusmuk sırtıma bulaşır.) Sonra onu biraz öne doğru eğip hafifçe iki büklüm olmasını sağlayın. Sırtına on ila yirmi kes hafifçe vurun. Bebeklerin midesi, içinde hava kabacıkları kalmış olan bir soda şişesi gibidir. Bu kabarcıkları serbest bırakmak için bebeğinizin sırtına bir davulmuş gibi vurun.

Şimdi her birini tek tek inceleyelim. Daha sonra bu dertlerin neden koliğin gerçek sebebi olmadığını açıklayacağım.

Bebekler Gerçekten Gaz Sancısı Yüzünden mi Ağlar? Yoksa Bu Sadece Boş Bir İnanç mıdır?

Birçok bebeğin sık sık gaz sancısı olur. Eminim ki bir gün içinde birçok kez ustaca geğirme ve homurdanma performanslarına da tanık olmuşsunuzdur. Birçok ebeveyn, bebeklerin ağlamasına bu mide gurultularının sebep olduğunu düşünür.

Koliğin bir gaz çıkarma sorunu olduğunu düşünen ailelerin iki güçlü destekçisi vardır: Büyükanneler ve doktorlar. Nesiller boyunca büyükanneler yeni annelere, kolikten kaçınmak için gaz yapıcı yiyeceklerden kaçınmalarını, bebeklerinin gazını iyice çıkarmalarını ve birkaç yudum mideye iyi gelen çaylardan içirmelerini öğütlemiştir. On yıllar boyunca doktorlar, annelere çocuklarına göre yiyecek düzenlerini değiştirmelerini öğütlemiş ya da bebeğin gaz sancılarını azaltmak için onlara gaz damlaları vermiştir.

Fakat büyükanneler ve doktorlara saygısızlık etmek istemesem de, yeni doğmuş yaygaracı bebeklerin midelerindeki gaz miktarıyla sakin bebeklerin gaz miktarı aynıdır. 1954 yılında İngiltere'nin önde gelen çocuk doktorlarından Ronald Illingworth normal bebeklerle kolik bebeklerin midelerinin röntgenlerini kıyaslamış ve sakin ve huysuz bebeklerin ağlama krizinin tepe noktasındayken midelerindeki gaz miktarlarında *hiçbir* fark bulamamıştı. Ayrıca birçok bilimsel araştırma tekrar tekrar kanıtlamıştır ki, simetikon içeren gaz çıkartıcı damlalar ağlayan bebeklere normal sudan daha fazla yardımcı olmamaktadır. Bebeğinizin sindirim sistemindeki gazın büyük çoğunluğunun, yuttuğu havdan değil sindirilmekte olan gıdadan kaynaklandığı ortaya çıkmıştır.

Kaka Sorunları: Kabızlık Kolik Ağlamayı Tetikleyebilir Mi?

Bazı ebeveynler bebeklerinin ağlama krizlerinden kabızlığın sorumlu olduğunu düşünür. Kaka yapmakta sıkıntı çeken bebekler, bir güreş karşılaşmasındaymış gibi görünebilirler. Fakat kabızlık kakanın çok sert olması demektir ve bundan az sayıda, mamayla beslenen bebek muzdariptir. Kıvranan ve iki büklüm olan çoğu bebek yumuşak hatta sıvımsı kakalar yapar.

Kıvranan bebekler kabızlık sorunu yaşamıyorsa, neden bu kadar fazla kasılırlar?

1. Kaka yapmak için bir bebeğin aynı anda midesini kasması ve anüsünü gevşek bırakması gerekir. Bunu yapmak, küçük bir bebek için zor olabilir. Birçoğu yanlışlıkla her ikisini de kapatıp, kakalarını kasılmış bir anüsten zorla dışarı itmeye çalışır.

Katrandan Yumurta Sarısına: Normal Bebek Kakası Nasıl Görünür?

Bebek kakalarının tuhaflığı konusunda çok az yeni ebeveynin bilgisi vardır. Öncelikle, mekonyum denen ve neredeyse bir uzaylıya aitmiş gibi görünen ilk kaka vardır. (Robin Williams bu kakanın katranımsı yoğunluğunu cırtcırt bantlarla zehirli atıklar arasında bir şeye benzetmişti.) Birkaç gün içinde mekonyumun koyu yeşil-siyah rengi önce açık yeşile, daha sonra da parlak bir hardal sarısına dönüşür ve içinde pütürler belirir. (Bu pütürler minyatür süt pıhtılarıdır.)

> Anne sütüyle beslenen bebeklerde kaka daha sonra günde dört ila on iki kez görülebilen sıvımsı çırpılmış yumurta rengine dönüşür. Sonraki bir-iki ay içinde kaka lapa kıvamına gelir ve günde bir kez ya da daha az yapılmaya başlar. (Sağlıklı ve anne sütüyle beslenen bir bebeğin kaka yapmadığını gördüğüm en uzun süre 21 gündü. Fakat size, bebeğiniz üç günden uzun süre kaka yapmadıysa doktorunuzu arayıp bebeğinizin sağlıklı olduğuna emin olmanızı tavsiye ederim.)
>
> Mamayla beslenen bebeklerde kaka ilk birkaç hafta yumuşak, balçık gibi ya da sert olabilir. Bebeği beslemekte kullandığınız mamanın formülü bu sonucu etkiler. Bazı bebekler inek sütü içeren formüller sebebiyle kabız olurken, bazıları da soya yüzünden bağırsak tıkanıklığı yaşar. Az da olsa bazı bebekler, mamanın toz ya da konsantre sıvı olmasına karşı bile duyarlıdır.

1. Bebekler dümdüz, sırt üstü yatar. O pozisyonda kaka yapmanın ne kadar zor olabileceğini siz düşünün!

Bebekler kaka yapmaya çalışırken iki büklüm olur ve homurdanır, çünkü bu iki güçlüğün üstesinden gelmeye çalışmaktadırlar. Bu acı çektikleri anlamına gelmez! (Bebek kabızlığı konusunda daha fazla bilgi için 14. Bölüm'e bakabilirsiniz.)

"Fazla Çalışan" Bağırsaklar – Ağlama, Kramplar ve Gastro-kolik Refleks

Emzirmeye başladıktan kısa süre sonra bebeğiniz iki büklüm olup ağlamaya mı başlıyor? Bu kıpırdanma ve homurtular hazımsızlıkmış gibi görünebilir, fakat aslında genellikle normal bir bağırsak refleksi olan "gastro-kolik refleksin" fazla çalışmasından ibarettir. (Tıbbi adı mide-bağırsak refleksi'dir.)

Bebeğinizin Midesi Nasıl Çalışır?

Bebeğinizin sindirim sistemi uzun bir taşıyıcı bant gibidir. Bir ucundan günde beş ila sekiz defa vücuda süt yüklenir. Bu hızla mideye iletilir, daha sonra yavaş yavaş bağırsaklarda ilerler ve orada sindirilip emilir. Emilmeyen süt kakaya dönüştürülür ve geçici olarak bağırsaklarda depolanır.

Bir sonraki yemek başladığında, mide kalın bağırsağa bir mesaj göndererek kasılmalarını emreder. Kasılma kakayı dışarı doğru iter ve bir sonraki yiyecek kitlesine yer açar. Mideden bağırsağa giden bu mesaja "gastro-kolik refleks" denir.

Bu değerli refleksle mide, bağırsaklara şöyle demiş olur: "Kakadan kurtulup az önce yenen yeni yiyeceğe yer açmanın vakti geldi!" Bebeğinizin yemek sırasında ya da hemen ardından kaka yaptığını fark ettiyseniz, sebebi budur.

Birçok bebek bu refleksin işe koyulduğundan habersizdir. Bazıları yemek yedikten sonra ya da günün sonunda yorgun düştüklerinde hafif bir spazm hisseder. Fakat az sayıdaki bazı bebekler için bağırsaklardaki bu sıkışma, midelerine yedikleri bir yumruk gibidir! Bu bebekler korkunç acılar çekiyormuş gibi çığlıklar atar.

Tahmin edebileceğiniz gibi, bebeğiniz kabız olduğunda katı kakayı itmek daha da zor olduğu için gastro-kolik refleks daha da rahatsız edicidir. Fakat bu refleks yüzünden ağlayan çoğu bebeğin kakası yumuşak bir hamur kıvamındadır. Ağlamalarının sebebi, bu tuhaf hisse karşı aşırı duyarlı olmalarıdır.

Küçük Hazım Sorunları Neden Koliğin Gerçek Sebebi Olamaz?

Başımızı belaya sokan, bilmediğimiz şeylerden çok, bildiğimizi sandığımız, fakat doğru olmayan şeylerdir.

Josh Billings, *Herkesin Arkadaşı1874*

Birçok insan koliğin sebebinin gaz sancısı olduğuna inansa da bu ve diğer küçük hazım sorunları (KHS), bu korkunç ağlama krizini açıklayamaz, çünkü:

- Birçok kolik bebek gün boyunca birçok kez çıtını bile çıkarmadan geğirir ve gaz çıkarır.

Spazm Giderici İlaçlar: Ağlayan Bebekleri Sersemleterek Susturmak

1950'lerden 1980'lere kadar doktorlar, ebeveynleri milyonlarca doz kramp giderici ilaç reçetesiyle silahlandırmıştı. Bazı doktorlar Donnatal (kramp giderici ilaçlarla fenobarbital karışımı) kullanırken, bazıları da Levisin'i (hiyosiyamin) tercih ediyordu. Bu iki ilaç da krampları rahatlatır ve bebeği yatıştırır ve ikisi de günümüzde hâlâ zaman zaman doktorlar tarafından verilmektedir.

Fakat kolik için tavsiye edilen tüm spazm giderici ilaçlar arasında Bentyl açık ara farkla öndeydi ve aralarındaki en popüler ilaçtı. 1984 yılında, sadece İngiltere'de 74 milyon doz satılmıştı. Fakat Bentyl'in mide ilaçları arasında en tehlikeli olanı olduğu ortaya çıktı. 1985 yılında doktorlar, bu ilaçla tedavi edilen bazı bebeklerin ağlayarak katılma, koma hatta ölümle sonuçlanan yan etkilerden muzdarip olduğunu keşfedince dehşete düştü.

Sonuç itibariyle, kramp giderici ilaçların, mideye sağladığı fayda yüzünden *değil,* sakinleştirici yan etkisi yüzünden işe yaradığı ortaya çıktı.

- Yetişkinler mide ağrısı çektiklerinde iki büklüm olur, fakat bebekler sebebi ne olursa olsun kendilerini *ne zaman* kötü hissetseler bu fetüs pozisyonuna geçerler.
- Birçok bebek hafif bir rahatsızlık duyduğunda bile çığlık atar.

KHS ayrıca koliğin ve kolik bebeklerin evrensel beş özelliğini açıklamakta da başarısız olur:

- *Kolik ağlama genellikle iki haftalıkken başlar altıncı haftada zirve yapar ve üç ile dördüncü ayda sona erer.* Ne gaz ne de gastro-kolik refleks bu özelliğe uymaz çünkü ikisi de doğumdan itibaren vardır (kolik başlamadan önce) ve üçüncü aydan sonra (kolik bittiğinde) uzun süre devam ederler.
- *Kolik erken doğumlarda bebeklerin normal doğum tarihlerinden iki hafta sonrasına dek başlamaz.* Erken doğan bebeklerin bir sürü gazı ve çok güçlü bir gastro-kolik refleksi vardır. Koliğin sebebi gerçekten bu his olsaydı, erken doğan bebeklerde ağlamanın aylarca gecikmeden hemen başlaması gerekirdi.
- *Kolik genellikle akşamları kötüleşir.* Bebekler günün yirmi dört saati kaka yapar ve mideleri sürekli guruldar. Yani eğer koliğin sebebi bu olsaydı, ağlamanın gün içinde de akşamki kadar yoğun olması gerekirdi.
- *Kolik ağlama genellikle sallama, kucaklama, şşşt sesi ve hafifçe karna bastırmayla hafifletilebilir.* Sallamanın, kundaklamanın, şşşt sesinin ve mideye baskı yapmanın mide ağrısını geçirmeye yardımcı olması hiç mantıklı değildir.
- *Dünyadaki birçok kültürde kolik bebeklere rastlanmaz.* Dünya üzerindeki tüm bebekler KHS deneyimine sahiptir. O hâlde bunlar koliğin temel nedeni olsaydı, uzun süreli bebek ağlamalarının hiç görülmediği kültürler nasıl açıklanabilirdi?

Teori 2: Koliğin Sebebi Büyük Hazım Sorunları Mıdır?

Geçtiğimiz otuz yıl içinde bilim insanları yetişkinlerde mide ağrısına yol açan birkaç yeni sorun keşfetti. Ben bunlara "Büyük Hazım Sorunları" diyorum çünkü bunlar, basit geğirmeler ve hıçkırıklar değil, ciddi birer tıbbi rahatsızlıktır.

Her yeni hastalık tespit edildiğinde, çocuk doktorları bunu dikkatle inceledi ve bunun bebeklerde de olup olamayacağını ve birçok bebeği pençesine alan, yatıştırılamaz ağlamalarını açıklama ihtimallerini gözden geçirdi. Bu yeni hastalıklardan ikisi, koliğin sebebi olabileceği düşüncesiyle derinlemesine incelendi: Yiyecek duyarlılıkları ve mide asidi reflüsü.

Yiyecek Duyarlılığı – Dikkat Bazı Yiyeceklerin Çocuğunuzun Gülümsemesine Zararı Dokunabilir

Emziriyorsanız size, çok sıcak, çok soğuk, çok güçlü, çok zayıf yiyeceklerden ya da baharatlardan, mandıra ürünlerinden, asitli meyvelerden ve "gaz yapıcı" sebzelerden uzak durmanız öğütlenmiş olabilir.

Benzer şekilde mamayla beslenen bebeklerin anneleri de, mamanın malzemelerinden huysuzluğa sebep olabilecek birini çıkarmaları konusunda uyarılırlar.

Yıllar boyunca uzmanlar, bebeğin beslenme düzeninin üç şekilde kontrol edilemez ağlamaları tetikleyebileceğini düşünmüştür: Hazımsızlık, alerjiler ve kafein tipi uyarılma.

Hazımsızlık: Sarımsak ve Soğan Riskli midir Yoksa Bunlar Hayatın Tadı Tuzu mudur?

Sarımsak, soğan ve hububattan kaçınmak birçok insana mantıklı görünebilir. Bu yiyecekler *bizde* gaz oluşumuna sebep olabilir. Fakat gaz yapan yiyecekler emzirilen bebeklerin midelerine fazla sert geliyorsa, neden Meksika'da *frijole* (fasulye) yiyen, Kore'de karnını kim chee'yle (sarımsak turşulu lahana) doyuran ve bebeklerini emziren annelerin bebekleri çıtını bile çıkarmaz?

Yine de huysuz bir bebeğin annesinin birkaç gün için "sorunlu" yiyeceklerden (limon, çilek, domates, fasulye, lahana, brokoli, karnabahar, Brüksel lahanası, biber, soğan, sarımsak) kaçınıp bebeğinin daha az ağlayıp ağlamadığını gözlemesinin mantıklı olduğunu düşünüyorum. Fakat deneyimlerime dayanarak söyleyebilirim ki, bu yiyeceklerden kaçınıldığında durumu düzelen bebeklerin sayısı gerçekten çok azdır. Ayrıca araştırmalar, bebeklerin farklı aromaları tatmaktan büyük bir keyif aldığını gösteriyor. Bu yüzden, kocaman bir tabak sarımsaklı lazanya yedikten sonra bebeğiniz sütünüzü daha büyük bir iştahla emmeye başlarsa şaşırmayın!

Yemek Alerjileri: Neden Alerjisi Olan Bebekler Sadece Hapşırmak Yerine Çığlık Atar?

Alerjiler bağışıklık sistemimizin bir parçasıdır ve bizi, vücudumuza girmeye çalışan (polen ya da kedi tüyü gibi) yabancı proteinlerden korurlar.

Bir kural olarak, alerjik bir reaksiyon verdiğinizde hapşırırsınız, çünkü vücudunuzla alerjen maddeler arasındaki savaş genellikle burnunuzda yaşanır. Fakat bebeklerde genellikle vücutlarının bağışıklık sistemiyle yabancı proteinin savaş alanı bağırsaklarıdır. Bebeğinizin bağırsakları henüz tam olarak gelişmemiştir. Gelişimini tamamlamamış bağırsak duvarları büyük ve alerjiye sebep olabilecek moleküllerin, yırtılmış bir sineklikten geçebilen sinekler gibi kan dolaşımına karışmasına izin verebilir. Hayatının ilk yılında bebeğimizin bağırsak duvarları yavaş yavaş bu tip istilacı proteinlere karşı çok daha iyi bir engel olmaya başlar.

Uzun yıllar boyunca doktorlar, bebeklerin kendi annelerinin sütüne alerjik olabileceğine inandı. 1983 yılında İsveçli bilim insanları bunun imkânsız olduğunu kanıtladı. Annelerinin sütü verilmemeye başlayınca durumu iyiye giden kolik bebeklerin, duyarlı oldukları şeyin annelerinin sütü *değil*, annenin bağırsakları arasından sıyrılıp sütüne karışmayı başaran inek sütü kalıntıları olduğunu ortaya çıkardılar.

Lütfen beslenme biçiminizin çocuğunuz üzerindeki etkileri konusunda gereğinden fazla endişelenmeyin. Bebekler genellikle çok nadiren annelerinin yedikleri yiyeceklere karşı alerji geliştirirler. Bu kuralın iki büyük istisnası, bebek alerjilerinin en büyüğü olan inek sütü ve onu pek de geriden takip ettiği söylenemeyen soyadır (süt alerjisi olan bebeklerin yaklaşık %10'unun soya alerjisi de vardır).

Hastalarıma, bazı bebeklerin inek sütüne alerji geliştirmesinin çok şaşırtıcı olmadığını söylerim. Sonuçta bu gıda, ineklerin sevgiyle kendi bebeklerini beslemek için ürettikleri bir sıvıdır ve aslında bizim aç bebeklerimizi besleme niyetiyle üretilmemiştir.

İnek sütündeki proteinler, siz bir bardak içtikten dakikalar sonra sütünüze karışmaya başlar. Sekiz ila on iki saat sonra oran tepe noktasına ulaşır ve vücudunuzdan 24–36 saat arasında tamamen atılır. Neyse ki birçok bebek bu küçücük süt proteinlerine hoşgörü göstermek konusunda sorun yaşamaz. Fakat duyarlı bebekler, iki ila yirmi dört saat içinde tepki vermeye başlarlar.

Süt alerjisi olan bebekler, ciddi ağlama krizlerinin yanı sıra birçok rahatsız edici belirtiler sergileyebilir. Süt alerjisi yüzünden cilt tahrişi, burun tıkanıklığı, nefeste hırıltı, kusma ve sıvı dışkı sorunları yaşayan bebeklerle çalıştım. Hastalarımdan bazılarının bağırsakları o kadar tahriş olmuştu ki dışkılarının içinde gözle görülür hâlde kanlı mukus üretiyordu. Bebeğinizin bezinde kanlı mukus görmek kalp atışlarınızı hızlandırsa da, çoğu zaman bu burnunuzu temizlerken kendi sümüğünüzde kan görmekten daha korkunç bir şeyin işareti değildir. Fakat yine de, bu sorundan bahsetmek için bebeğinizin doktoruyla iletişime geçmenizi tavsiye ederim.

Uyarıcı Yiyecekler: Bebeğiniz Bir Kafein Krizinde mi?

Bazı bebekler aşırı duyarlıdır. Telefon çaldığında yerlerinden zıplarlar ve biri ağır bir parfüm sürmüşse ağlarlar. Yani bazı bebeklerin, annelerinin sütündeki kafeinden (kahve, çay, kola ya da çikolata) ya da uyarıcı ilaçlardan (diyet hapları, dekonjestanlar ve bazı Çin bitkileri) hiperaktif olması şaşırtıcı değildir.

Birçok bebek annesinin günde bir ya da iki fincan kahve içmesinden etkilenmezken, bu kadar küçük bir miktar bile duyarlı bebeklerin "tehlikeli bölgeye" girmelerine sebep olabilir. Kafein tüketildikten 4–6 saat sonra annenin sütünde toplanır ve emildikten bir saat sonrasından başlayarak bir bebeğin rahatsız olmasına sebep olabilir.

Mide Asidi Reflüsü:
Kolik Bebekler "Kalp Yanmasından" mı Ağlar?

Çocuk doktorları mide asidi reflüsünü de (ayrıca Gastro-Esofegal Reflü ya da GER olarak da bilinir) koliğin sebebi olma ihtimaline karşı araştırmıştır. Asidik mide özsuyunun yukarı, ağza doğru yükselmesi ve dokunduğu her yeri tahriş etmesiyle oluşan bu rahatsızlığın yetişkinlerde kalp yanmasına sebep olduğu kanıtlanmıştır.

Birçok bebek için biraz reflü pek de şaşırtıcı değildir. Sadece buna farklı bir isim veririz: "Kusmak". Birçok bebekte midenin içindeki yiyecekleri içeride tutmaya yarayan kas oldukça güçsüz olduğundan, özellikle de yemek esnasında yutulan havayla fazla doyduklarında, geğirdiğinde ya da homurdandığında bebeğinizin son yemeğinin bir kısmının ağzından çıkması çok kolaydır.

Yeni doğmuş bebeklerin birçoğu çok fazla kusmaz, fakat bazı bebekler emdikleri sütün büyük bir kısmını "geri çıkarırlar". Neyse ki bebeklerin büyük bir çoğunluğu bu geri çıkarma eyleminden kötü etkilenmez. Kusmalarının yarattığı en büyük sorun genellikle giysilerinizde ve koltuklarınızda oluşan süt lekeleridir.

Diğer yandan, ciddi GER sorunları olan bebekler, çok sayıda kusma, kilo kazanamama ve zaman zaman hissettikleri yanmalardan muzdariptir. (Bazı bebeklerde mide asidi sadece yemek borusu boyunca ilerleyerek kusmayla sonuçlanmadan kalp yanmasına sebep olur.)

Bebeğinizin mutsuzluğunun sebebinin reflü olup olmadığından ne zaman kuşkulanmanız gerekir? Bebeğinizde şu belirtileri arayın:

- Bebeğiniz günde beş defadan fazla ve her defasında 30 mililitreden fazla kusuyor mu?
- Gece ve gündüz neredeyse her yemekte ya da yemekten sonra ağlamaya başlıyor mu?
- Geğirdikten ya da kustuktan sonra ağlamaya başlıyor mu?
- Ağlama krizleri üç aylık olduktan sonra da hızını kaybetmedi mi?
- Sık sık iki büklüm oluyor, sesi kısılıyor, nefesi hırıldıyor, boğulur gibi oluyor ve/veya yoğun, hatta acı verici hıçkırık krizlerine giriyor mu?

Büyük Hazım Sorunları Neden Koliğin Gerçek Sebebi Olamaz?

Yiyecek duyarlılığı ve mide asidi reflüsü bazen bebeklerin çığlık atmasına sebep olabilir, fakat Büyük Hazım Sorunları (BHS) birçok kolik vakasını açıklamaya yeterli midir yoksa sadece birkaç fazla huysuz bebek için mi doğrudur?

Deneyimlerime göre çok huysuz bebeklerin %1-%10'u inek sütü ya da soyaya karşı sahip olduğu duyarlılık yüzünden ağlarken, sadece %1-%3 arası bebek reflünün yarattığı acı yüzünden ağlar. Buna karşın Büyük Hazım Sorunları (BHS) birçok huysuz bebek için koliğin ana sebebi *değildir*:

- Koliğin sebebi yiyecek alerjileri olsaydı, bir anne bebeği için kullandığı mama formülünü ya da kendi beslenme biçimini değiştirdiğinde ağlamanın birden bire ortadan kaybolması gerekirdi. Fakat bu çok nadir gerçekleşir.
- Koliğin sebebi yiyecek alerjileri olsaydı, mamayla beslenen bebeklerin, anne sütüyle beslenen bebeklere göre yüzlerce kat daha huysuz olması gerekirdi, zira onlar bu bebeklere göre yüzlerce kat fazla inek sütü proteini tüketir.

- Avustralya'nın Melbourne kentindeki doktorlar, hırçınlıkları yüzünden hastaneye yatırılmak zorunda kalan üç ayın altındaki 24 bebeği incelemişti. Hepsinde reflü arandı ve aralarından sadece bir tanesinde bu hastalığa rastlandı.
- Ciddi reflü sorunu olan bebeklerin çoğunun acısı yoktur. Ağır reflü tanısıyla hastaneye yatırılan 219 bebeğin sadece %33'ünde ciddi kusma problemi, %30'unda kilo alamama gözlenmiştir fakat çok azının belirtilerinden biri aşırı ağlamadır.

BHS, ayrıca, koliğin ve kolik bebeklerin evrensel özelliklerinden beşini açıklamakta da başarısız olur:

- *Kolik ağlama genellikle iki haftalıkken başlar altıncı haftada zirve yapar ve üç ile dördüncü ayda sona erer.* Yeni doğan bebekler beslenme düzenlerinde sürekli olarak kusma sorunu yaşar ve yedikleri aracılığıyla alerjen maddelere maruz kalır. Koliğin sebebi BHS olsaydı, ağlama hemen başlar ve üç ayın sonunda sona ermezdi. (İnek sütüne alerjisi olan bebeklerin sıkıntıları en azından 6-12 aylık olana kadar devam eder ve ciddi reflü sorunu olan bebekler bu sorundan en az dokuz ay muzdarip olurlar.)
- *Erken doğan bebeklerde kolik, normal doğum tarihlerinden iki hafta sonrasına dek başlamaz.* İki ay erken doğan bir bebek, her gün kusmasına ve alerjen maddelere maruz kalmasına rağmen iki buçuk aylık olana kadar nadiren kolik belirtileri göstermeye başlar.
- *Kolik genellikle akşamları kötüleşir.* Koliğin sebebi BHS olsaydı, ağlama günün herhangi bir saatinde ortaya çıkabilirdi, çünkü bebekler sabahtan akşama kadar aynı yiyeceği yer ve gün boyu kusarlar.

- *Kolik ağlama genellikle sallama, kucaklama, şşşt sesi ve hafifçe karna bastırmayla hafifletilebilir.* Bu eylemler nasıl olur da tahriş olmuş bağırsaklara ya da kalp yanmasına iyi gelir? Hatta sallama ve mideye bastırma daha fazla mide asidinin dışarı taşmasına sebep olarak reflü acısını artırabilir bile.
- *Dünyadaki birçok kültürde kolik bebeklere rastlanmaz.* Nerede yaşadıklarından bağımsız olarak tüm bebekler zaman zaman kusar ve içtikleri sütte annelerinin son yemeğinden kalma küçük parçacıklara maruz kalır. Fakat yine de, dünyadaki bazı kültürlerde doğan bebekler *asla* kolik olmaz.

Teori 3: Koliğin Sebebi Annelik Endişesi midir?

Yeni bir bebeğin doğumu civarında korku ve endişe duyan her yeni anne, bu rahatsız edici duygunun yeni doğan bebeğini etkileyip etkilemediğini merak eder. Trina'nın endişesi de buydu...

Kıpkırmızı dudakları ve parlak, siyah saçlarıyla Tatiana muhteşemdi. Fakat görünüşündeki bu zarafet, güçlü ve alıngan bir mizaçla dengelenmişti. Ebeveynlerinin tutkulu kişiliklerini yansıtıyordu ve Trina ve Mikro daha mutlu olamazdı. Fakat haftalar geçip Tatiana'nın ateşli kişiliği sonu gelmez çığlık krizlerine dönüşmeye başladığında giderek daha da çaresizliğe düştüler.

Trina bir akşamüstü, dört haftalık kızı her zamankinden de hırçın bir gün geçirmeye başladığında beni aradı. Bana şunları söyledi: Ben

çok duyarlı ve sezgileri güçlü biriyim. Tatiana da böyle olabilir mi? Şu an hissettiğim tüm stres yüzünden onun da üzgün olması mümkün mü?"

Trina ve Mirko'nun Tatiana'nın doğumuyla yaşadıkları mutluluk Trina'nın acı dolu sezaryen sonrası iyileşme dönemi ve Tatiana'yı eve getirdikten birkaç gün sonra üst komşularının evinden kaynaklanan su baskını sebebiyle biraz sekteye uğramıştı.

"Bebeğimiz için hazırladığımız ev, kartondanmış gibi yıkılmıştı ve biz, bir arkadaşımızın salonuna taşınmak zorunda kaldık. Tatiana üç haftalıkken kolik belirtileri göstermeye başladığında, elimde olmadan çığlıklarının sebebinin bu korkunç üzücü dönem boyunca bende hissettiği endişe olduğunu düşünmeye başladım."

Bir bebeğin doğumu beraberinde muhteşem fakat çok ağır bir sorumluluk getirir ve bunun karşısında biraz endişe duymayan ya da kendinden şüpheye düşmeyen ebeveyn gerçekten çok azdır. Birçok yeni anne kendilerini endişeli hissetmelerinin sebeplerini şöyle sıralar:

- *Bebekle ilgilenmek son derece stresli bir iştir.*

  Yeni bebeğiniz için kendinizi ne kadar hazırlıklı hissederseniz hissedin, bu sizi bir tonluk tuğla gibi çarpabilir.

- *Anneler, bebekler konusunda deneyimli değildir.*

  Birçoğumuzun, küçük bebeklerle ilgilenmek konusunda çok az deneyim edinme şansımız olur. Bizim neslimizin, tarihteki en deneyimsiz ebeveynler olma ihtimali de bundandır!

- *Herkes onları eleştiriyormuş gibi hissederler.*

  Yeni ebeveynler herkesin tavsiyeleri ve eleştirilerine karşı çok korunmasızdır. "Kucağına al!", "Kucağına alma!", "O istediği zaman emzir.", "Bir programa göre emzir.". Bu tip bir tavsiye bombardımanına tutulmak kendinize güveninizin azalmasına, kendinizden duyduğunuz şüphenin artmasına sebep olabilir.

- *Sorumluluk öncelikli olarak onların omuzlarındadır.*

Anneler, ne yaptıklarını bilmek zorunda olduklarına dair bir baskı hisseder, çünkü bebeklerini başka kimse sakinleştiremezken onların susturmaları beklenir.

Yeni Bir Annenin Yetersizlik Hissi

Bir bebeğe annelik etmek ne kadar muhteşem bir duyguysa da ne otomatik ne de içgüdüseldir. Bebek bakıcılığı yaparak ya da kardeşlerinize bakmaya yardım ederek çok vakit geçirmediyseniz, bebeğinizin size, altı kollu bir Hindu tanrıçası olmanız gerektiğini hissettirmesi sizi şaşırtmasın. Birçok kadın için yeni doğan bebeğine annelik etmek, karşılaştıkları en zorlu iştir!

Binlerce yeni anneyle konuştuktan sonra, yeni bir annenin kendine güvenini zedeleyebilecek ve hatta bir tanrıçayı bile pes ettirebilecek en sık görülen on stres kaynağından bir liste oluşturdum:

1. Aşırı yorgunluk
2. Deneyimsizlik
3. Aile ve arkadaşlardan uzaklaşma
4. Fazla müdahaleci aile ve arkadaşlardan yeterince uzaklaşamama
5. Durdurulamaz ağlama (tabii bebeğinki)
6. Eşle girilen sinir bozucu tartışmalar

7. Ani iş ve takdir kaybı
8. Vücudunuz hakkında güvensizlik
9. Hormonların dengesizliği
10. Sahip olduğunuz her kıyafette çıkarılamayan süt lekeleri

Elbette bu sorunlar, bebeğinizin hayatınıza getirdiği canlılık, neşe ve amaç hissiyle kıyaslandığında oldukça sönük kalır. Fakat yeni anneler doğumdan sonra kırılgan bir psikolojik döneme girerler. Ayrıca aşırı yorgunluk ve korku da algınızın bozulmasına sebep olur. Hayatın en yoğun deneyimlerinden birinin ortasındayken özellikle de kolik bir bebeğiniz varsa, bu ilk aylar boyunca defalarca endişe ve depresyon dalgalarına maruz kalabilirsiniz. (Doğum sonrası depresyonu hakkında daha detaylı bilgi için Ek B'ye bakabilirsiniz.)

Neyse ki hissettiğiniz sevgi kısa süre içinde, muhtemelen daha önce hiç hissetmediğiniz bir sıcaklık ve sevgiye dönüşür. Bu arada lütfen kendinize, kocanıza ve özellikle de bebeğinize karşı hoşgörülü olun.

Annenin Endişesi Kolik Sorununun Çözümü Değildir

Kolik bebekler öyle doğar, sonradan olmazlar.

Doktor Martin Sheen *Çocuklarla Karşılaşmalar*

Hırçın bebeklerin annelerinin, sakinleştirmesi kolay bebeklere sahip anneleri görünce kıskançlık duymaları ve kendilerini eleştirmeleri sık görülen bir durumdur. Bu tip korkular bir kadının kendine güveninin üzerine gölge düşürerek bebeğinin ağlamasının, kendi endişelerinden kaynaklanıp kaynaklanmadığını merak etmesine sebep olabilir.

Neyse ki bebekler, hayatlarının ilk birkaç ayında annelerinin stres altında ya da endişeli olup olmadığını anlayamazlar. Unutmayın, *bebekler, sadece bebektir*! Onlar, annelerinin duyguları rujla alınlarına yazılıymış gibi bunları anlayabilme yeteneğiyle doğmazlar. Bu tarih öncesinden kalma minik yaratıklar, geğirirken bile zorluk çekerler. Bu yüzden bebeğinizin sizin endişelerinden etkilenmesinden korkmayın.

Ayrıca yeni ebeveynler bazen yeni doğan bebeklerinin ellerinin titremesinden, çenelerinin atmasından ve ani ses ya da hareketler karşısında sıçramalarından onların gergin olduğunu düşünerek yanılır. Bu tepkiler, sinir sistemi henüz tam gelişmemiş olan yeni doğmuş bebeklerin normal tepkileridir ve yaklaşık üç ayın sonunda kendiliklerinden kaybolurlar.

Fakat deneyimlerime göre, bir annenin endişesinin, istemeden de olsa hırçın bebeğinin daha fazla ağlamasına sebep olmasını sağlayabileceği birkaç durum vardır:

- Endişe bir annenin sütünün azalmasına ya da sütün akışının engellenmesine sebep olabilir ve bu, aç bir bebeğin huysuzlaşmasına sebep olur. (Beslenme sorunlarının çözümleri hakkında daha fazla bilgi için 14. Bölüm'e bakabilirsiniz.)
- Bir anne dikkat dağınıklığından veya depresyondan muzdaripse ağlayan bebeğini sakinleştirecek duygusal gücü kendinde bulamayabilir.
- Endişeli bir anne bebeğini, çığlıklarını sakinleştirmek için gereken şiddette sallamaktan çekinebilir. ("Çözümler" hakkındaki tartışmalar hakkında daha geniş bilgi için 7. Bölüm'e bakabilirsiniz.)
- Sinirli anneler, sabırsızca bir sakinleştirme metodundan diğerine atlamaya eğilimlidir. Kendi endişeleri içinde

öyle kaybolurlar ki, bebeklerini daha da mutsuz ettiklerini fark etmezler.

Fakat, annelik endişesi konusu hakkında dikkatli bir araştırma yaparsanız, bunun dünyada milyonlarca bebeğin gün içinde saatlerce ağlamasına sebep olamayacağını görürsünüz. Ayrıca gergin anne teorisi, koliğin evrensel özelliklerinin üçünü açıklamakta yetersiz kalır:

- *Erken doğan bebeklerde kolik, normal doğum tarihlerinden iki hafta sonrasına dek başlamaz.* Bir bebeğin kolik olmasına annesinin gerginliği sebep olsaydı ağlama krizleri erken doğan bebeklerde daha önce ve daha sık ortaya çıkardı. Sonuçta bu kırılgan bebekler sakin ebeveynleri bile gergin insanlara dönüştürebilir.
- *Kolik bebekler acı çekiyorlarmış gibi görünürler.* Bebeğiniz sizin endişenizi hissedebiliyor bile olsaydı, neden kendi canı yanıyormuş gibi ağlasın ki?
- *Koliğin bir çiftin ilk bebeğinde ortaya çıkma ihtimaliyle, beşinci bebeğinde ortaya çıkma ihtimali farklı değildir.* Bu, kolik ve endişe arasında bir bağlantı olduğuna karşı gelen en güçlü iddiadır. Deneyimli ebeveynlerin kendilerine güvenleri çok daha yüksek olacağı için, ilk bebeklerinin kolik olma ihtimali beşinciden çok daha fazla olmalıydı, fakat durum bu değildir.

Trina'nın kendi endişesinin Tatiana'nın nazik psikolojisini etkilediği konusunda endişe etmesine gerek yoktu. Gerçekte genellikle durum tam tersidir! Bebeğinizin ağlamaları *sizin* sinir sisteminizi kırmızı alarma geçirerek *sizin* kendinizi hassas ve gergin hissetmenize sebep olabilir!

Teori 4: Koliğin Sebebi Bebeğin Yeterince Gelişmemiş Beyni midir?

Tıp okurken bana koliğin bir bağırsak sorunu olduğu öğretildi. Kısa süre sonra bu fikir, yeterince gelişmemiş beyin teorisinin gelmesiyle bir kenara itildi. Bebeklerin sinir sistemleri hakkında daha fazla şey keşfettikçe, koliğin, bebeklerin yeterince gelişmemiş beyinlerine doğumdan sonra karşılaştıkları tüm yeni uyaranların fazla gelmesi sonucunda oluştuğuna inanmaya başladık. Bu teorinin bu kadar popülerlik kazanması hiç de şaşırtıcı değildi, çünkü kabul edelim ki bebekler... yeterince gelişmemiştir!

Bebekler sarhoş denizcilerin koordinasyon yeteneklerine ve ancak yeni doğanlara özgü bir zekâ kıvraklığına sahiptir. Fakat bebeğinizin beyninde yeterince gelişmemiş olan şey *tam olarak* nedir ve bu, nasıl onun kontrol edilemez biçimde ağlamasına sebep olabilir?

Bebeğinizin Doğduğu Andaki Zihinsel Yetenekleri

Çok uzun bir yolculuğa çıktığınızı fakat yanınızda tek bir bavul götürebileceğinizi hayal edin. Şimdi de bavulunuzun oldukça küçük olduğunu. Komik biçimde, bebeğiniz doğuma hazırlanırken içinde bulunduğu durum buna benzer. Küçük beynine ancak, karnınızdan çıktıktan sonra hayatta kalmasını sağlayacak temel yetenekleri koyacak kadar yeri vardır.

Bebeğinizin hazırlanmasına yardım edebilseydiniz, doğduğunda ihtiyacı olacağı yeteneklerin hangileri olduğunu düşünürdünüz? Yürümek mi? Gülümsemek mi? "Anneciğim seni seviyorum" demek mi?

Doğa Ana milyonlarca yıldır bebeklerimizin elma büyüklüğündeki beyinlerine dört değişmez hayatta kalma aracını koyar:

1. *Yaşam – destek kontrolleri* – Kan basıncı, nefes alma vb.
2. *Refleksler* – Yeni doğan bebeğin hapşırmasına, emmesine, yutmasına ve ağlamasına yardımcı olan düzinelerce refleks.
3. *Kaslar ve duyular üzerinde sınırlı kontrol* – Bebekler nefes almayı ve yemek yemeyi başardıktan sonra, bu sınırlı duyularla dokunur, tat alır, etrafına bakar ve çevresiyle iletişime geçer.
4. *Durum kontrolü* – Bebekler aileleri ve etraflarındaki yeni ve heyecan verici dünyayla iletişime geçmeye başladıktan sonra durum kontrolü dikkatlerini yoğunlaştırmalarına (bakmak ve görmek) ve dağıtmalarına (dinlenmek ve uyumak) yardım eder.

Tüm bu yetenekler arasında durum kontrolü en önemli ve bebeğin kolik olup olmayacağı konusunda en belirleyici olanıdır.

Durum Kontrolü: Bebeğinizin Dünyaya Karışma ya da Kendini Kapatma Yeteneği

Doktorlar bebeğinizin durumundan bahsettiğinde, Ohia'da mı yoksa Florida'da mı yaşamakta olduğunuzdan bahsetmezler. Durum, bebeğinizin uyku ya da uyanıklık seviyesini, diğer bir değişle farkındalık durumunu tasvir eder. Durumlar derin uykudan hafif uykuya, huzursuzluktan avazı çıktığı kadar bağırmaya kadar değişebilir.

Tüm bunların tam ortasında, belki de en büyülü durum, sakin farkındalıktır. Bebeğinizin ne zaman sakin ve dikkatli olduğunu söylemek kolaydır: Gözleri açık ve parlaktır ve yüzünde huzurlu bir ifadeyle etrafı gözden geçirir.

Bir durumu koruyabilmek, bebeğinizin beyninin başarması gereken en öncelikli işlerden biridir. Bebeğinizin ağlamasını durdurabilme, uyanık olma ya da uykuya devam edebilme yeteneğine "durum kontrolü" denir. Ben durum kontrolünü, bebeklerin elindeki bir uzaktan kumanda gibi düşünmeyi severim, bir şeyi ilginç bulduklarında "o kanala takılırlar", sıkıldıklarında "kanal değiştirirler" ve onları rahatsız etmeye başladığında ya da uyku vakti geldiğinde "televizyonu" kapatırlar.

Birçok küçük bebeğin durum kontrolleri çok iyidir. Bu "her şeyi kendim yaparım" bebekleri kolayca dikkatlerini bir şey üzerine yoğunlaştırır, sonra istediklerinde konsantrasyonlarını uyku, farkındalık, ağlama arasında yoğunlaştırabilirler. Kendi kendilerini sakinleştirebilen bebekler genellikle kendilerini aşırı uyarılmaya karşı korumak konusunda başarılıdırlar. Dünya onlar için çok kaotik hâle geldiğinde bazıları gözlerini boşluğa diker, bazıları ritmik bir hareketle alt dudağını emer, bazılarıysa "Beni çok heyecanlandırdınız. Şimdi biraz sakinleşmek için başımı çevirmeliyim" demek ister gibi başını çevirir.

Ayrıca bebeğinizin "alışkanlık edinme" denen bir yolla da kendini sakinleştirdiğini fark edebilirsiniz. Bu bebeğinizin çok fazla uyarana karşı kendini korumak için sahip olduğu en iyi araçlardan biridir. Kablolar fazla yüklendiğinde elektrik akımını kesen bir şalter gibi, "alışkanlık edinme" de bebeğiniz çok fazla uyarana maruz kaldığında beynini dışarıya kapatır.

"Alışkanlık edinme", bebeklerin "ne kadar gürültü olursa olsun her yerde, her zaman uyuyabilme" yeteneğini de açıklar. (Bu aynı zamanda, erkek bebeklerin, sünnetin acısına rağmen uyuyabilmelerini sağlayan araçtır.)

Yeni doğan bebeğinizin hayatının ilk haftalarında basit bir planı takip ettiğini fark edeceksiniz: Yemek yemek ve uyumak! Daha sonra karnınızdan çıkmış olma durumuna uyum sağladıkça, gitgide daha uzun süreleri sakin bir farkındalıkla geçirmeye başlar. Ne yazık ki birçok küçük bebek, bu farkındalıkla gelen çok fazla heyecanı kaldıramaz. Bu bebekler, zayıf durum kontrolüne sahip, kendi kendini sakinleştirme konusunda zorlanan bebeklerdir. Farkındalıklarını kapatmakta güçlük çektikleri için devreleri sık sık aşırı yüklenir. Birkaç hafta sonra, dünyayı giderek daha çok fark etmeye başladıklarında durum kontrolleri endişelenmeye ve teklemeye başlar.

Bu bebekler çok yorgun görünseler de gözleri, sanki onları kürdanlarla tutturmuşsunuz gibi kapanmak bilmez. Bu uzaktan kumandalarının bozulup, onları yüksek sesli ve rahatsız edici bir filmi izlemeye mahkûm etmesine benzer.

Bir keresinde, bitkin bir anne üç aylık kolik oğlu Owen'ın her gün birkaç saat boyunca ağladığını söylemişti. Uykuya ihtiyacı olduğu çok açık olduğunda bile gözlerini kapatmıyordu. Annesi bana şöyle demişti: "*Ağlama kanalını* kapatıp *uyku istasyonunu* bulmasına yardım etmeye çalışıp duruyorum.

Minik bebeğiniz kilitlenmiş gibi bağırmaya başladığında lütfen umutsuzluğa kapılmayın. Birkaç ay içinde bebeğiniz, her ikinizi de bu durumdan kurtaracak olan çok daha iyi bir durum kontrolü yeteneğini kazanacaktır. Bu arada bu kitabın ikinci kısmında, bebeğiniz bir ağlama krizi geçirirken onu nasıl sakinleştirmeniz gerektiğini detaylı biçimde bulabilirsiniz.

"Yardım edin... Dünya Çok Büyük!" Aşırı Uyarılma Nasıl Ağlamaya Sebep Olur?

Oyuncaklar, ışıklar ve renklerle bebeğinizi aşırı uyarana maruz bırakmaktan kaçının; bu bebeğinizin duyularını çok yorar.

Richard Lovell, *Pratik Eğitim Üzerine Makaleler,* 1789

Dünyanın ne kadar heyecan verici bir yer olduğu düşünüldüğünde, tüm bebeklerin aşırı uyarılmadan muzdarip olmaması şaşırtıcıdır! Neyse ki birçoğu, ihtiyaç duyduklarında kendilerini dünyaya kapatmak konusunda çok başarılıdır. Fakat bebeğinizin durum kontrolü zayıfsa, düşük seviyedeki bir aktivite bile çılgınca ağlamasına sebep olabilir. Küçük bir rahatsızlık, örneğin bir geğirme ya da yüksek bir ses yüzünden ağlamaya başlayıp, ardından kendi bağırışına sinirlenerek kontrolsüzce ağlamaya başlayabilir.

Bu bebekler, aşırı uyarılma yüzünden ağlamaya başlar ve sonra bu "ağlama modunda" takılıp kalırlar. Çığlıklarını kendi dilimize tercüme etme şansına sahip olsaydık, şuna benzer bir şey duyardık: "Lütfen... Bana yardım edin... Dünya çok büyük!"

"Yardım edin! Bir Dolabın İçinde Kapalı Kaldım!" Az Uyaran Nasıl Ağlamaya Sebep Olabilir?

Kültürümüzde, bir bebeğin sessiz ve karanlık bir odada bırakılmak istediğine dair tuhaf bir efsaneye inanılır. Fakat bu sessizlik yeni doğmuş bebeğiniz için nasıldır? Dokuz ay boyunca gürültülü ve karmaşık bir ofiste çalıştığınızı hayal edin. Bir sabah ofise gelip kendinizi yapayalnız buldunuz; konuşma yok, çalan telefonlar yok, karmaşa yok. Kısa süre sonra bu sessizlik sinirinize dokunmaya başlar. Volta atmaya ve mırıldanmaya başlarsınız, ta ki sonunda çıldırıp, "Beni buradan çıkarın!" diye bağırana kadar.

Bu sahne, bebeklerin hastaneden eve geldiklerinde dünyayı deneyimleme şekillerine çok benzer. Hayalimizdeki mükemmel bebek odası küçük meleğimizin sükût içinde uyuduğu bir oda olsa da yeni doğmuş bir bebek için bu daha çok bir dolabın içinde kapalı kalmaya benzer.

Kulağa tuhaf gelse de, bebeğinizin istediği ya da ihtiyaç duyduğu şey sessizlik ve sakinlik değildir. Özlemini çektiği şey, karnınızdayken sürekli etrafını sarmış olan sürekli ve tekdüze ritimlerdir. Hatta evlerimizdeki uyarıcı eksikliği ve sakinlik, yeni doğmuş bir bebeği, aşırı uyarılma kadar çileden çıkarabilir.

Uyaran azlığı, bebeklerin canlarının sıkıldığı için ağladıkları anlamına mı gelir? Hayır. Daha büyük çocuklar ve yetişkinlerin aksine, bebekler monoton tekrarları sıkıcı bulmaz. (Bebeğimizin her gün durmadan süt içmekten memnun olmasının sebebi de budur.) Tersine, monoton tekrarların *yokluğunu* katlanılmaz bulurlar. Ağlamaları, karnınızdayken çevrelendikleri sürekli ve hipnotize edici uyarana dönme isteğindendir. Hırçın bebekler genellikle, bu ritmik güvence olmadan dünyayla başa çıkabilmeye ancak üç ay kadar sonra başlarlar.

Hem eksik, hem de aşırı uyarılma bebeğiniz için korkunç

derecede rahatsız edici olabilir, fakat en rahatsız edici olan, her ikisini aynı anda yaşamasıdır. Olgunlaşmamış bir bebek sakinleştirici, ritmik uyarıcılar olmadan kaosa maruz kalırsa bu onun hoşgörü sınırını kolayca aşabilir!

Beynin Yeterince Olgunlaşmaması Koliğin Uzun Zamandır Aranan Sebebi midir?

Beynin yeterince gelişmemiş olması kolik bulmacasının büyük bir parçasıdır. Fakat bu teori gerçeğin tamamı olamaz çünkü koliğin evrensel özelliklerinden çok önemli iki tanesini açıklamakta başarısız olur:

- *Erken doğan bebeklerin zamanında doğan bebeklere oranla kolik olma ihtimali daha fazla değildir.* Bebeklerin çığlıklarının altında yatan sebep beynin yeterince gelişmemesi olsaydı, daha da az gelişmiş beyinleriyle erken doğan bebeklerin, tüm bebeklerin en hırçınları olmaları gerekirdi. Fakat bu minik bebekler gerçek bir sebep olmadığı sürece ağlamazlar ve ihtiyaçları giderildiğinde de derhal susarlar.
- *Dünyadaki birçok kültürde kolik bebeklere rastlanmaz.* Bu durum, sürekli ağlamanın tek sebebinin beynin gelişmemişliği olamayacağını kanıtlar. Bazı kültürlerdeki bebeklerin beyinlerinin, diğerlerindekilere oranla neden bu kadar gelişmiş olabileceğini açıklayabilecek hiçbir biyolojik kanıt yoktur.

Teori 5: Koliğin Sebebi Zorlu Kişilik midir?

Birkaç yıl önce Lamaze'nin sınıfında konuşmuştum. Konuşma sırasında Ronnie adında hamile bir kadın sınıfa nasıl "kolay" bir bebeğe

sahip olmayı planladığını anlattı. Söyledikleri şunlardı: "Küçük bebekleri olan iki arkadaşım var. Angela'nın küçük vahşiler gibi çığlıklar atan ve kavga eden ikizleri varken Lateisha'nın çocuğu tam bir melek. Angela'nın yaptığı hataları yapmak istemiyorum; ben bebeğimin, Lateisha'nın küçük prensesi gibi olmasını istiyorum."

Çocuklarla vakit geçirme şansına sahip olan herkesin bileceği gibi, bazı bebekler ne kadar yumuşak ve kendiliğinden mutluysa, bazıları da bir korku treni kadar çılgındır! Bazı bebeklerin bu kadar değişken ve zorlu olmasının sebebi nedir? Ronnie haklı mıydı? Bu ebeveynlerin yaptıkları hatalardan mı kaynaklanır yoksa bazı bebekler doğuştan çığlık atmaya eğilimli midir?

Doğa mı Yetiştirme mi: Bebeğinizin Kişiliğini Hangisi Belirler?

Belki şu eski hikâyeyi bilirsiniz: Babasına kırık notlarla dolu karnesini uzatan oğlan sorar: "Söylesene baba, sence benim derdim kalıtımsal mı yoksa yetiştirilişimden mi kaynaklanıyor?"

Nesiller boyunca insanlar, bir çocuğun kişiliğini neyin belirlediğini tartıştılar. Önemli olan kalıtımsal etkiler (doğa) miydi yoksa kişilik, çocuğun yetiştirilme biçimiyle (yetiştirme) zaman içinde mi ortaya çıkıyordu?

Bin yıl önce uzmanlar, kişilik özelliklerinin çocuğa beslendiği süt aracılığıyla aktarıldığına inanıyordu. Bu nedenle eski uzmanlar ebeveynleri bebeklerini asla bir hayvanın ya da düşük zekâlı, vicdansız ya da ailesinde deli bireyler bulunan sütannelerin sütüyle beslememeleri konusunda uyarırdı.

Bugün, birçok kişilik özelliğinin genetik olarak doğrudan ebeveynlerden aktarıldığı konusunda fikir birliğine varılmıştır.

Bu nedenle utangaç ebeveynlerin çocukları da genellikle utangaç olur ve tutkulu ebeveynlerin çocukları acı biber yemeyi sever.

Andrea, eski bir yarış arabası sürücüsü olan Zoran'la çok konuşkan bir araştırmacı psikiyatrist olan Yelena'nın heyecanlı bebeğiydi. Doğduğu günden beri ele avuca sığmaz bir bebek olan Andrea, iki aylık olduğunda günde neredeyse 24 saat ağlamaya başlamıştı. Zoran'ın da belirttiği gibi, "Kızımızı büyütmek gerçekten çok zordu, fakat ne bekleyebilirdik ki? İki dobermandan bir cocker spaniel doğmasını bekleyemezsiniz!"

Şimdi kişilik özelliklerini biraz daha yakından inceleyelim ve katkıları olsa da neden koliğin temel sebebi olamayacağını görelim.

Mizaç: Çocuğunuzun Yol Aldığı Açık Deniz

İnsanlar sakin bebeklerin iyi, hırçın bebeklerin kötü olduğunu düşündüklerinde hata yaparlar. Doğru olan, bazı nazik ve yumuşak kalpli bebeklerin, etraflarındaki dünyanın dalgalanmalarını kaldıramadıkları için daha çok şikâyet ettiğidir.

Marie Claire, Esme ve Didier'nin annesi Renee

Bebeğiniz bir kayık gibidir, huyları da üzerinde yol aldığı denize benzer. Kayığı sağlamsa (güçlü bir kendini sakinleştirme yeteneği varsa) ve deniz de sakinse (sakin bir mizaca sahipse) bebeklik sularında sakince yol alacaktır.

Fakat kayık dengesiz (zayıf bir kendini sakinleştirme yeteneği) ya da deniz dalgalıysa (zorlu bir mizaç) bebeğiniz alabora olma tehlikesiyle karşı karşıyadır. Çocuklar büyüyüp kendi kendini sakinleştirme yetenekleri güçlendikçe, tutkularının yarattığı dalgalanma giderek daha kontrol edilebilir bir deneyim hâline gelir. Fakat çok küçük bebekler için çok hassas bir mizaç, kaldırabileceklerinin çok üzerinde olabilir.

Neyse ki bebeklerin çoğu, sevimli birer kuzu gibi yumuşak bir mizaca sahiptir ve onları sakinleştirmek oldukça kolaydır. Fakat zorlu bebekler daha çok azgın bir kediyle çifte atan vahşi bir atın karışımına benzerler. Bu aşırı derecede duyarlı ve/veya hassas bebekler hayatlarının ilk aylarında dengeyi tutturmak için her gün yeniden mücadele verirler.

Yumuşak Mizaçlı Bebekler – "Uyusun da Büyüsün..."

Hayatının ilk dakikalarından itibaren uyumlu ve yumuşak mizaçlı olan bebekler, doğum anında attıkları çığlıklar dışında "Lütfen anneciğim, burası sanki birazcık fazla aydınlık oldu." demek istermiş gibi, utangaç şikâyetlerde bulunurlar.

Sabrina böyle kolay bir bebekti:

> ***Sabrina'nın koyu renk kirpikleri, gök mavisi gözlerini çevreliyordu. Etrafının çok farkındaydı, dünyayı, yaşlı bir Zen ustasının huzur dolu gözleriyle izliyordu. Sabrina kolayca uyur ve çok nadiren ağlardı. Acıktığında bile, ebeveynlerinin dikkatini çekmek için mırıldanmanın çok az üstünde bir sızlanma sesi çıkarırdı.***

Sakin mizaçlı bebeklerin muhteşem bir durum kontrolü vardır ve kendilerini sakinleştirmede ustadırlar. Onlar, dünyanın bütün çılgınlığını kolayca kaldırabilen minik "rahat sörfçülerdir".

Fakat çok duyarlı ya da hassas bebekler -ki bu durumda Tanrı her ikinizin de yardımcısı olsun- zayıf bir kendini sakinleştirme yeteneğine sahiptir ve dünyanın en tuhaf karışımı olan eylem ve sessizlik onları fırtınadaki bir gemi gibi etrafta savururken kendilerini ağlamaktan alıkoyamayabilirler.

Zorlu Mizaçlara Sahip Bebekler - Büyük Kişilikleri Olan Küçük Bebekler

> ***Lizzy ve ikiz kız kardeşi Jennifer, birbirlerine çok benziyorlardı. İkisi de gürültüye ve ani hareketlere karşı son derece duyarlıydı. Üzgün olduklarında yüzleri düşer, ikisi de sağır edici bir güçle ağlamaya başlardı.***
>
> ***Fakat Jenny ağladığı zaman kendi kendine susabilirken, Lizzy kendi çığlıklarına kapılıp ağlamaya bir türlü son veremezdi. Bir kez başladığında, bir daha kendini toparlama yeteneğine sahip değildi!***

Lizzy'nin annesi Cheryl, çılgına dönen kızını tekrar kontrol altına almak için emzikleri, kundaklamayı ve sürekli kucağında tutmayı denemişti ama bunların hiçbiri faydalı olmamıştı. "İlk üç ay boyunca her gün "felaketin" ne zaman başımıza geleceğini bilmeden ortalıkta dolanırdım."

Lizzy gibi bebekler zordur. Hayatlarının ilk birkaç ayında, kişilikleri kendilerine, başa çıkamayacakları kadar büyük gelebilir. Ebeveynlerin, kendilerine hayatın bu kadar ciddiye alınmaması gerektiğini hatırlatmak için bu bebeklere komik lakaplar takarlar. Örneğin, Amanda'nın ailesi ona, "kaprisli" anlamına gelen Demanda" ismini takmıştı. Natalie Rose'un ailesi onu "Hırçın–Gazlı–Süslü" takma adıyla çağırıyordu ve Lachlan'ın ailesi ona "General Gümbürtü" adını vermişti.

Yeni ebeveynler için özellikle zorlayıcı olabilecek iki mizaç vardır: Duyarlı ve hassas.

Duyarlı Bebekler: Bir Kristal Kadar Kırılgan Olabilen Yüksek Algılı Bebekler

Elbette hepimiz, bazı insanların diğerlerinden daha duyarlı olduğunu biliriz. Bir kişi televizyon açıkken uyuyabilirken, bir başkası en küçük bir gürültüden rahatsız olur. Yeni doğmuş bazı bebekler de aşırı duyarlı olduklarının işaretlerini taşırlar. Bunlardan bazıları telefon çaldığında sıçramaları, göğüs ucunuzda kalan yağ parçasının tadını alıp yüzlerini buruşturmaları ya da göğsünüzün kokusunu aldıklarında başlarını çevirmeleridir.

Duyarlı bebekler gözlerini kocaman açarlar ve etraflarının çok farkındadırlar. Dünyaya karşı tepkileri kristal kadar şeffaf ve saftır. Fakat kristaller gibi, duyarlı bebekler de kırılgandır ve genellikle daha çok ilgiye ihtiyaç duyarlar. Etraflarındaki her şeye *o kadar* açıklardır ki kolaylıkla bundan aşırı yüklenebilirler. Bu bebeklerin ağlamaya başladıklarında kendi hâline bırakıldıkları takdirde kendilerini toplamalarının bu kadar zor olmasının sebebi de budur. Diğer bir deyişle, sinirleri bozulduğu için daha da çılgına dönebilirler!

Yeni doğan bebeğiniz duyarlı bir mizaca sahipse, arada sırada yemek ve oyun saatlerinde gözlerini sizden kaçırabilir. Buna, "bakış isteksizliği" denir. Bakış isteksizliği, bebeğinizin gözlerine gerekenden biraz daha fazla yaklaştığınızda meydana gelir. İki metrelik bir yüzün bir anda *sizin* burnunuzun dibine geldiğini hayal edin. Siz de kendinizi bakışlarınızı kaçırmak ya da biraz geri çekilerek ona biraz daha güvenli bir mesafeden bakmak isterken bulabilirsiniz! Bunu, bebeğinizin sizden hoşlanmadığı ya da size bakmak istemediği şeklinde yanlış yorumlamayın. Sadece hafifçe geri çekilin ve bebeğinizin gözleriyle sizin yüzünüz arasına biraz daha mesafe girmesine izin verin.

Hassas Bebekler: Tutkulu ve Patlayıcı Arasındaki İnce Çizgi

Bebeğiniz, normal uyanma döngüsü içinde küçük sıkıntı, bunalma ve rahatsızlık anları yaşayacaktır. Sakin bebekler bunu pek de sorun çıkarmadan atlatır, fakat hassas bebekler bunu çok daha *yoğun* yaşar. Bu, günlük gerilimlerin kıvılcımının, değişken mizaçlarının dinamitine denk gelmesine benzer ve "Bom!" Bebeğiniz patlar. Bebekler bu şekilde kontrollerini kaybettiklerinde, bu işe kendilerini fazlasıyla kaptırıp, istedikleri şey tam olarak yerine getirilse de çığlık atmayı kesmeyi başaramayabilirler.

İşte Jackie, aç ve çok tutkulu olan bebeğini doyurmaya çalıştığında bu yoğun ağlama krizlerini yaşıyordu. İki aylık Jeffrey genellikle yemek yemeye şu şekilde başlıyordu:

"'Bana yemek ver yoksa öleceğim!' dermiş gibi bir çığlık atar. Ben koltuktan fırlayıp göğsümü çıkarırım ve onu bebeğimin mağaramsı ağzına sokarım. Fakat bunun için mutlu olup emmeye başlayacağına, genellikle başını iki yana sallamaya başlar ve sanki körmüş ve göğsümün orada olduğunun farkında değilmiş gibi açıktaki göğsümün altından ağlamaya devam eder. Bazen, onu sevgiyle kurtarmak için açtığım göğsümün daha çok onu susturmaya çalışan bir el olduğunu zannettiğini düşünüp endişelenirim."

"Neyse ki artık, Jeffrey'nin elinden başka türlü hareket etmenin gelmediğini anladım. Bu yüzden artık tüm protestolarına rağmen, o benim ne yapmaya çalıştığımı anlayana kadar göğsümü ona uzatmaya devam ediyorum. Sonunda göğsüme yapışıyor ve emmeye başlıyor. Sonra tuvaletini yapıyor ve yeniden, sanki onu aylardır beslememişim gibi yemek yemeye hazır oluyor."

Jackie çok akıllıydı. Jeffrey'nin ona sunduğu yiyeceği bilinçli olarak reddetmediğini, onun sadece kocaman kişiliğiyle baş etmeye çalışan küçücük bir bebek olduğunu fark etmişti. Bir rodeo boğasının üstündeki çaylak bir kovboy gibi, Jeffrey yemek yiyebilmek için o kadar büyük bir çaba sarf ediyordu ki, annesinin yardıma hazır hâlde hemen yanı başında olduğunu fark edemiyordu.

Bir Bebeğin Mizacı Yaşam Boyu Sürer Mi?

Bebekler büyürken, daha az duyarlı ya da hassas hâle gelmez, fakat dünyayla daha iyi başa çıkabilmek ve mizaçlarını kontrol edebilmek için kullanabilecekleri birçok başka yetenek geliştirirler. Üç aylıktan itibaren gülümsemeye, mırıldanmaya, yuvarlanmaya, bir şeyleri tutmaya ve çiğnemeye başlarlar.

Bebeğinizin Nasıl Bir Mizacı Var?

Hayatının ilk günlerinde bile bebeğinizin gelişmekte olan mizacıyla ilgili ipuçları elde edebilirsiniz. Aşağıdaki sorulara vereceğiniz cevaplar, çocuğunuzun mizacının sakin mi yoksa tutkulu mu olduğuna karar vermenize yardımcı olacaktır:

1. Parlak ışıklar, ıslak bezler ya da soğuk hava bebeğinizin hafifçe sızlanmasına mı yoksa büyük bir çığlık atmasına mı sebep oluyor?
2. Onu sırt üstü yatırdığınızda, kolları sakince iki yanında uzanıyor mu yoksa genellikle havada mı geziniyor?
3. Yüksek seslerden ve ani hareketlerden kolayca sıçrıyor mu?
4. Acıktığında yavaş yavaş mı huysuzlanmaya başlıyor yoksa bir anda hızla ağlamaya mı başlıyor?
5. Yemek yerken bir şarap tadıcısı (sakince yudumlar mı alıyor) gibi mi davranıyor yoksa yiyebildiğin kadar ye restoranına gitmiş biri (sütü hızlı çekişlerle mideye mi indiriyor) gibi mi emiyor?
6. Kendini güçlü bir ağlama krizine kaptırdığında, dikkatini çekmeniz sizin için ne kadar zor oluyor? Onu tekrar sakinleştirmeniz ne kadar zamanınızı alıyor?

Bu ipuçları çocuğunuzun hayat boyu sahip olacağı mizacı tam olarak tahmin edemez, fakat heyecanlı bir yolculuk olan bebeğinizi tanıma ve onun biricikliğine saygı duyma sürecinde size yardımcı olabilir.

Ve bundan kısa süre sonra inanılmaz etkili kendini sakinleştirme yöntemleri olan gülmeyi, bir şeyleri ağzına sokmayı ve etrafta hareket etmeyi de öğrenirler.

Bebekler zamanla gelişmemiş bedenleri üzerinde yeterli kontrolü kazanır ve bir zamanlar çığlıklara dönüştürdükleri duyguları kıkırdamalar ve derin gülüşlerle ifade etmeye başlarlar. Tutkulu bebekler genellikle ailenin en çok gülen ve en konuşkan çocuklarına dönüşürler. ("Hey anne bak! Anne, bak bu harika!") Ve duyarlı bebekler genellikle merhametli ve anlayışlı insanlara dönüşürler. ("Hayır anne, o mor değil, eflatun.")

Bu yüzden zor bir bebeğiniz varsa, umudunuzu kaybetmeyin. Bu bebekler genellikle mahallenin en sevimli ve hareketli çocuklarına dönüşürler!

Koliğin Gerçek Sebebi Mizaç Mıdır? Muhtemelen Hayır.

Bir bebeğin teskin edilemez biçimde ağlamasının anahtar faktörü onun mizacı mıdır? Hayır. Bu mantıklı teori de koliğin üç evrensel gerçeğini açıklamakta başarısız olmasıdır:

- *Kolik ağlama genellikle iki haftalıkken başlar altıncı haftada zirve yapar ve üç ile dördüncü ayda sona erer.* Mizaç bebeğin doğumdan itibaren sahip olduğu ve ömür boyu sahip olacağı bir özellik olduğu için, koliğin sebebi zor mizaç olsaydı, doğumla beraber başlaması ve dördüncü aydan sonra da devam etmesi, hatta daha da kötüye gitmesi gerekirdi. Fakat böyle olmaz.
- *Erken doğan bebeklerin zamanında doğan bebeklere oranla kolik olma ihtimali daha fazla değildir. (Kolik oldukları durumda da, bu durum normal doğum tarihlerinden iki hafta sonrasına dek başlamaz.)* Bu durumda erken doğduğu için daha da az gelişmiş olan duyarlı ve/veya hassas bir bebeğin, zamanında doğmuş bir bebeğe kıyasla koliğe daha eğilimli olması gerekirdi. Benzer şekilde, koliğin

doğduktan haftalar hatta bazen aylar sonra değil hemen başlaması gerekirdi.

Uyumun Güzelliği - İki Cocker Spaniel'den Bir Doberman Doğarsa Ne Olur?

Mizaç büyük ölçüde kalıtımsal olarak aktarılan bir özellik olduğu için, bebeğin kişiliği de neredeyse her zaman ebeveynlerini kişiliğini yansıtır. Fakat kahverengi gözlü ebeveynlerin mavi gözlü çocuklarının olabilmesi gibi, beklenmedik şekilde sakin mizaçlı ebeveynlerin de, onları dağlara doğru koşma isteğine boğan T-Rex ruhlu bir bebeği olabilir!

Ebeveynler bazen, mizacı kendilerininkinden çok farklı olan bir bebekle başa çıkmakta ciddi zorluklar yaşarlar. Duyarlı bebeklerini çok sert ya da hassas bebeklerini çok gevşek tutabilirler. Bu ebeveynlerin, bebeklerinin kendine özgü mizacını öğrenip onlara en uygun şekilde davranmaları gerekir.

- *Dünyadaki birçok kültürde kolik bebeklere rastlanmaz.* Mizaç koliğin sebebi olamaz çünkü dünya üzerindeki birçok kültürdeki en hassas ve tutkulu bebeklerde bile kolik görülmez.

O hâlde ABD'deki bir milyon bebek gaz sancısı, reflü, annelik endişesi, yeterince gelişmemiş beyin ya da kişilik özellikleri yüzünden ağlamıyorsa, koliğin gerçek sebebi nedir? Bir sonraki bölümde göreceğiniz gibi, koliğin gizemini tam olarak açıklayabilen tek teori... Eksik kalan dördüncü üç aylık dönemdir.

5

Koliğin Gerçek Sebebi: Eksik Kalan Dördüncü Üç Aylık Dönem

Ana Noktalar:

- İlk üç üç aylık dönem: Bebeğinizin karnınızdaki mutlu yaşamı
- Büyük çıkış: Bebekler doğum anında gelişimlerini tamamlamamıştır
- Bebeğiniz neden dördüncü üç aylık dönemi ister ve buna ihtiyaç duyar?
- Büyük Amerikan efsanesi: Küçük bebekler şımartılabilir
- Dördüncü üç aylık dönem ve diğer kolik teorileri arasındaki bağlantı
- Eksik kalan dördüncü üç aylık dönemin koliğin gerçek sdebebi olmasının on sebebi

---

Bir zamanlar çok uzak bir ülkedeki dört kör ve bilge adamdan, bir filin nasıl göründüğünü tasvir etmeleri istenmiş. Her biri hayvana dokunmuş. Ardından tek tek konuşmaya başlamışlar.

Filin dişlerinden birine dokunan ilk adam, "Bu hayvan uzun ve bir mızrak gibi kavisli"

demiş. Hayvanın bacağına dokunan ikinci adam "Katılmıyorum! Bu hayvan kalın ve uzun, aynı bir ağaç gibi" demiş. Onlar aralarında tartışmaya devam ederken üçüncü adam filin kulağına dokunmuş ve bunu dev bir yaprağa benzetmiş. Son olarak filin hortumu tarafından kavranmış olan dördüncü adam, hepsinin yanıldığını, bu hayvanın büyük ve şişman bir yılana benzediğini söylemiş.

Dördüncü Üç Aylık Dönem Nedir ve Neden Eksiktir?

Bu hikâyede, her adam filin sadece bir *parçasını* tasvir ediyor. Fakat her biri kendi görüşünün doğru olduğundan o kadar emin ki, tüm bu farklı gözlemleri içerebilecek başka bir açıklama olabileceğini düşünmüyorlar.

Benzer şekilde, kolik gizemini çözmeye çalışan zeki kadın ve erkekler de sadece gerçeğin küçük parçaları üzerine yoğunlaşmıştır. Bazıları gurultuları duyup, suçlunun gaz olduğu sonucuna varır. Diğerleri yüz buruşturmasını görüp bunun acı kaynaklı olduğunu düşünür. Başka kişiler, kucağa almanın işe yaradığını görüp çocuğun şımartıldığı sonucunu çıkarır.

Son yıllarda koliğin sebebi olarak acı, endişe, yeterince gelişmemişlik ve mizaç gösterilmektedir. Bunların her biri bulmacanın birer parçası olsa da, kolik ancak tüm parçaların birlikte incelenmesiyle anlaşılabilir. Ancak o zaman, popüler kolik teorilerinin daha önce gözden kaçırılmış bir kavramla olan ilgisi anlaşılabilir: Eksik kalan dördüncü üç aylık dönem.

Bebeğinizin karnınızda geçirdiği dokuz ay ya da üç aylık üç dönem inanılmaz derecede karmaşık bir gelişimin yaşandığı bir süreçtir. Yine de birçok bebeğin "uyanıp" aktif ilişkiye geçebilmesi için *üç aylık ek bir süreye* ihtiyacı vardır. Bebeğinizin doğumuyla üç aylık olması arasında geçen süreye ben, dördüncü üç aylık dönem diyorum.

Şimdi bir bebeğin yaşamının dünyaya gelmeden önce neye benzediğini, neden tam olarak olgunlaşmadan doğmak zorunda olduklarını ve hayatlarının ilk üç ayında harika ebeveynlerin karnının içindeki koşulları taklit ederek bebeklerini sakinleştirme yöntemlerini görelim.

İlk Üç Üç Aylık Dönem: Bebeğinizin Karnınızdaki Mutlu Yaşamı

Dokuz aylık hamileliğinizden sonra bebeğinizin doğmaya hazır olduğunu mu düşünüyordunuz? Eminim ki *siz* hazırdınız! Ama birçok açıdan, bebeğiniz değildi. Yeni doğan bebekler gülümseyemez, mırıldanamaz, hatta parmaklarını bile ememezler. Doğum esnasında onlar hâlâ fetüse daha yakındır ve hayatlarının ilk üç ayında da, kucağa alınmak, taşınmak ve kendilerini hâlâ karnınızdaymış gibi hissetmek isterler.

Fakat bebeğinizin rahmindeyken keyfini çıkardığı ortamı taklit etmek için öncelikle bunun asıl bir şey olduğunu bilmeniz gerekir. Şimdi zamanı bebeğinizin hâlâ karnınızda olduğu döneme doğru geri saralım ve hayata onun gözlerinden bakalım. Hamile rahminizin içini görebildiğinizi hayal edin. Ne görüyorsunuz? Kas duvarlarının içinde, ipeksi zarlar tropik amniyotik sıvıyla dolu bir havuzda salınıyor. Az ileride titreşen plasentanız var. 24 saat açık bir restoran gibi, bebeğinize ihtiyacı olduğu anda besin ve oksijen sunuyor.

Ortada, onur konuğunuz, biricik bebeğiniz var. Açlıktan, mikroplardan, soğuk rüzgârlardan, kötü hayvanlardan ve çılgın kardeşlerden, karnınızın kadife yumuşaklığındaki duvarları sayesinde korunuyor. Yarı astronot, yarı denizkızı gibi görünüyor ve altın sıvının içinde ağırlığı yokmuşçasına salınıyor. Bu dokuz ay boyunca, karnınızdaki bebek yıldırım hızıyla gelişti. Beyni dakikada 250.000 yeni sinir hücresi üretti ve vücudu ağırlık açısından bir milyar kat, karmaşıklık açısından da hesaplanamayacak kadar büyüdü.

Şimdi bebeğinizin karnınızda geçirdiği son aya odaklanalım. İçerisi giderek daralıyor. Minik bir yoga ustası gibi bebeğiniz kendini kıvırmış, rahat ve güvende. Fakat popüler efsanenin tersine odası ne sessiz ne de sakin. Burası oldukça oynak (siz merdivenlerden inip çıkarken bebeğinizin zıpladığını hayal edin) ve gürültülü (damarlarınızdan akan kan, bir elektrik süpürgesinden daha yüksek, ritmik bir gürültü yaratıyor).

İlginç biçimde tüm bu gürültü onu hiç rahatsız etmiyor. Hatta bebeğiniz bunu sakinleştirici buluyor. Doğmamış bebeklerin gün boyunca sakin durup akşamın sessizliğinde hareketlenmelerinin sebebi de budur. Orada ideal bir hayatı var; o hâlde neden bebekler henüz bu kadar az gelişmiş olmalarına rağmen dokuz ayın sonunda harekete geçip doğarlar?

Büyük Çıkış: Bebekler Doğum Anında Gelişimlerini Tamamlamamıştır

Doğuşumdan beri sana teslim edildim.

Mezmurlar 22:10

Geçtiğimiz on yıl içinde arkeologlar insanların son beş milyon yılda nasıl evrimleştiğine dair daha net bir resmin parçalarını bir araya getirdiler. Neden dört ayak üzerinde yürümekten vazgeçip iki ayak üzerinde koşmaya başladığımız, dil ve aletleri ne zaman kullanmaya başladığımız gibi soruların cevaplarını araştırdılar.

Fakat şu ana kadar gereken önem verilmemiş olan konu şudur: Evrim, atalarımızın annelerini zaman içinde bebeklerini gitgide daha az gelişmişken doğurmaya zorlamıştır. Ben, tarih öncesi annelerin en sonunda beyinleri çok fazla büyüdüğü için bebeklerini üç ay önce doğurmak zorunda kaldıklarına inanıyorum!

Çok uzak bir geçmişte, atalarımızın bebeklerinin küçük kafaları vardı ve karından erken çıkmaları gerekmiyordu. Fakat birkaç milyon yıl önce, evrim ağacının farklı bir dalında ilerlemeye başladı. Bu kol, büyük beyinli bebekleri olan süper akıllı insanlara aitti. Hamile kadınlar Noel çoraplarını doldurur gibi doğmamış bebeklerinin beyinlerini yeni yeteneklerle doldurmaya başladı. Sonunda bebeklerin başları öyle büyüdü ki doğum sırasında sıkışmaya başladılar.

Bu evrimimizin sonunu getirebilirdi fakat devreye bebeklerimizin beyinlerinin büyümesine olanak sağlayan dört çok önemli adaptasyon girdi:

1. Fetüslerimiz sadece doğumdan sonra hayatta kalmalarını sağlamaya yetecek en temel refleks ve yetenekleri (emme, kaka yapma ve kalp atışlarını sürdürme gibi) barındıran kıvrımsız beyinler geliştirmeye başladı.
2. Yavaş yavaş büyük beynin doğum kanalında takılmasını engellemek için çok pürüzsüz bir kafa tasarımı oluştu. Dış tarafında sadece kaygan bir deri, kıvrılabilen kulaklar, küçük bir çene ve burun vardı. İç tarafında üzerine baskı uygulanabilen bir beyin ve kendini daha dar ve doğuma daha uygun bir elips şekline dönüştürebilen yumuşak bir kafatası oluştu.

3. Büyük başları, karından çıkarken hareket etmeye başladı. (Muhtemelen sıkı bir tıpayı bir şişeden çıkarırken onu döndürmenin işinizi kolaylaştırdığını fark etmişsinizdir.)

Bu üç düzenlemenin büyük faydası oldu. Fakat bebeklerimizin beyinlerinin büyümeye devam edebilmesini sağlayan en önemli değişiklik, "erken tahliyedir".

4. Ben, yüz binlerce yıldır büyük beyinli bebeklerin, doğum kanalında sıkışma şansını azaltmak ve hayatta kalma şanslarını artırmak için biraz erken doğmaya başladığına inanıyorum. Diğer bir deyişle, onlar erken tahliye ediliyor.

Günümüzde anneler, güvenli bir doğum için bebekleri tamamen olgunlaşmadan yaklaşık üç ay önce doğum yapmaktadır.

Fakat size her annenin söyleyebileceği gibi, tüm bu düzenlemelere rağmen doğum hâlâ oldukça zorlu bir iştir. Başlarının çapı yaklaşık 11.5 santimetre olan fetüslerimizin, tamamen açılmış, yaklaşık 10 santimetre çapındaki bir rahim boynundan geçmek için epeyce sıkışması gerekir. Ebelerin doğum sırasında rahim boynuna "ateş çemberi" demesine şaşmamak gerekir!

> Bir yetişkinin yarı boyunda ya da kilosunda bir bebeği doğurmasının nasıl olacağını hayal edin. Elbette, 90 santim boyunda, 36 kilo ağırlığında yeni doğmuş bir bebek çok saçma bir görüntü olurdu. Bir de, başının boyutu bir yetişkininkinin yarısı büyüklüğünde bir bebek doğurduğunuzu düşünün. Bu kulağa daha da saçma geliyor fakat aslında bu boyut, yeni doğmuş bir bebeğin kafasının yanında ***küçük*** kalır. Doğum anında bebeklerimizin kafası, bir yetişkinin kafasının neredeyse üçte ikisi büyüklüğündedir. (Eyvah!)

Doğum, her zaman zorlu, bazen hem annenin hem de bebeğin hayati tehlike atlatmasına sebep olabilen bir süreç olmuştur. Çağlar boyunca birçok toplumun çocuk doğumunu kahramanca bir eylem olarak yüceltmesinin sebebi de budur. Aztekler, doğum sırasında hayatını kaybeden kadınların, savaş esnasında ölen askerlerle birlikte, cennetin en yüksek seviyesine gittiğine inanıyordu.

Erken tahliye bu riski azaltmış ve tarih öncesi ebeveynlerin olgunlaşmamış bebeklerini koruma becerileri sayesinde mümkün hâle gelmiştir. Dik duruşları ve çok gelişmiş el becerileri sayesinde ilk insanlar bebeklerini sıcak tutmak için sarılırken bir yandan da yürüyebiliyordu. Onlar, rahmin güvenliğini taklit eden kalın giysiler ve askı benzeri taşıyıcılar kullanıyordu.

Rahim ortamını taklit etmek gibi zorlu bir iş, Taş Devri'ndeki akrabalarımızın güvenli erken doğumlar için ödemek zorunda kaldığı bir bedeldi. Fakat daha yakın yüzyıllarda birçok ebeveyn bebeklerine verdikleri bu sözden dönmeye çalışmaktadır.

Hâlâ bebeklerinin büyük ve zeki beyinlere sahip olmalarını ve erken doğmalarını istemelerine rağmen, onları bu kadar sık beslemek ya da bütün gün boyunca yanlarında taşımak istemiyorlar. Hatta bazı yanlış yönlendirilmiş uzmanlar, yeni doğmuş bebeklerin deliksiz bir gece uykusu uyuması ve ağladıklarında kendi kendilerine susana kadar bırakılmaları gerektiğinde ısrar ediyor. Bebeklerinin keselerine girmesine izin vermeyen kangurular gibi, bu teorileri benimseyen anne ve babalar, yüz binlerce yıldır yeni doğan bebeklerine vermeye söz verdikleri rahatlığı reddetmiş olurlar.

Bebeğiniz Neden Dördüncü Üç Aylık Dönemi İster ve Buna İhtiyaç Duyar?

> ***Gözleri, kulakları, burnu, teni ve bağırsakları tarafından aynı anda bombardımana tutulan bebek, bunların tamamını büyük, rahatsız edici bir kafa karışıklığı olarak algılar.***
>
> William James, *Psikolojinin Prensipleri,* 1890

Yumuşacık ve gamzeli yeni doğmuş bebeğinizi hastaneden eve getirdiğinizde, huzurlu bebek odanızın, meleksi bedeni ve ruh hâliyle çok uyumlu olduğunu düşünebilirsiniz, fakat bebeğiniz durumu böyle görmez. Onun için bu kafa karıştırıcı bir dünyadır; bir yandan bir Las Vegas kumarhanesine, bir yandan da karanlık bir dolabın içine benzer!

Duyuları yeni deneyimlerin bombardımanı altındadır. Dış dünyadan bir ışık, renk ve doku karmaşasının saldırısına maruz kalmaktadır. İç dünyasında ise, gaz, açlık ve susama gibi yeni ve güçlü duygu dalgalarıyla boğuşmaya başlamıştır. Fakat aynı zamanda, odanın sessizliği onu bir dolap içinin karanlığı gibi kuşatır ve son dokuz aydır rahatlama aracı ve yoldaşı olan ritimlerden mahrum bırakır. Bebeğiniz için rahimdeki yüksek, dört yandan gelen ritmik sesten sonra hastane odasının sessizliğinin ne kadar tuhaf olduğunu hayal etmeye çalışın. Beklerin, "Bu gerçek olamaz!" demek istermiş gibi etraflarına bakmalarına şaşmamak gerekir!

Birçok bebek bu değişikliklerle sorunsuzca başa çıkabilir. Fakat bazı bebekler bunu yapamaz. Onlar günün büyük bir kısmında kucağa alınmaya, sallanmaya ve emzirilmeye ihtiyaç duyarlar. Bu duygular rahimdeki durumu taklit ederek şu ana kadar geliştirilmiş olan en iyi bebek sakinleştirme yönteminin temelini oluştururlar. Bu dördüncü üç aylık dönem deneyiminin bebekleri sakinleştirmesinin sebebi onların şımarık olmaları ya da yeniden rahme döndüklerini sanmalarını sağlaması değildir. Sebep, bunun bebeklerin beyinlerindeki ağlamayı sonlandıran çok önemli bir mekanizmayı, sakinleşme refleksini tetiklemesidir.

Dördüncü üç aylık dönem, her bebeğin ailesinin ona vermesini umduğu doğum günü hediyesidir.

"Manzaralı Bir Rahim": Dördüncü Üç Aylık Dönemde Ebeveynlerin Deneyimleri

Bebek doğduğu anda gerçek göbek kordonu sonsuza dek kesilmiş olur. Fakat o anda bebeğiniz, yalnızca bir saniyelik bir fetüs olmaya devam eder.

Peter Farb, *İnsanoğlu*

Yeni doğan bebeğinizi ilk gördüğünüz ve ona dokunduğunuz an, ne kadar unutulmazdır! Muhteşem kokusu, tatlı bakışları ve ipeksi teni kalbinizi fetheder. Fakat yeni doğan bebekler göz korkutucu da olabilir. Yumuşak boyunları, düzensiz soluk alışları ve minik kalplerinin çarpıntıları çok çaresiz görünmelerine sebep olabilir.

Yeni doğmuş bebeklerin tam olarak ihtiyacı olan şeyin, rahim koşullarının taklit edildiği bir dördüncü üç aylık dönem olduğuna inanmamın sebebi de bu incinebilirlikleridir.

Muhtemelen bebeğinizin sızlanmaları, onu göğsünüze götürdüğünüz an kesildiği zaman ihtiyacının farkına varmışsınızdır. Bu noktada sizin kulaklarınız ve onun ağlaması arasında sanal bir göbek kordonu oluşur. Bu, siz evin içinde dolaşırken uzayabilen esnek bir kordondur; ta ki bebeğinizin bir sonraki çığlığı sizi yeniden onun yanına çağırana kadar.

Çalışmalarına katılan Mary adında bir anne, "Stuart doğduğunda bu dünyada yaşamaya hazırmış gibi görünmüyordu" demişti. "Onu memnun etmek için neredeyse sürekli kucağımızda tutup sallamamız gerekiyordu. Kocam Phille aramızda, onun pişmesine çok az kala çıkarılmış bir keke benzediğini ve kısa bir süre daha pişmesi için fırına bir kez daha girmesi gerektiğini söyleyip şakalaşıyorduk."

Aslında Mary ve Phil, Stuart'ın rahimde birkaç ay daha kalmaya ihtiyacı olduğunu fark etmişlerdi. Ama yürüyen bir rahme dönüşmek o kadar da kolay değildir! Çılgına dönmüş anneler sık sık, akşamüstü beşte hâlâ pijamalarıyla dolaşmakta olduklarını fark ederler. Doğumdan birkaç gün sonra, rahminizin dokuz ay boyunca şikâyet etmeden yaptığı işi yapmanın bütün gününüzü aldığını keşfedersiniz.

Bebeğinizin bakış açısıyla, günde on iki saat sizin kollarınızda olmak, tam bir kopuş olmasa da büyük bir hayal kırıklığıdır. Eğer konuşabilseydi, muhtemelen size asık suratıyla şunları söylerdi: "Hey, bunda büyütülecek ne var? Eskiden günün yirmi dört saati beni taşıyor ve her saniye besliyordun!"

Ne yazık ki bizim kültürümüzdeki birçok ebeveyn bebeklerini çok fazla kucaklarında tutmanın yanlış olduğuna ikna olmuştur. Yanlış bir yönlendirmeyle, öncelikli görevlerinin yeni doğmuş bebeklerini eğitmek ve onlara terbiye vermek olduğunu düşünürler. Bebeklerine, büyütme ayrıcalığına eriştikleri bir ruhtan çok, eğitmeleri gereken bir beyin gibi yaklaşırlar. Başka kültürler, bir bebeğin ihtiyaçları konusunda farklı fikirlere sahiptir. Bali'de bebekler, hayatlarının ilk 105 gününde asla yalnız uyumaz ve çok nadiren bir yetişkinin kucağından iner! Ebeveynler plasentayı gömer ve gömüldüğü yere her gün pirinç ve sebzelerden oluşan sunular götürür. Yüz beşinci günde bebek, kutsal bir törenle, yeniden Tanrılara ait olacağı güne kadar insan ırkı arasındaki yerini alır. Bu törende bebekler hayatlarında ilk kez bir yudum su içerler. Ayrıca canlı ve güçlü olmaları için kollarına ve bacaklarına yumurta sürülür. Ancak bundan sonra, ayaklarının Toprak Ana'ya değmesine izin verilir.

Bali'deki gibi, koliğin hiç görülmediği kültürlerde ebeveynlerin bebeklerine bizimkinden çok daha iyi bir dördüncü üç aylık dönem deneyimi yaşatıyor olmaları tesadüf değildir.

Büyük Amerikan Efsanesi: Küçük Bebekler Şımartılabilir

Tüm ebeveynlerin muhakkak bildiği en az iki şey vardır:

1. Etrafta bir sürü şımarık çocuk var.
2. Siz çocuğunuzun onlardan biri olmasını istemiyorsunuz.

Hepimiz saygılı çocuklar yetiştirmek isteriz ve bazı uzmanlar, bebeğimizin ağlamasına karşı çok fazla duyarlı olursak istemeden de olsa ona bunu kullanmayı öğretebileceğimiz konusunda bizi uyarır. Yeni doğan bebeğinizin ağlamalarına hemen kucağa alma, sallama ve emzirmeyle cevap vermeniz kötü bir alışkanlığın başlangıcı olabilir mi? Bebeğinize sarılmak, daha sonra ters tepebilir mi?

Neyse ki, bu iki sorunun cevabı 'hayır'dır. Hayatının ilk dört ayında bebeğinizi şımartmanız mümkün değildir. Unutmayın, o zaten doğar doğmaz sizinle geçirdiği sürenin önemli biçimde düştüğünü deneyimledi. Bir anne bana şöyle demişti: "Bebeklerin, bir temizlenme programına girip uyuşturucudan arındıkları için kriz geçiren bağımlılara benzediğini düşünüyorum. Çığlıklar atmalarına şaşmamak gerekir!"

Çocuklarını mızmızlanan küçük şımarıklara dönüştürmek konusunda endişeleri olanlar sadece günümüz anne babaları değildir. Yirminci yüzyılın başlarında Amerika'daki ebeveynlere, çocuklarının disiplinsiz küçük asilere dönüşmesini istemiyorlarsa onların çok üstüne düşmemeleri gerektiği söyleniyordu. ABD Çocuk Bürosu ciddi bir uyarı yayınlamış ve annelerin çocuklarını çok fazla kucaklarına almamalarını, yoksa onların "şımarık ve huysuz bir bebeğe dönüşerek sürekli talepleriyle annesini bir köleye dönüştürecek küçük ev diktatörlerine dönüşeceklerini" yazmıştı.

Fakat 1972 yılında John Hopkins Üniversitesi'nden Sylvia Bell ve Mary Ainsworth, çocukları şımartmakla ilgili bu fikirleri kökten sarstı. Dünyadaki ilk aylarında ağlamaları anneleri tarafından hemen tepki gören bebeklerin *şımarmadığını* buldular. Tam tersine, ihtiyaçları hemen ve yumuşak bir tavırla karşılanan bebekler daha az huysuzluk yapıyor ve bir yaşında test edildiklerinde daha dengeli ve sabırlı oldukları gözleniyordu! Ainsworth ve Bell'in kanıtladığı –ve tüm ebeveynlerin aslında kendi içlerinde bildiği– gibi bebeğinizi ne kadar çok sever ve ona ne kadar çok sarılırsanız, o da o kadar kendine güvenli ve dirençli bir çocuğa dönüşür.

Tüm bu kanıtlara rağmen, yeni ebeveynlerin birçoğunun, bebeklerini çok fazla mı kucaklarında tuttuklarına dair rahatsız edici endişeleri vardır. Doğal ebeveynlik içgüdümüz bebeğimizi elimizden geldiğince çabuk sakinleştirmemizi söylese de, "Bebeğimizi şımartmamamız gerektiği" bize öyle çok söylenmiştir ki, kendimizi sorgulamaya başlarız. Kabul ediyorum ki bebeğinizi yavaşça beşiğine bırakmak için her eğilişinizde yeniden ağlamaya ve bağırmaya başlaması size kendinizi kolayca oyun oynanıyormuş gibi hissettirebilir. Fakat ağlamasına izin vermek ona, derisini tahriş edecek ıslak bir bezle bırakmaktan daha çok bağımsız olmayı öğretmeyecektir. (Birçok Amerikan yerlisinin bebeklerini gün boyunca kucaklarında taşımaları ve gece boyunca emzirmelerine rağmen bu bebeklerin büyüdüklerinde cesur, saygılı ve kendine yetebilen yetişkinlere dönüştüğünü bilmek rahatlatıcıdır.)

Beni yanlış anlamayın. Bebeğiniz için esnek bir yemek/uyku programı düzenlemenize karşı değilim. (Programlamayla ilgili tartışmalar için 15. Bölüm'e bakabilirsiniz.) Programlama, bazı ailelerin ve bebeklerin çok işine yarar. Fakat değişken bir yeme ve uyku düzenleri olan tutkulu bebekleri belirlenmiş bir programa uydurmaya çalışmak genellikle herkes için hayal kırıklığıyla sonuçlanır.

İncil'de de yazdığı gibi, "Var olan her şeyin bir sebebi vardır." Disiplin vermenin çok önemli bir ebeveynlik görevi olduğuna inanıyorum; fakat çok küçük bebekler için değil. Bebeğinizi istemeden şımartmanın bir mesele hâline gelebileceği en erken dönem, dördüncü ayın başlarıdır. Fakat ilk dört ayda, bebeğinizin şımarmasını engellemekten *yüz kat daha önemli* bir işiniz vardır ve bu da, onun size ve içine doğduğu dünyaya güvenmesini sağlamaktır.

Çocuğumuzun kaderini belirlemek ebeveynlerin en önemli ayrıcalıkları ve sorumluluklarından biridir. Ben bebeğimizin ağlamalarına hızla ve yumuşak bir tavırla cevap vermenin aile değerlerinin değerini düşüreceğine değil, onları sağlamlaştıracağına inanıyorum. Sevgi dolu kollarınız bebeğinizi kucakladığında ya da ılık sütünüz onu doyurduğunda ona şöyle diyorsunuz: "Endişelenme. Bana ne zaman ihtiyacın olsa orada olacağım." Bu, bebeğinizin size güvenmeye başlamasını sağlar ve yakınındaki insanlara inancının da temelini oluşturur.

Lütfen sevimli ve öpülesi bebeğinizle geçirdiğiniz ilk ayların kıymetini bilin. Daha sonra disiplin ve eğitim vermek için çokça zamanınız olacak, fakat şimdi kucaklama zamanı. Bu dönemin keyfini çıkarın; çünkü her deneyimli ebeveynin söyleyebileceği gibi tahmin bile edemeyeceğiniz bir hızla geçip gidecek.

Eksik Kalan Dördüncü Üç Aylık Dönem: Koliğin Asıl Sebebi

Ev gibisi yoktur.

Dorothy, *Oz Büyücüsü*

Yüzlerce yıl süren efsaneler ve kafa karışıklığından sonra, koliğin asıl sebebinin, huysuz bebeklerin sakin kalmak için rahimde hissettikleri şeye ihtiyaç duymaları olduğuna ikna oldum.

Şunu sorabilirsiniz: "Tüm bebekler erken tahliye ediliyor ve aslında dördüncü bir üç aylık döneme ihtiyaç duyuyorlarsa, neden hepsi kolik olmuyor?

Bunun sebebi basittir: Birçok bebek erken doğmakla başa çıkabilir, çünkü yumuşak bir mizaçları ve gelişmiş kendini sakinleştirme yetenekleri vardır. Bu bebekler, aşırı ve az uyarılma dalgalarıyla karşılaştıklarında bile kendilerini sakinleştirebilirler.

Diğer yandan kolik bebekler kendilerini sakinleştirmek konusunda büyük sorunlar yaşarlar. Onlar da sakin bebeklerin deneyimlerinin aynılarına sahip olurlar, fakat bunları sakince kabullenmek yerine çok büyük tepkiler gösterirler. Bu bebekler, sakinleşme refleksini aktif hâle getirebilmek için umutsuzca rahim içindeki koşullara ihtiyaç duyarlar.

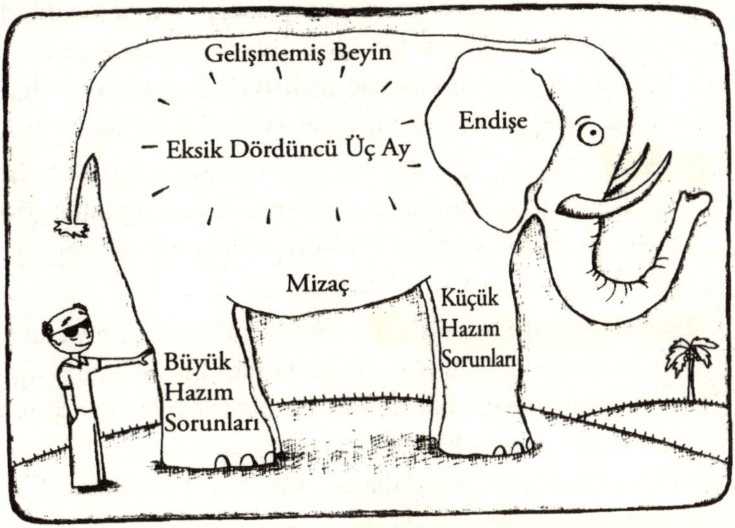

Kolik Fil: Eksik Dördüncü Üç Ay ve Diğer Teorilerin Karışımı

Burada anlattığımız gibi, uzmanlar koliğin sebebi olarak hazım sorunlarını, endişeyi, az gelişmişliği ve mizacı sorumlu tutmuşlardır. Fakat kör adamlar ve fil örneğinde olduğu gibi, bu uzmanlar sorunun sadece bazı parçalarını görmüş ve hepsini birleştiren önemli bir bağlantıyı gözden kaçırmıştır: Eksik kalan dördüncü üç aylık dönem.

Eksik kalan dördüncü üç aylık dönem bebeklerinin kişiliklerinin dengesiz özellikleri (az gelişmiş beyin ve zorlu mizaç) onları küçük günlük sıkıntılara karşı korunmasız bırakır.

Ben tüm kolik teorilerinin şu şekilde birbirlerine bağlı olduğunu düşünüyorum:

1. **Az Gelişmiş Beyin** – Doğum anında sahip olduğu bu özellik bir bebeğin dördüncü üç aylık döneme duyduğu ihtiyacı fazlasıyla yükseltebilir. Huysuz bebeklerin durum kontrolü ve kendini sakinleştirme yetenekleri o kadar zayıftır ki, çok küçük miktarlarda aşırı ya da eksik uyarılma bir zincirleme reaksiyon başlatarak dalgalar hâlinde azalıp çoğalan bir ağlama krizini tetikleyebilir.
2. **Mizaç** – Yapısı fazla duyarlı ya da hassas olan bir bebek, küçük rahatsızlıklar karşısında çok büyük tepkiler gösterebilir ve sakinleştirme refleksini tetiklemek için oldukça fazla yardıma ihtiyaç duyabilir.
3. **Büyük Hazım Sorunları** – Yiyecek alerjilerinin ya da reflünün sebep olduğu acı zaman zaman bir bebeğin çılgına dönmesine sebep olabilir. Fakat bu sorunlar kendini sakinleştirme yetenekleri gelişmemiş ya da zorlu mizaçlara sahip bebeklerde çok daha büyük sorunlar hâline gelir.
4. **Küçük Hazım Sorunları** – Kabızlık ya da gaz bebeklerde rahatsızlık yaratarak az gelişmiş beyinlere sahip olan ve/veya zorlu bir mizaca sahip olan bebeklerde ağlama krizlerine sebep olabilir.
5. **Annelik Endişesi** – Huysuz bebekler bazen endişeli anneleri onları fazla yumuşak tuttuğunda ya da kaotik biçimde bir sakinleştirme girişiminden diğerine geçtiklerinde daha fazla ağlayabilirler.

Dördüncü Üç Aylık Dönem Teorisinin Sınanması

Doğadaki her şeyin ardında bir sebep vardır.

Aristoteles

Bir kolik teorisinin doğruluğunun kanıtlanması için on kolik özelliğinin hepsinin cevaplanabilmesi gerekir. Uzun süren ve çok yorucu çalışmalardan sonra, on özelliği de açıklayan ve yüzyıllardır süregelen kolik gizemini çözen tek teorinin eksik kalan dördüncü üç aylık dönem kavramı olduğunu buldum:

1. ***Kolik ağlama genellikle iki haftalıkken başlar altıncı haftada zirve yapar ve üç ile dördüncü ayda sona erer.***

   Yeni doğan bebekler hayatlarının ilk iki haftasında nadiren bilinçlidirler. Bu onların aşırı ya da eksik uyarılmadan kaçınmalarına yardımcı olur ve koliğin başlamasını geciktirir.

   İki haftanın sonunda bebekler daha uzun süreler boyunca etraflarının farkında olmaya başlarlar. Yumuşak huylu bebekler, yükselen farkındalığın onları maruz bıraktığı bu uyaranlarla kolayca başa çıkarlar. Fakat kendilerini sakinleştirme yetenekleri zayıf olan ya da zorlu mizaca sahip bebekler şaşkına dönmeye başlayabilirler. Bu da ağlama krizlerinin başlamasına sebep olur.

   Altı haftalık olduklarında bu hassas bebekler etrafının çok farkındadır ve çok fazla uyarıcıya maruz kalmaya başlarlar, fakat hâlâ durum kontrolleri yeterince gelişmemiştir. Ancak rahim ortamının ustaca taklit edilmesiyle sakinleştirilebilecek ağlama krizlerine girerler.

   Üçüncü ya da dördüncü ayda kolik yok olur. Artık bebekler mırıldanma, gülme, parmağını emme gibi kendini sakinleştirme yöntemleri konusunda yeteneklerini kazanmışlardır. Dördüncü üç aylık dönemdeki gibi sürekli kucakta tutulmaya, sallanmaya ve şşşt sesini duymaya ihtiyaç duymadan dünyayla baş edebilecek kadar olgunlaşmışlardır. Sonunda doğmaya hazır hâle gelirler!

2. ***Erken doğan bebeklerin zamanında doğan bebeklere oranla kolik olma ihtimali daha fazla değildir. (Kolik oldukları durumda da bu durum normal doğum tarihlerinden iki hafta sonrasına dek başlamaz.)***

Erken doğan bebekler, gürültülü yoğun bakım ünitelerinde bile kolayca uyuyabilirler. Az gelişmiş beyinleri uyku durumu konusunda uzmandır, fakat henüz karmaşık farkındalık durumunda uzmanlaşmamıştır. Farkındalık zamanlarının neredeyse hiç olmaması, erken doğan bebeklerin hâlâ rahimde olduklarını düşünmelerine sebep olur. Normal doğum tarihlerine ulaşıp daha fazla uyanık ve farkında kalmaya başlayıncaya kadar dördüncü üç aylık dönemin eksikliğini fark etmezler.

3. ***Kolik bebeklerin, acı çekiyorlarmış gibi görünen büzüşmüş yüzleri vardır ve iç parçalayan çığlıklar atarlar. Ağlama krizleri genellikle dalgalar hâlinde (kramplar gibi) gelir ve bir anda kesilir.***

Bebeğinizin kolik ağlamaları size, canı yanarken attığı çığlıklarla aynıymış gibi görünebilir. Fakat birçok bebek basit deneyimlere (yüksek sesler, geğirme vs.) canı yanıyormuş gibi çığlıklarla aşırı tepkiler verir. Onlar, küçük bir tost yandığında bile aktif olan duman detektörlerine benzerler.

Bu çığlıkların arabayla dolaşarak ya da onları emzirerek sakinleştirilebilmesi, acı çekmediklerinin kanıtıdır. Asıl eksikliğini hissettikleri şey, eksik kalan dördüncü üç aylık dönemdir.

4. ***Çığlıkları genellikle emzirme sırasında ya da emzirmeden hemen sonra başlar.***

Yemek sırasında ya da yemekten hemen sonra ağlayan bebekler genellikle bağırsakların, mide yeni yemekle dolduğunda büzüşmeleriyle ortaya çıkan gastro-kolik reflekse aşırı tepki göstermektedir. Çoğu bebeğin bu refleksle bir sorunu yoktur, fakat kolik bebekler için günün sonunda (ve bebeklerinin sabır sınırlarının sonunda) bu his onları histerik ağlama krizlerine sokan bardağı taşıran son damla olabilir.

Gastro-kolik refleks hâlâ devam ederken, bu sıkıntının ilk üç ayın sonunda kaybolması kramp benzeri hissin sadece dördüncü üç aylık dönemin sakinleştirici etkisine ihtiyaç duyan bebeklerde çığlık atmayı tetiklediği iddiasını da destekler.

5. ***Genellikle iki büklüm olur, homurdanır, kasılır ve gaz çıkardıktan ya da kaka yaptıktan sonra rahatlamış görünürler.***

Bütün bebeklerin bağırsaklarında gaz olur, fakat bu ancak duyarlı ve/veya hassas mizaca sahip bebeklerin çığlık atmasına sebep olur. Bu bebekler bile, rahmin sakinleştirici ritimleri imdatlarına yetişince ağlamayı keserler.

6. ***Kolik genellikle akşamları kötüleşir.***

Bazı bitap düşmüş annelerin, çocuklarının doğum günü partisinin sonunda bir köşeye yığılmaları gibi, bazı küçük bebekler de tüm gün yaşadıkları iniş çıkışların etkilerini günün sonunda dışa vururlar. Onları sakinleştirecek dördüncü üç aylık dönem olmadan, bu kırılgan bebekler her akşam ateşte unutulmuş çaydanlık gibi taşarlar.

7. ***Koliğin bir çiftin ilk bebeğinde ortaya çıkma ihtimaliyle, beşinci bebeğinde ortaya çıkma ihtimali farklı değildir.***

Her yeni bebek, ebeveynlerinin kişisel gen havuzlarının yeniden karışması anlamına gelir. Bu nedenle bir çiftin ilk dört bebeği sakin ve kolay mutlu edilebilen bebeklerken, beşincide duyarlılık ya da zayıf durum kontrolü gibi, gün boyunca kucakta tutulup sallanmazsa ağlama krizlerine girmesine sebep olan kalıtımsal özellikler görülebilir.

Bu kolik bebekler, kendi kendilerini sakinleştirebilecekleri kadar olgunlaşana kadar dördüncü üç aylık dönemin korumasına ihtiyaç duyarlar.

8. ***Kolik ağlama genellikle sallama, kucaklama, şşşt sesi ve hafifçe karna bastırmayla hafifletilebilir.***

Bu özellik, kontrol edilemez biçimde ağlayan bebeklerin bu davranışının gerçek sebebinin rahimde birkaç aya daha ihtiyaçları olduğunun ikna edici bir kanıtıdır. Bunun sebebi, bu sakinleştirici ipuçlarından her birinin rahmin bir özelliğini taklit etmesi ve ilk üç aydan sonra bunlara ihtiyaç duyulmamasıdır.

9. ***Bebekler ağlama krizleri arasında sağlıklı ve mutludur.***

Bebeklerin kolik olmasının tek nedeni zamanından erken doğmalarıysa, gelişmemiş bebeklerin bir şey sabırlarını taşırıncaya kadar sağlıklı ve mutlu olmalarını beklemek mantıklıdır.

10. ***Dünyadaki birçok kültürde kolik bebeklere rastlanmaz.***

Bali'deki köylülerin, Botswana'nın bozkır kabilelerinin ve Himalaya eteklerinde yaşayan Manali halkının bebeklerinin ortak bir özelliği vardır: Bu bebekler asla susturulamayan ağlama krizlerinden muzdarip olmaz. "Koliksiz" kültürleri inceleyen antropologlar, bu topluluklardaki annelerin, dördüncü üç aylık dönem planını yakından takip ettiklerini gözlemlemiştir. Kadınlar günün neredeyse yirmi dört saati bebeklerini kucaklarında taşır, onları sık sık emzirir ve sürekli sallayıp hoplatırlar. Birkaç ay boyunca bu anneler bebeklerine sürekli bir rahimde olma hissini yaşatmaya devam eder.

Sadece eksik kalan dördüncü üç aylık dönem teorisi *tüm* kolik özelliklerini açıklar. Fakat çığlık atan bir bebeği sakinleştirmek sadece rahmi taklit ederek onu sarmak ve sallamakla ilgili bir meseleyse, tüm bu yaklaşımların kolik bebekleri susturmakta bu kadar sık başarısız olmasının sebebi nedir? Bunun sebebi oldukça basittir: Bizim kültürümüzdeki ebeveynlere bunu nasıl doğru yapabilecekleri çok nadiren öğretilir.

Neyse ki öğrenmek için hiçbir zaman çok geç değildir ve bu kitabın bir sonraki bölümünde, ağlayan bebekleri sakinleştirmek için dünyadaki en etkili yöntemlerin detaylı tariflerini paylaşacağım.

İKİNCİ BÖLÜM

Tarihî Çocuk Sakinleştirme Sanatını Öğrenmek

6

Bebeğini At Sanan Kadın: Dördüncü Üç Aylık Dönemi Unutan Modern Ebeveynler

<u>**Ana Noktalar:**</u>

- Yeni doğan at yavrularının aksine, bizim bebeklerimiz doğdukları gün ayağa kalkıp koşmaya hazır değildir. Dünyaya hazır olmak için dördüncü üç aylık döneme ihtiyaçları vardır.
- Dört günlük ve dört aylık bebekler arasındaki çarpıcı farklar
- Çocukları asla kolik olmayan annelerden alabileceğiniz çok eski dersler

---

Önce ne olduysa, yine olacak. Önce ne yapıldıysa, yine yapılacak. Güneşin altında yeni bir şey yok.

Derlemeci 1:9

Bir mücevher gibi parlayan soğuk bir Aralık gününü hayal edin. Bir gün önce hayatınız muhteşem bir bebeğin, oğlunuzun doğumuyla değişti. Şimdi hemşire yatağını iterek odanıza getiriyor ve oğlunuz, kırılgan başını kaldırıp yüzünü yavaşça size döndürüyor ve size kocaman bir gülümseme armağan ediyor! Sonra kendini sizin kollarınıza gömüyor ve kalbinizi eriten bir gülümsemeyle "Sen dünyanın en iyi annesisin" diyor.

Elbette hiç kimse bebeğinin doğumdan hemen sonra konuşmasını ya da yürümesini beklemez. Fakat modern ebeveynlerin birçoğu, yeni doğmuş bebeklerin aslında ne kadar bağımlı ve kırılgan olduğu konusunda hazırlıksızdır. Onlar bebeklerinin daha olgun olmalarını bekler, tıpkı bebek atlar gibi! Yeni doğan atlar doğumdan dakikalar sonra ayağa kalkabilir, hatta koşabilir. Yeni doğmuş bir atın hayatta kalması, onu etraftaki aç avcılardan koruyacak bu yeteneklerine bağlıdır. Bununla kıyasladığımızda, bizim yeni doğan bebeklerimiz çok daha az gelişmiş fetüsler gibidir.

Şaşırtıcı Gerçek: Dört Günlük ve Dört Aylık Bebekler Arasındaki Farklar

İlk ayın sonunda, ikiz kızlarımın beni mahallenin sonunda oturan kadından ayırabilmelerini istiyordum. Audrey iki aylık

olduğunda bir gün üstüme işedi ve sonra aniden güldü. Bunun kulağa çılgınca geldiğini biliyorum ama ben mest olmuştum!

Audrey ve Sophia'nın annesi Debra

Doğum öncesi dersleri verirken müstakbel ebeveynlere sık sık dört günlük bir bebekle dört aylık bir bebek arasındaki farkları sorarım.

Bu konuda çok deneyimli olmayanların cevabı genellikle dört aylık bir bebeğin yeni doğan bebekle çok benzediği, sadece daha büyük ve etrafının daha farkında olduğu yönünde oluyor.

Aslında bu iki dönem arasında *devasa* farklar vardır. Yeni doğmuş bebekler ne kadar olağanüstü olsalar da, dış dünyayla iletişim kurma yetenekleri sınırlıdır. Dört günlük bir bebek mırıldanamaz ve kimin konuştuğunu görmek için başını döndüremezken dört aylık bir bebeğin eşsiz gülümsemesi ve parlayan gözleri, sizi bu muhteşem yaşam yolculuğunda ona katılmaya davet eder.

Daha önce de belirttiğim gibi bebek atların hayatta kalması sahip oldukları kas gücüne bağlıdır. Bu nedenle annelerinin karnında çıktıklarında vücutları olabildiğince çok gelişmiştir. Bunun tersine bizim bebeklerimizin hayatta kalması beyinlerine bağlıdır. Bu nedenle doğum esnasında kafaları, sıkışmayacakları mümkün olan en büyük boyutta olur. Daha sonra şaşırtıcı biçimde, ilk üç ay içinde bebeğin beyni %20 oranında büyür. Bu büyümeyle birlikte beynin hızı, organizasyonu ve karmaşıklığı da çok artar. Dördüncü üç aylık dönem sonuna yaklaşırken, ebeveynlerin bebeklerinin "uyandığını" fark etmeleri şaşırtıcı değildir.

Tarihteki atalarımız bebeklerin doğumda ne kadar az gelişmiş olduğunu fark etmiştir. Yüzyıllar içinde ebeveynler, hayatlarının ilk aylarında yeni doğmuş bebeklerle ilgilenmenin en iyi yolunun, onlar için eski evlerinin, yani rahmin koşullarını taklit etmek olduğunu keşfetmiştir!

Dört Günlük Bebek	Dört Aylık Bebek
Duyusal Yetenekler	
• Sadece 20–30 santim uzaklıktaki objelere odaklanabilir. • Aydınlık/karanlık kontrastına ve desenlere bakmayı sever.	• Bir odanın diğer yanındaki büyük objelere kolaylıkla odaklanabilir. • Bir sesin nereden geldiğini bulmak için başını çevirebilir.
Sosyal Yetenekler	
• Müzik ya da gürültüden çok insan sesine meraklıdır. Rahimdeyken duydukları boğuk sesler arasından annelerinin seslerini ayırt edebilirler. • Bir objeye bakmaktansa bir insan yüzüne bakmayı tercih eder. Ağzını açan ya da dilini çıkaran annelerinin yüz mimiklerini taklit edebilirler.	• Mırıltılar ve kıkırdamalarla konuşmaya dâhil olmadan önce sabırla sizin sözünüzü bitirmenizi bekler. • Ebeveynlerinin yüzünü görünce mest olurlar ve odaya girdiklerinde yüzleri görülebilir biçimde aydınlanır. Ebeveynlerini gülümsetmek için gülümser ve mırıldanırlar ve görmezden gelindiklerinde üzülebilirler.

Motor Yetenekler	
• Gözleri sık sık şaşılaşır. Sadece yavaş hareket eden şeyleri takip edebilirler ve kontrolsüz göz hareketleri vardır.	• Artık şaşı bakmazlar. Artık odada hareket eden objeleri hızlı ya da yavaş takip edebilirler.
• Parmaklarını ağızlarına götürmek onlar için çok zordur. Parmaklarını otuz saniyeden daha uzun süre ağızlarında tutmak ise *çok daha* zordur.	• Uzanma ve objelere dokunma yetenekleri çok gelişmiştir. Parmaklarını kolaylıkla ağızlarına götürebilir ve dakikalarca orada tutabilirler.
Fizyolojik Özellikler	
• Eller ve ayaklar çoğunlukla mordur.	• Artık üşümedikçe elleri ya da ayakları morarmaz.
• Vücutları ara sıra hıçkırıklar, keskin titremeler ve düzensiz nefeslerle sarsılır.	• Nadiren hıçkırık tutar, titremeler tamamen geçer ve nefes yumuşak ve düzenli hâle gelir.
• Vücut hareketleri üzerindeki kontrolleri oldukça azdır.	• Vücut hareketlerinin kontrol yetenekleri epeyce gelişir. Yan dönebilir, yuvarlanabilir ve başlarını yatakta havaya kaldırabilirler.

Yeniyi Bırakın Eskiyi Alın: Taş Devri Bilgeliği Rahmini Taklit Etmeyi Tekrar Keşfedin

Yıldız Savaşları'nda, Luke Skywalker'ın Güç'ün uzun zaman önce unutulmuş özelliklerini kullanarak nasıl zaferler kazandığını hatırlıyor musunuz? İşte geçtiğimiz elli yıl içinde bizim toplumumuz da daha çok egzersiz yapmak, çevreyi korumak ve daha tarım ilacıyla yetiştirilmiş yiyecekler yemek gibi eski bilgilere dönmek konusunda ustalaştı. Teknoloji büyük bir nimet, ama bizler, doğayla uyum içinde yaşamanın değerini tekrar öğreniyoruz; bu sağduyudur!

Bu nedenle kendimizi daha iyi anlamak için tarihi incelemek mantıklıdır. Giysilerimiz ve müziğimiz güncel olsa da, biyolojimizin tarih öncesinden kaldığı kesindir ve bu bebekler için daha da geçerlidir.

İnsanlar Yıllar Boyunca Nasıl Hayatta Kaldı?

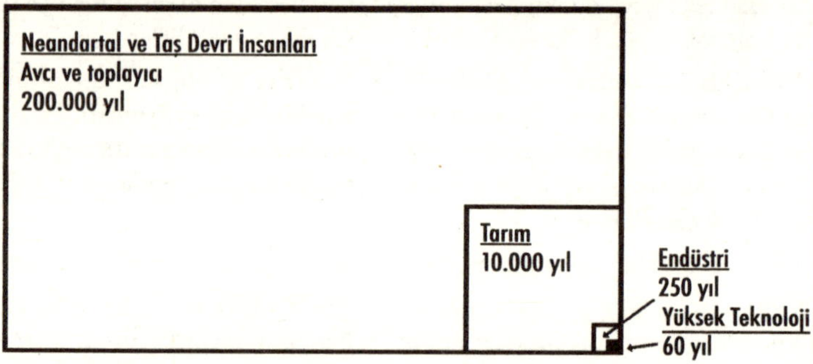

B. Lozoff'un Anne-Bebek İlişkileri: Uyumun Sınırları Makalesi'nden alınmıştır. Journal of Pediatrics, 1977:91:1

Yandaki diyagramda biz, insanın teknolojik çağı olarak sağ köşedeki minik kutuyla temsil ediliyoruz. Fakat bebeklerimiz yüksek teknolojiye çok uzaktır. Birçok açıdan geçtiğimiz otuz bin yıldır neredeyse hiçbir değişiklik geçirmemişlerdir! Bu nedenle her birimiz bir anda Taş Devri'ne ışınlansak birçoğumuz hayatta kalmayı başaramayacak olsak da bebeklerimiz kendilerini evlerinde hissederlerdi. Bebekler bir Taş Devri ailesinde doğmayı ve bizim onlara Taş Devri'ndeki kuzenlerimiz gibi davranmamızı beklerler.

Fakat ne yazık ki birçoğumuz, konu tarih öncesi ebeveynlik alışkanlıkları olunca tamamen bilgisiz olmasak da oldukça paslanmış hâldeyiz. Kapı komşunuz deneyimli bir Taş Devri annesi olsaydı, ondan ne tip bebek bakım ipuçları öğrenebilirdiniz?

Zamanda geriye gitmemiz mümkün olmasa da, şu anda dünyada yaşamakta olan ilkel kabilelerin bize açtığı yapay bir "pencereden" bakarak Taş Devri annelerinin kullanmış olabileceği sakinleştirme teknikleri hakkında bir fikir sahibi olabiliriz.

Lütfen *ilkel* sözcüğü sizi yanıltmasın. Bu kelime gözümüzün önüne geri kalmış insanları getirse de geçtiğimiz seksen yılda araştırmalar ilkel denen bu insanların bizim oldukça cahil olduğumuz doğa dünyası hakkında büyük bir bilgeliğe sahip olduklarını ortaya çıkartmıştır. Bazıları çok nadir bulunan bitkilerin tıbbi faydalarını, bazıları çölde nasıl su bulunacağını, hatta *bazıları koliğin nasıl engellenebileceğini* bilir!

Mükemmel Geçmiş: !Kung San Kabilesi'nden Dersler

Binlerce olmasa da yüzlerce yıldır !Kung San Kabilesi (ya da Afrika'nın çalılık insanları) Kalahari Çölü'nün düzlüklerinde dış dünyadan kopuk olarak yaşamaktadır. Fakat son kırk yıldır !Kung Kabilesi bilim insanlarının hayatlarını ve bebekleriyle nasıl ilgilendiklerini incelemelerine izin vermiştir.

Yeni doğmuş bebeklerin bakımı üzerine yazılanları büyük bir ilgiyle okudum çünkü !Kung bebekleri neredeyse hiç ağlamaz! Elbette, bebeklerin hiç ağlamadığını söyleyemeyiz, fakat bu bebekler hiç AĞLAMAZ! (Ve aradaki farkı bildiğinize eminim.) !Kung bebekleri de bizim bebeklerimiz kadar rahatsızlık çekse de, ebeveynleri onları sakinleştirmek konusunda o kadar başarılıdır ki ortalama huysuzluklar sadece on altı saniye sürer ve ağlama krizleri bir dakikanın altında sona erer.

Peki, sırları nedir? !Kung yerliler, bizim unuttuğumuz hangi eski bilgeliği hâlâ uygulamaktadır? Ben bu kabilenin etkileyici başarısında üç etkenin önemli olduğuna inanıyorum:

- !Kung anneleri bebeklerini neredeyse yirmi dört saat kucaklarında taşır.
- !Kung anneleri yirmi dört saat boyunca bebeklerini emzirir.

- !Kung ebeveynleri genellikle bebeklerinin ağlamalarına on saniye içinde tepki verir.

!Kung anneleri bebeklerini gün boyunca deri bir askıda taşır geceleri onların yanında uyurlar. Bu yakınlık, bebeğin başlamakta olan her huysuzluğunu yatıştırmayı çok kolaylaştırır.

Kucakta tutma ve sarılmaya ek olarak !Kung Kabilesi kadınları bebeklerini hızlı ve kısa emzirmelerle de avuturlar ve bu emzirmelerin sayısı günde yüz defayı bulabilir! Batı'da bizler, bu kadar sık beslenmenin bebeği şımartacağını düşünebiliriz, fakat durum bu değildir. Bu kadar bol ve anında verilen tepkiye rağmen !Kung bebekleri büyüdüklerinde mutlu, bağımsız ve kendine yetebilen yetişkinlere dönüşürler.

Şimdi, endişelenmeyin. !Kung Kabilesi'nin tüm yöntemlerini uygulamamız gerektiğini söylemiyorum; elbette bu, bizim yoğun hayatlarımıza uygun değildir. Fakat bence, bu çok başarılı ebeveynleri inceleyip, kullandıkları hangi çözümlerin kolayca Batılı anne ve babalara uyarlanabileceğini öğrenebiliriz.

Ben !Kung yerlilerinin bildiği en büyük sırrın, tüm bebek sakinleştirme yöntemlerinin ortak bir özelliğe sahip olduğunu bilmeleri olduğuna inanıyorum: Onlar rahmi taklit ediyor ve bebeklere dördüncü üç aylık dönemin rahatlığını sağlıyor.

Bizim bebeklerimize kıyasla !Kung bebekleri birçok maddi imkânlardan mahrum olabilir fakat !Kung bebeklerine kıyasla bizim bebeklerimiz de çok önemli bir "annelik" imkânından, uzun saatler boyunca kucağımızda olmaktan mahrumdur. !Kung anneleri neredeyse aralıksız bebekleriyle birlikteyken, araştırmalar Amerika'da çocukların günde 16 saate kadar yalnız bırakılabildiğini göstermektedir. Korkarım birçok yeni doğmuş bebek için, rahmin rahatlığından yeni odasının boşluğuna bu ani geçiş oldukça üzücü olur.

Hayatlarının ilk birkaç ayında yeni doğmuş bebeklerimize, atalarımızın binlerce yıl önde davrandığı gibi davranmalı ve onlara dördüncü üç aylık dönemin rahatlığını sağlamalıyız. Diğer bir deyişle artık yeni doğmuş bebeklerimize yanlışlıkla at yavrusu muamelesi yapmamalıyız. Daha çok onlara bebek kangurular gibi davranmalıyız! Kangurular, bebeklerinin zıplamaya başlamadan önce birkaç aylık yakın ilgiye ihtiyaç duyduğunu bilirler, bu nedenle onları, doğdukları an keselerine alırlar. Benzer şekilde biz de yeni doğan bebeklerimize uzun süreler kucakta tutma, sallama, şşşt sesi çıkarma ve sıcaklık içeren "keselerimizi" sunmalıyız. Bunları yaparsanız, sonuç sizi epey şaşırtabilir. Rahmi taklit etmekte bir kez ustalaşınca, !Kung annelerinin yaptığı şeyi *tam olarak* yapmayı başaracaksınız: Bebeğinizin ağlamasını dakikalar içinde susturabileceksiniz!

Bilim ve Dördüncü Üç Aylık Dönem: Araştırmaların Yönü; Geriye Doğru

Koliği sakinleştirmek için rahmi taklit etmek, kültürümüzün görmezden geldiği tek eski bilgi değildir. Geçtiğimiz elli yıl içinde uzmanlar, neredeyse yok olmak üzere olan başka bir tarihi alışkanlığın, emzirmenin de faydalarını dikkatli biçimde kanıtlamıştır.

Emzirmenin Geri Dönüşü

Bebeğinizin doğumundan sonra birkaç gün içerisinde sanki sihirliymişçesine sütünüz gelmeye başlar. Bu doktorunuzun ve bebeğinizin istediği şeydir. Bu tatlı, besleyici ve kolay hazmedilir yiyecek yeni doğmuş bebeğinize rahminizdeymiş gibi sürekli bir besin sağlar.

1900'lerin başlarında milyonlarca yıl boyunca mükemmelleştikten sonra anne sütü bir anda dünyanın birçok yerinde terk edildi. Anne sütünün kenara itilmesinin sebebi, kitlesel olarak üretilen ve anne sütü kadar besleyici ve ondan daha hijyenik olma iddiasındaki yapay mamalardı. Birçok anne bilim insanlarının doğadan daha doğrusunu bildiğine ikna olmuştu. Bebeklerini mamayla beslerken, bir kimyagerin üretiminin eski moda anne sütünden daha iyi olacağına inanmışlardı, fakat çok yanılıyorlardı.

Anneler doktorlarından sütlerini kurutması için ilaçlar yazmalarını ve en iyi buldukları mama markalarını söylemelerini istemeye başladılar. 1950'lerde Amerika'da emzirmek o kadar nadir hâle gelmişti ki, bunu deneyen kadınlara radikal ya da tuhaf insanlar gözüyle bakılıyordu.

Bebeklerini yine de emzirmek isteyen anneler de sıklıkla başarısız oluyordu çünkü genellikle hiç deneyimleri olmuyordu ve çok nadiren profesyonel yardım alabiliyorlardı. İnanmak oldukça zor olsa da, kültürümüz iki nesil içinde insanoğlunu milyonlarca yıldır hayatta tutmuş olan en temel insan yeteneğini neredeyse kaybediyordu! Neyse ki kendini buna adamış birçok kadın ve erkek, bu gelişmeler karşısında savundukları şeyden vazgeçmemiştir. Onların inanılmaz çabaları sayesinde La Leche League gibi gruplar kurulmuş ve yeni annelerin bu muhteşem yeteneği yeniden keşfetmelerine yardımcı olacak uzmanlar yetiştirilmiştir.

Geçtiğimiz yıllarda yapılan birçok araştırmanın, mamaların eksiklerini ve anne sütünün yararlarını ortaya çıkarmasıyla toplumun emzirmeye ilgisi büyük ölçüde artmıştır. Bilimsel araştırmalar anne sütünün bebeğin beyninin gelişimine yardım ettiğini, bağışıklık sistemini güçlendirdiğini, bebekleri şeker hastalığına karşı koruduğunu ve kadınlarda göğüs ve rahim kanseri ihtimalini düşürdüğünü göstermektedir.

Bugün, bebekler için anne sütünün birincil tercih olması gerektiği fikri tüm dünyada kabul görmektedir ve mama şirketleri bile ürünlerini sadece bebeklerini emziremeyen annelerin kullanmalarını tavsiye etmektedir.

Annelerinin sütüyle beslenemeyen bebekler için harika yapay mamalarımız olduğu için çok memnunum. Fakat tüm tıbbi grupların üzerinde fikir birliğine varmış olduğu gibi, eğer yapabiliyorsanız, emzirmek en iyisidir.

7

Bebeğinizin Ağlamasını "Kapatma" Düğmesi: Sakinleşme Refleksi ve "Beş Temel Prensip"

Ana Noktalar:

- Refleks nedir ve bebekler doğduklarında hangi otomatik davranış ve yeteneklere sahip olurlar?
- Sakinleşme refleksi: Bebeğinizin ağlamasını "kapatma" düğmesi
- "Beş Temel Prensip": Bebeğinizin sakinleşme refleksini nasıl tetiklersiniz?
- Canlılık: Minik mağara bebeğinizi sakinleştirmek için en temel ipucu
- Bebeğinizin Beş Temel Prensip'e tepki vermesi neden zaman alabilir?

Huysuz bir bebeğin bakımını üstlenen kişilerin birçoğu, belli bir noktada şu soruyu sorarlar: "Bebekler, ağlamalarını 'kapatmaya' yarayan gizli bir düğmeyle doğsa harika olmaz mıydı?"

Hemen gülmeyin, bu o kadar da çılgınca bir fikir değil. Bebekler bir araba alarmı kadar yüksek sesler çıkarabiliyorlarsa, bu "alarmı" kapatmaya yarayan bir düğmenin de olması gerekmez mi?

İyi haber, gerçekten böyle bir düğme var! Ben bu kapatma düğmesine "Sakinleşme Refleksi" diyorum ve sizin de yakında öğreneceğiniz gibi neredeyse anahtarlığınıza asılı duran araba alarmını susturan uzaktan kumanda kadar kısa sürede işe yarıyor. Ama öncelikle, reflekslerin ne olduğuna ve nasıl işlediklerine bir bakalım.

Refleksler: Bebeğimizin Otomatik Olarak Yapmayı Bildiği İnanılmaz Şeyler

Refleksler, vücudunuzun verdiği otomatik tepkilerdir; gözünüze bir şey çarpmadan önce gözünüzü kırpmanız ya da dengenizi kaybettiğinizde kollarınızı otomatik olarak yanlara açmanız gibi. İyi bir dost gibi refleksler beyne güven verir: "Düşünmene bile gerek yok. Ben hâllederim."

Tüm reflekslerin ortak özellikleri vardır:

- *Güvenilirdirler.* Doktor refleksinizi test etmek için her dizinize vurduğunda bacağınız atar. Bu beş yüz kez üst üste yapılsa bile her seferinde işe yarar.
- *Otomatiktirler.* Refleksler siz uyurken bile iş başındadır.
- *Çok özel bir tetikleme eylemi gerektirirler.* Diz refleksi *sadece* tam olarak doğru şekilde yapıldığı zaman otomatik ve güvenilirdir. Dizinize çok yumuşak ya da doğru yerin bir santim altına ya da üstüne vurulduğunda ortaya çıkmaz.

Bebeğinize nasıl emmesi ya da kaka yapması gerektiğini öğretmeniz gerekmesini hayal edebiliyor musunuz? Neyse ki bunları yapmanıza gerek yoktur; çünkü bunlar diğer reflekslerle birlikte yeni doğmuş bebeğinizin minik beyninde zaten vardır.

Bu reflekslerin çoğu bebeğinize doğduktan sonraki birkaç ay içinde yardım eder. Geri kalanları fetal refleksler (sadece sizin karnınızdayken işine yarayan refleksler), artık refleksler (milyonlarca önceki atalarımız için faydalı olan fakat apandisit gibi, artık sadece nesilden nesle aktarılan refleksler) ya da gizemli reflekslerdir (amaçları bilinmeyen refleksler).

Burada, muhtemelen bebeğinizin yaptığına şahit olacağınız bazı yaygın refleksleri bulabilirsiniz:

1. **Güvende tutma refleksi:** Bu koruyucu refleksler kaza sonucu yaralanmaları engellemeye yardımcı olur. (Birçoğu o kadar önemlidir ki yetişkinlerde de aktif kalırlar.)

   Ağlama – Tüm bebek güvenlik reflekslerinin annesi olan ağlama refleksi, herhangi ani bir rahatsızlıkla tetiklenebilir ve dikkatinizi çekmek konusunda inanılmaz derecede başarılıdır.

   Hapşırma – Yeni doğmuş bebeğinizin hapşırıkları genellikle üşüdüğünün değil, vücudunun bebeği rahatsız eden toz ve sümüğü burnundan dışarı atmaya çalıştığının işaretidir.

2. **Yemek bulma refleksi:** Bebeğinizin dudaklarından o ana kadar hiç yiyecek geçmemiş olmasına rağmen, doğduğu andan itibaren sütünüzü emmeye ve bunun keyfini çıkarmaya hazırdır.

   Arama – Bebeğinizin çenesine ya da dudaklarına dokunduğunuzda, yüzü dokunduğunuz tarafa doğru döner ve ağzı açılıp kapanır. Bu refleks, bebeğinizin karanlıkta bile göğüs ucunuzun yerini bulmasına ve yakalamasına yardımcı olur. Ama bebeğinizin yanağına dokunduğunuzda tepki vermezse korkmayın. Bu akıllı bir reflekstir: Bebeğiniz acıkana kadar ortaya çıkmaz. Bu nedenle arama refleksi, bebeğinizin ağlama sebebinin açlık olup olmadığını anlamanızın harika bir yoludur. Bebeğinizin ağzına dokunduğunuzda aramaya başlamıyorsa, muhtemelen aç olduğu için ağlamıyordur.

Emme – Bebeğiniz bu karmaşık reflekse doğumundan önce bile sahiptir. Birçok ebeveyn, doğumdan haftalar önceki ultrason resimlerinde minik bebeklerinin baş parmağını emdiğini görebilir.

3. **Fetal ve artık refleksler:** Bu refleksler ya bebeğimize doğmadan önce yardımcı olan ya da uzak atalarımıza faydalı olan reflekslerdir.

Adım – Bebeğinizi dik tutun ve tek ayağının yere değmesine izin verin. Birkaç saniye sonra, bu bacak düzleşecek, diğer bacak kıvrılacaktır. Bu refleks, hamileliğin son aylarında bebeklerin etrafta biraz hareket etmesine, basınç yüzünden oluşacak ağrılardan kaçınmasına ve bebeğin doğum için gerekli pozisyonu almasına yardımcı olur.

Tutma – Parmağınızı bebeğinizin ayak içine ya da parmaklarına bastırırsanız, uykuda bile olsa sıkıca tutacaktır. Bu refleks yeni doğmuş şempanzeler için hayati önem taşır! Anneleri ormanın içinde ilerlerken onun kürküne yapışık kalmalarına yardımcı olur. (Dikkatli olun, bu kıllı göğüslere sahip olan babalarda da işe yarar!)

Moro Refleksi – Bu çok önemli artık reflekstir. Tarih öncesi akrabalarımız bebeklerini ağaçlar arasından taşırken onlara çok yardımcı olurdu. Bu, bebeğinizin (bir sarsıntı, yüksek bir ses ya da bir rüya yüzünden) ürktüğü an tetiklenen "düşüyorum" refleksidir.

Moro refleksi, bebeğinizin size tutunmak istiyormuş gibi kollarını açıp yanlara sallamasına sebep olur. Bu kıymetli refleks, muhtemelen sayısız bebek maymunun annelerinin kucağından kayıp düşmesine engel olmuştur. (Bir sandalyede uyuyup kalan ve başları geriye düşen yetişkinler de bu refleksi yaşayabilir.)

Bebeğiniz olgunlaştıkça yeni doğduğunda sahip olduğu refleksler zaman içinde yıpranmış bir oyuncak ayı gibi unutulup yok olur. Fakat bebeğinizin hayatının başlangıcında, bu paha biçilmez refleksler bir annenin isteyebileceği en önemli bebek hediyeleridir.

Yeni doğan bebeklerde, benimle birlikte çalışan ebeveynlerin tüm reflekslerin en muhteşemi olduğuna inandığı otomatik bir refleks daha vardır: Sakinleşme refleksi.

Sakinleşme Refleksi: Bebeklerin Ağlamasını Durdurmak için Doğanın Otomatik Kapatma Düğmesi

Bence atalarımız köylerde ve kasabalarda yaşamaya başladıklarından beri, bebeklerin Taş Devri'nden bu yana anneleri dağlarda bir aşağı bir yukarı dolaşırken neredeyse sürekli sallanıp hopladığını unutmuşlardır. Ne yazık ki bu rahatlatıcı hareketlerden mahrum kalan birçok bebek en küçük bir rahatsızlıkta bile şaşkına dönüp ağlamaya başlarlar. Korkarım bu ağlamaların sebebini açıklayabilmek için modern ebeveynler bir hata sonucu bebeklerin sadece *düşük* sesleri ve *yumuşak* hareketleri kaldırabildiklerini düşünürler.

Bu yeni yaklaşım, zaman içinde ebeveynlerin sakinleşme refleksini tetikleme konusundaki cesaretini köreltmiştir, çünkü öğrenmek üzere olduğunuz gibi bu refleks, özellikle de çok huysuz bebeklerde, *sadece çok gayretli hareketlerle tetiklenebilir.* Zaman içinde bu çok eski sakinleştirme aracı unutulmuştur.

Hatırlayacağınız gibi, refleksler özel tetikleyicilere ihtiyaç duyar. Bebeğinizin sakinleşme refleksini tetikleyen duygular da onun rahminizdeyken hissettikleridir. Ben bu benzersiz refleksin, üzgün bebekleri *değil*, üzgün *fetüsleri* avutmak için var olduğuna inanıyorum!

Bu hayati tepki, fetüsleri trans benzeri bir hâlde tutarak rahimdeyken çok fazla hareket etmelerini ve göbek kordonlarına zarar vermelerini ya da doğumu imkânsız hâle getirecek bir pozisyona girmelerini engelleyerek birçok doğmamış çocuğun ve annenin hayatını kurtarmıştır. Tabiat Ana'nın bu kritik ve hayat kurtaran tepkiyi, fetüsün doğal olarak içinde bulunduğu koşullar tarafından otomatik olarak tetiklenecek biçimde tasarlamış olması ne kadar muhteşemdir.

Rahimdeki ritimler sadece fetüsleri sakinleştirmekle kalmaz, aynı zamanda yetişkinler için de rahatlatıcıdır. Okyanusun sesini dinlemenin, bir hamakta sallanmanın ve sıcak bir yatakta kıvrılmanın size kendinizi nasıl hissettirdiğini düşünün. Fakat bu hisler bize sadece keyif verirken, bebeklerimizin onlara *ihtiyacı* vardır. Ve huysuz bebekler buna umutsuzca ihtiyaç duyarlar.

Yani onu besledikten, gazını çıkardıktan ve bezini değiştirdikten sonra bile bebeğiniz sesi kısılana kadar ağlamaya devam ediyorsa, onu "eski usul" yeni bir yöntemle sakinleştirmeye çalışmanın zamanı gelmiş demektir.

Rahmi Taklit Etmenin En Başarılı On Yolu

1. Kucağa almak
2. Dans etmek
3. Sallamak
4. Kundaklamak
5. Sürekli monoton gürültü ya da şarkı söylemek
6. Araba gezintileri

7. Sokakta yürüyüşler
8. Beslemek
9. Emzik
10. Döndürmek

Bu liste, zeki ebeveynlerin bebeklerini sakinleştirmek için icat ettikleri düzinelerce yöntemden sadece küçük bir kısmını içerir. Fakat siz şu anda, tarih boyunca hiçbir anne ve babanın fark etmediği bir şeyi biliyorsunuz; bu eylemler bebeklerinizi, fetüsleri koruyan ve bazen hayatlarını kurtaran çok eski bir refleksi tetikleyerek sakinleştirir.

En popüler bebek sakinleştirme yöntemleri beş ana başlık altında toplanabilir: Kundaklamak, Yan/Yüzükoyun yatırmak, Şşşt sesi, Sallamak ve Emzirmek. Ben bunlara "Beş Temel Prensip" diyorum; bunlar, sakinleşme refleksinin tetiklenmesine yardımcı olan rahmin özellikleridir. Fakat tüm reflekslerde olduğu gibi, bu harika teknikler de sakinleşme refleksini ancak tam olarak doğru uygulandığında tetiklerler.

Beş Temel Prensip: Bebeğinizin Sakinleşme Refleksini Tetiklemenin Beş Adımı

Beş Temel Prensip'in hastanelerde doğan her bebeğin kimlik kartına basılmasını zorunlu hâle getiren bir kanun olmalı. Çıldırmış bebeğimiz için bu yöntemler saniyeler içinde işe yaradı!

İki Aylık Natalie'nin annesi Nancy

1990'larda bebek uzmanları, ebeveynlere bebekleri ağladığında şunları yapmalarını öğütlüyordu: 1) Onu besleyin. 2) Gazını çıkartın. 3) Altını değiştirin. 4) Üzerinde açık kalan çengelli iğne olup olmadığını kontrol edin. Bunlar işe yaramadığında, otoriteler bebeğin kolik olduğunu açıklıyordu ve bundan sonra, ebeveynlerin yapabileceği hiçbir şey kalmıyordu. Günümüzde birçok doktor bunlara benzer tavsiyelerde bulunmaktadır.

Fakat çılgınca ağlayan bir bebeğin ebeveynleri için, "Yapabileceğiniz hiçbir şey yok, sadece sabretmelisiniz" açıklaması katlanılamaz bir cevaptır. *Bir annenin ağlayan bebeğini susturma isteği kadar güçlü olan çok az dürtü vardır. Bu içgüdü, ebeveynliğin kendisi kadar eskidir.* Fakat sinir bozucu gerçek, ebeveynler içgüdüsel olarak bebeklerini susturmayı ne kadar *isterlerse istesinler*, bunu nasıl yapabileceklerini *bilmek* kesinlikle içgüdüsel değildir. Bu bir beceridir. Neyse ki bu, oldukça kolay edinilebilen bir beceridir.

Önemli bir avukat olan Peter'in Emily ve Ted adında iki çocuğu vardı. Çocukları doğduğunda, Peter ve karısı Judy'nin bebekler konusunda çok az deneyimi vardı. Bu nedenle her bebeğin doğumundan sonra, oturup dördüncü üç aylık dönem kavramını ve Beş Temel Prensip'i gözden geçirdim. Birkaç yıl sonra Peter şunları yazdı:

> ***Ağlayan bebeklerimi sakinleştirme metodu olarak Beş Temel Prensip'i öğreneli on yıldan fazla oldu. Bugün bile, bebeklerini ofisime getiren müvekkillerimle bu bilgiyi paylaşmayı seviyorum. Benim gibi iri yarı bir adamın, keyifle huysuz bebeklerini alıp saniyeler içinde güçlü bir sallama, yan yatırma, şşt sesi ve emme yardımıyla bu hassas yaratığı sakinleştirmesini nasıl da inanamayan gözlerle izlediklerini görmek çok eğlenceli oluyor. Bu basit teknikler her ebeveyne büyük bir başarı hissi yaşatabilir!***

Beş Temel Prensip, huysuz bebeğinizi avutmak için ihtiyaç duyacağınız tek araçtır.

1. Kundaklama: Her Yanın Sarmalanma Hissi

Sıkıca kundaklama, sakinleştirmenin temel taşı, huysuz bebeğinizi avutmanın ve sakin kalmasını sağlamanın ilk adımıdır. Türkiye'den Tulsa'ya (bir Amerikan yerlisi kabilesi) geleneksel kültürlerde bebekler mutlu olmaları için hâlâ kundaklanır.

Sarmalamak bebeğinize sihirli biçimde karnınıza geri döndüğünü hissettirir ve eksikliğini çektiği rahminizin sürekli dokunuşunu ve sıkıca sarmalayışını sağlar. Bu temel prensip aslında sakinleşme refleksini tetiklemez fakat bebeğinizin kollarınızı savurmasını engelleyerek bu refleksi tetikleyen diğer prensiplerin uygulamasına dikkat etmesini sağlar.

Birçok hırçın bebek kundaklanmaya karşı direnir. Fakat bebeğinizin direnmesini, ellerinin serbest olmasını istediği şeklinde yorumlamak yanlıştır. Hatta bundan daha yanlış hiçbir şey olamazdı! Küçük ve hırçın bebekler kollarının etrafta uçuşmasını kontrol edecek koordinasyondan yoksundur, yani kollarının etrafı sarılmazsa bu kendini daha da sinirlendirmesine sebep olabilir.

Aşağıda bir büyükannenin çok eski kundaklama geleneğini nasıl öğrendiğini ve bunu kendi çocuklarına nasıl aktardığını okuyabilirsiniz:

En küçük kız kardeşim doğduğunda neredeyse on yaşındaydım. Annemin bana, onu nasıl kalın bir battaniyeyle sıkıca kundaklamam gerektiğini öğrettiğini hatırlıyorum. O yıl benim için annelik ve kundaklama işi başlamıştı ve her ikisi de,

kesintisiz olarak ben altmış yaşına gelene kadar devam etti!

Torunların doğmaya başlayınca, büyük bir güvenle çocuklarıma, bebeklerini bir battaniyeyle sıkıca kundaklamaları gerektiğini öğrettim. Kundaklama konusundaki tutkum her zaman iyi niyetli şakalara sebep oldu: "Aman dikkat, Bubby geliyor, bizi de kundaklayabilir!" Ama bir şekilde, her zaman işe yaradığını da görüyordum.

Ailemizdeki bebekler, güzel, yetenekli ve zeki olsalar da, hepsi ilk iki–üç ay boyunca hırçın ve talepkâr olmak gibi bir ortak özelliği paylaşırlar. Fakat kundaklamak her zaman en büyük yardımcımız oldu. Bunun yüzlerini kaç kez kızgınlıktan sükûnete döndürdüğünü gördüğümü hatırlamıyorum bile.

Olivia, Thomas, Michael,
Molly ve Sawyer'ın Büyükannesi Barbara

2. Yan ya da Yüzükoyun Yatırmak: Bebeğinizin Kendini İyi Hissettiği Pozisyon

Kundaklama, bebeğinizi çılgın bir ağlama krizine sürükleyebilecek olan kontrolsüz kol ve bacak hareketlerini durdurur. Benzer şekilde, yan ya da yüzükoyun yatırmak da, aynı derecede rahatsız edici fakat görünmez bir duyguyu, panik dolu düşme hissini engeller.

Düşürülmek atalarımız için o kadar büyük bir tehditti ki, onların bebekleri, Moro refleksi adı verilen ve annelerinin kollarından kayıp düştüklerini hissettikleri an devreye giren özel bir alarm geliştirdi.

Çoğu bebek keyifli olduğu anlarda sırt üstü yatmayı sever. Fakat bebeğiniz ağlarken onu sırt üstü yatırmanız, kendisini sürekli düşüyormuş gibi hissetmesine sebep olur. Bu da bebeğinizdeki Moro refleksini tetikleyerek ağlamaya ve çığlıklar atmaya başlamasına sebep olabilir.

Yan ya da yüzükoyun yatma pozisyonu Moro refleksini kapatarak çığlıklar atan bebeğinizi sakinleştirir. Bu pozisyonların, hırçın bebeklerin kendilerini iyi hissetmeleri için harika duruşlar olmasının sebebi de budur. Fakat sıra, minik bebeğinizi uyutmaya geldiğinde, tüm bebekler için en güvenli uyku pozisyonu sırt üstü yatmalarıdır. Doktorunuz tersini söylemedikçe, *bebekler asla yüzükoyun pozisyonda uyutulmamalıdır.* (9. Bölüm'de bu konuyu daha geniş biçimde işleyeceğiz.)

3. Şşşt Sesi: Bebeğinizin En Sevdiği Sakinleştirme Sesi

İster inanın ister inanmayın, yüksek ve sert bir şşşt sesi bebeğinizin kulağına harika bir müzik gibi gelir. Şşşt sesi, damarlarınızdan akan kanın uğultusunu taklit ederek bebeğinizi sakinleştirir. Bebeğiniz sizin karnınızda olduğu dokuz ay boyunca etrafı sürekli olarak bu sert ve boğuk sesle sarılıydı. Bu nedenle bu ses, dördüncü üç aylık dönemin vazgeçilmez bir parçasıdır.

Birçok ebeveyn bebeklerinin bir derenin yumuşak şırıltısını ya da rüzgârın uzak uğultusunu tahmin edeceğine inanır fakat bu yanlıştır. Hassas bebeklerimizin bu kadar yüksek bir sesi tercih etmeleri mantığa aykırı görünür; bu nedenle bunu anlamamız zordur. Fakat bebekler buna bayılır! Bu nedenle birçok kitap, çığlık atan bebekleri sakinleştirmek için yüksek ses çıkaran aletlerin kullanılmasını önerir.

Şimdiye kadar, bu tip aletlerin gürültüsünden aşırı uyarılan huysuz bir bebek görmedim. Tam tersine, bebekler ne kadar yüksek sesle ağlıyorsa, onları sakinleştirmek için kullanmanız gereken şşşt sesi de o kadar yüksek olmalıdır.

Aceleyle evden çıkmaya çalışırken Marjan, aç bebeğini beslemeye kısa süre ara verip son hazırlıklarını tamamlamak için birkaç dakikalığına banyoya gitti. İki haftalık Bebe, annesinin planlarını umursamıyordu ve sabırsızca emmek için mızmızlanmaya başladı. Fakat kısa süre sonra Bebe bir anda sessizleşti. Marjan paniğe kapıldı; minik bebeğine bir şey mi olmuştu? Marjan banyo kapısını açıp küçük kızının bir şeyi olmadığını gördüğünde rahatladı. Daha sonra, Bebe'nin tam olarak saç kurutma makinesini açtığı an sessizleştiğini fark etti.

Marjan bu heyecan verici keşfi kendi ebeveynleriyle paylaştı fakat onlardan bu konuda pek destek göremedi. Onu, bir bebeği sakinleştirmek için saç kurutma makinesini kullanmanın tehlikeli olduğu konusunda uyardılar: "Sesi o kadar yüksek ki bebeğin kendini kaybetmesine sebep olabilir!"

Onların endişelerine rağmen Marjan yeni bulduğu bu "numarayı" bebeği her ağladığında kullandı ve %100 başarı elde etti (tabii ebeveynleri etrafta değilken).

4. Sallamak: Bebeğiniz Beşikte Gibi

Yumuşak ve hareketsiz bir divanda uzanmak size çekici gelebilir, fakat karnınızdan yeni çıkmış bebeğiniz için bu kafa karıştırıcı ve doğal olmayan bir duygudur. Yeni doğmuş bebekler, dokuz ay boyunca denizde yol aldıktan sonra karaya çıkmış denizciler gibidir; bu ani durağanlık, çıldırmasına sebep olabilir! Bu nedenle ritmik, monoton ve sarsıntılı bir hareket –ben buna sallama diyorum– ebeveynlerin her zaman, bebeklerini sakinleştirmek için en çok kullandıkları yöntemlerden biri olmuştur. Bebeğinizin çığlık atmasını kesmesini sağlamanız için bu sallama başta oldukça şiddetli olmalıdır, daha sonra onun sakin kalmasını sağlamak için şiddeti düşürülebilir.

Çok eski zamanlarda ve bugünün geleneksel toplumlarında bebekler sürekli olarak sallanır ve zıplatılır. Üçüncü dünya ülkelerinde yaşayan ebeveynlerin çoğu bebeklerinin mutluluğu için beşik ya da hamak kullanır ve attıkları her adım, aldıkları her nefesle bebeklerine hareketin rahatlatıcı hissini vermek için onları askılar yardımıyla "giyerler". Bizim kültürümüzde bile birçok yorgun ebeveyn mutsuz bebeklerinin biraz huzur bulması için zıplama sandalyelerine, araba gezintilerine ve mahallede kısa yürüyüşlere başvururlar.

Mark, Emma ve iki çocukları Londra'dan Los Angeles'a gelmişti. Ben dört yaşındaki Rose'u muayene ederken iki aylık bebekleri Mary derin bir uykudan sıçrayarak uyandı ve huysuzlanmaya başladı. Mark hiç vakit kaybetmeden onu kucağına aldı ve güvenle kucağında tuttu. Mary bir trapezci, kendisi de bir trapezmiş gibi onu iki yana doğru sallamaya başladı. Yirmi saniye içinde Mary'nin gözleri kapandı, vücudu Mark'ın kucağında gevşedi ve biz muayenemize, Mary sanki hiç ağlamaya başlamamış gibi devam ettik.

5. Emme: Bebeğinizin Keyif Anı

Huysuz bebeğiniz kundaklama, yan yatırma, şşşt sesi ve sallamayla sakinleşmeye başladığında, muhteşem beşinci temel prensip için hazır hâle gelmiş demektir: Emme. Emme, sakinleşmenin zirve noktasıdır. Sakinleşmeye başlamış bir bebeği alıp derin ve sağlam bir huzura ulaştırır.

Elbette bebeğinizin ağzında bir emzikle çığlık atması zordur, fakat emmenin bebeğinizi sakinleştirmesinin sebebi bu değildir. Emmenin, bebeğinizin sinir sisteminin derinlerine işleyen etkileri vardır. Sakinleşme refleksini tetikler ve beynin doğal kimyasalları salgılayarak bebeğinizi dakikalar içinde zengin ve tatmin edici bir rahatlama seviyesine ulaştırmasını sağlar.

Bazı ebeveynler bebeklerinin emmesi için onlara emzikler ve biberonlar verir, fakat dünya üzerindeki gelmiş geçmiş en sevilen emme oyuncağı, annenin göğsüdür. Daha önce de bahsettiğim gibi, bazı kültürlerdeki anneler bebeklerinin sakin kalması için onları günde yüz defaya kadar emzirebilmektedir.

Hannah, ilk oğlu Felix'in neredeyse emziğe bağımlı olduğunu düşünüyordu. "Yıllar boyunca emziği bırakmamak için direndi. Bu yüzden ikinci çocuğum doğduğunda, mümkün olduğunca emzik kullanmamaya yemin ettim. Fakat bir kez daha emzik, vazgeçilmez bir sakinleştirme aracı hâline geldi. Harmon emzik olmadığında öyle mutsuz, emziği varken öylesine mutluydu ki, ondan bu basit mutluluğu esirgeyemezdim.

Özetle ilk iki temel prensip -kundaklama ve yan/yüzükoyun yatırma- bebeğinizin savrulan kol ve bacaklarını toparlayıp Moro refleksini engeller ve siz sakinleşme refleksini tetiklemeye başlarken bebeğinizin sizin ne yaptığınıza dikkat etmeye başlamasını sağlar. Üçüncü ve dördüncü temel prensip -şşşt sesi ve sallama- güçlü bir biçimde sakinleşme refleksini tetikleyerek ağlama krizini durdurur ve bebeğinizin sinir sistemini yatıştırır. Beşinci temel prensip -emme- bebeğinizin sakinleşme refleksinin aktif kalmasını sağlayarak onun derin ve sağlam bir rahatlama seviyesine ulaşmasını sağlar.

Beş temel prensip harika araçlardır, fakat her araçta olduğu gibi, onları kullanma beceriniz de pratik yaptıkça gelişir. Sakinleşme refleksi sadece tam olarak doğru biçimde tetiklendiğinde işe yaradığı için, bu eski tekniklerde uzmanlaşmanın bir ebeveynin ilk önemli görevlerinden olduğunu anlayacaksınız.

İlginç biçimde, pratik yaparak sadece ebeveynler değil, bebekler de iyiye gider. Birçok ebeveyn, birkaç haftalık kundaklamadan sonra bebeklerinin bir battaniyenin üzerine kondukları an kollarını düzleştirdiğini fark etmiştir. Sanki şöyle demektedirler: "Hey, bunu hatırlıyorum. Ve çok hoşuma gitmişti!"

Beş temel prensibi okuyup şöyle düşünebilirsiniz: "Peki bunların neresi yeni? Tüm bu teknikler yüzyıllardır zaten kullanılıyordu." Ve bir açıdan haklı olursunuz. Metotların kendileri yeni değil, fakat onları yeni hâle getiren şey, eski teknikleri gerçekten etkili hâle getirmek için eklenen iki yeni kavram; şiddet ve birleştirme. 13. Bölüm'de "Sarılma Tedavisi" konusunda beş temel prensibi nasıl mükemmel biçimde birleştireceğinizi öğreneceksiniz, fakat şimdilik sizinle ağlayan bir bebeği sakinleştirmek konusunda en az anlaşılan ve çok önemli noktalardan biri olan bir konuyu paylaşmak istiyorum... Bebeğin şiddet ihtiyacı.

Şiddet: Minik ve Çılgın Mağara Bebeğinizi Sakinleştirmek için En Hayati İpucu

Bebeklerin neye ihtiyacı olduğu konusundaki fikirlerimizin birçoğu, kırılganlıkları yüzünden sahip olduğumuz yanlış düşüncelere dayanır. Elbette, bebekler birçok yönden çok kırılgandır. Kolaylıkla boğulma tehlikesi atlatabilirler ve bağışıklık sistemleri zayıftır. Bu nedenle, onlarla herhangi bir şeyi şiddetli uygulamanızın söylenmesi, pişmiş bir keke çiğ yumurta katmanın keki leziz hâle getireceğinin söylenmesi kadar mantıksız gelir... Fakat bu tamamen doğrudur!

Bunun sebebi, birçok başka açıdan minik bebeğinizin bir "mağara bebeği" olmasıdır. O, en gürültülü partilerde mışıl mışıl uyuyabilir, sizin ve benim gibi çok uzun süreyle avazı çıktığı kadar bağırabilir! Ebeveynler genellikle hemşirelerin bebekleri yıkarken ya da gazını çıkarırken onlara ne kadar sert davranabildiklerine şaşırır. Fakat deneyimli anneler, bebeklerini göğüslerine yatırırken kararlı olmak *zorunda* olduklarını, yoksa sonunda acıyan göğüs uçları ya da keyfi kaçmış bir bebekle uğraşmak zorunda kalacaklarını bilirler.

Çalışmalarıma katılan ve aynı zamanda psikolog olan bir anne bebeğini yumuşak tavırlarla çığlıklar atmaktan kurtarıp sakinleştirmenin ne kadar imkânsız olduğunu fark etmişti:

> ***"Profesyonel eğitimim sebebiyle en öfkeli patlamalarda bile sakin ve mantıklı kalmak konusunda çok iyiyim. Bu yumuşak tavrımın bana, iki aylık kızım Helene'nin ilkel ağlama krizleri konusunda da yardımcı olacağını düşünüyordum. Ne kadar yanılmışım! Bu küçük kavgacının, zorba bir kabadayının zapt edilmesi gibi onu kontrol altına almama ihtiyacı varmış."***

Ebeveynler genellikle görevlerinin, mutsuz bebeklerini yumuşak fısıltılar ve hafif sallamalarla sakinleştirmek olduğunu düşünürler, fakat bu büyük bir yanılgıdır. Bu ne kadar mantıklı ve medeni bir yaklaşım olsa da, bir ağlama krizinin ortasındaki bebeği nadiren sakinleştirir.

> ***Jessica altı haftalık çılgın bebeğini onu kundaklayarak, teybe elektrikli süpürge sesi kaseti***

koyarak ve onu sallayarak sakinleştirmeye çalışıyordu. Fakat bu geri tepti. Minik bir Houdini gibi, Jonathan birkaç dakika içinde kundağın içinden sıyrılıp her zamankinden daha yüksek sesle ve daha uzun süre boyunca huysuzlanmaya başlıyordu. Jessica'ya kundağı daha sıkı sarmasını ve bir kaset kullanmak yerine gerçek elektrikli süpürgeyi açmasını tavsiye ettim. Jonathan'ın çığlık krizleri, saatlerden dakikalara indi.

İlk kez ebeveyn olan çiftler genellikle huysuz bebeklerinin şiddet ihtiyacı konusunda kendilerini rahatsız hissederler. İtiraf edin, bir ebeveyn olarak size de birbiriyle çelişen bir sürü tavsiyede bulunuldu. Önce bebeğinizi çok yumuşak tutmanız gerektiği söylendi, hemen ardından ağlayan çocuğunuzu titreşimli bir zıplama koltuğuna oturtup elektrikli süpürgeyi çalıştırmanız tavsiye edildi. Fakat deneyimli bebek bakıcıları, bebek ne kadar kendinden geçmiş hâlde ağlıyorsa, kundağın o kadar sıkı, monoton sesin o kadar yüksek ve sallamanın o kadar sert olması gerektiğini bilirler; *yoksa bunlar hiçbir işe yaramaz.*

Bebeğinizin ağlama döngüsünü kırmanın en hızlı yolu, *onun yoğunluk seviyesine çıkmanızdır.* Ancak çığlıklar atan bebeğiniz birkaç saniyeliğine ara verdiğinde hareketlerinizi yavaşlatmalı, monoton sesi kısmalı ve onun ağlama krizinden sakinliğe yumuşak iniş yapmasını sağlamalısınız.

En iyi kolik sakinleştiricileri, bir bebeği avutmanın onunla dans etmeye benzediğini söyler; *ama yönetimi ona bırakarak.* Bu yetenekli insanlar bebeklerinin ağlama şiddetine her zaman dikkat eder ve beş temel prensibin şiddetini buna göre belirler. Ağlama çılgınlık düzeyindeyse, monoton ses ve sallama da Rock'n Roll hızında olmalıdır. Ağlama yavaşlayıp iç çekmelere dönüşmeye başladığında tepkiler de bir valsin akıcı temposuna dönüşmelidir. Ve bebeğiniz sakinleşmeye başladığında, eylemler yumuşak bir ileri–geri sallanma hâlini almalıdır. Elbette, bebeğiniz tekrar ağlamaya başlarsa, ritim yeniden şiddet kazanmalıdır.

Bebeğinizin Beş Temel Prensibe Geç Tepki Vermesinin Üç Sebebi

Beş Temel Prensibi ustaca kullanmaya başladığınızda bebeğinizi kolayca sakinleştirebileceksiniz. Fakat bu metodu kullandığınız ilk birkaç seferde tuhaf bir şeyi fark edebilirsiniz: Bebeğiniz sizi umursamayabilir, hatta daha yüksek sesle ağlayabilir.

Bu normaldir, bu yüzden lütfen endişelenmeyin. Beyni, yeni mesajınızı almak konusunda küçük bir sorun yaşıyor olabilir:

Hastanedeki odasına muayene etmek için gittiğimde Augie bir melek gibi uyukluyordu. Fakat onun kundağını açtığım ve soğuk hava tenine değdiği an neredeyse ulumaya başladı. Onu yoğun sallama ve şşşt sesiyle susturmayı başardım fakat yumuşak ve pamuksu karnını muayene etmeye başladığım an tekrar ağlamaya başladı. Ellerim çok mu soğuktu? Onun canını mı yakıyordum? Hayır, sadece bir önceki rahatsızlığını tamamen üstünden atamamıştı ve dokunuşum, protestosunun yeniden canlanmasına sebep olmuştu.

Augie, biraz daha bağırıp çırpındıktan sonra bir anda taş gibi sessizleşti. Aşağı baktığımda,

beni görmezden gelmek istermiş gibi bakışlarını boşluğa diktiğini gördüm. Fakat bu sakinlik, sadece bir anlıktı. Saniyeler içinde çılgın ağlama krizinin döngüsüne yeniden girmişti.

Elini yakaladım ve göğsünün üstünde tuttum. Sonra onun üzerine eğildim ve kulağına doğru yüksek bir şşşt sesi çıkararak onu sertçe salladım. Saniyeler içinde Augie tekrar sakinleşmişti.

Fakat beş saniye sonra çığlıkları, saha dışında ayağa kalkmaya çalışan bitap düşmüş bir boksör gibi son bir kez yükseldi. Birkaç saniye daha hızlıca sallama ve şşşt sesinden sonra minik vücudu sonunda pes etti ve Augie tamamen sakinleşti.

Gördüğünüz gibi beş temel prensibi mükemmel uygulasanız da, ağlayan bebeğinizin buna tamamen tepki vermesi için sabırla birkaç dakika beklemeniz gerekebilir. Bir bebeğin sinir sistemindeki üç temel özellik, sizin beş temel prensibin işe yaramadığını düşünmenize sebep olabilir:

1. Bebeklerin beyinleri vites değiştirmekte zorlanabilir.

Siz bebeğinizin çok yüksek sesle ağladığını düşünüyorsanız, bir de onun kafasının içinde neler olup bittiğini düşünün! Kaos, yeni doğmuş bebeğinizin gelişmemiş beynini o kadar rahatsız eder ve dikkatini o kadar dağıtır ki, kendi ağlama krizinden uzaklaşıp size dikkat etmekte zorlanır. Bu, iyi bir arkadaşınızın bir kavgaya karışmasına benzer. Siz onu bu durumdan çekip çıkarmak istersiniz, fakat size karşı direnir ve havaya yumruklar savurmaya devam eder. Ancak daha sonra, sakinleştiğinde size şöyle diyecektir: "Teşekkürler, sen gerçekten iyi bir arkadaşsın. Kendime hâkim olamadım."

Bu nedenle bebeğinizin sakinleşip, yaptığınız şeyin *tam da* ihtiyacı olan şey olduğunu anlayana kadar sallamanıza ve şşşt sesine direnmesi sizi şaşırtmasın.

2. Bebeklerin beyni çok y-a-v-a-ş-t-ı-r.

Bebeğiniz dört aylık olduğunda siz odada dolaşırken gözleriyle sizi kolaylıkla takip edecektir, fakat şimdilik beyni bunun için yeterince gelişmemiştir. Hayatının bu ilk aylarında, gözlerinin aldığı mesajı ("annemin hareket ettiğini gördüm") beynin emir veren parçasına ("Tamam, onu takip et!") ulaşması birkaç saniye sürer.

Bu gecikmeli tepki süresi, kolik bebeklerde daha da uzundur. Başlarının içinde süregiden bütün o patırtı beyinlerini o kadar sıkıntıya sokar ki bilgiyi işleme süreleri daha da yavaşlar.

3. Bebek beyinleri ağlama döngülerine girer.

Yeni doğmuş bebeğiniz beş temel prensibe tepki vermeye başladığında, yeni bir ağlama döngüsüne girmeden önce sakin kaldığı süre sadece bir dakika olabilir. Bunun sebebi, bebeğinizin ağlamaktan doğan rahatsızlığının, yeni geçmiş bir "bebek depreminin" güçlü artçı şoku gibi hâlâ sinir sisteminde dolaşmasıdır.

Bebeğiniz sakinleştikten sonra beş ya da on dakika boyunca -ya da biraz daha fazla- beş prensibi uygulamaya devam etmenize ihtiyaç duyabilir. Bu süre, ağlamanın sinir sisteminde dolaşmasını tamamlayıp tetiklenen sakinleşme refleksinin onu uykuya yönlendirmesi için bebeğinizin ihtiyaç duyduğu süredir.

Bu döngüler kafa karıştırıcı olabilir. Bebeğinizin acı çekiyormuş gibi görünmesine sebep olabilirler, fakat bu çok nadiren doğrudur. Aslında bu, balık tutmaya benzer.

Balık mücadele eder, sonra pes eder, ardından aniden yeniden savaşmaya başlar. Azmin yardımıyla beş temel prensibin bebeğinizin ağlama döngülerini zaman içinde yok etmeye ve onu derin bir huzura kavuşturmaya yardımcı olduğunu göreceksiniz.

Minik bebeği Frances'i sakinleştirmek Suzanne'ya mesleği olan öğretmenliği hatırlatıyordu: "Bu, beş yaşındaki çocuklarla dolu bir sınıfı bağırarak susturmaya benziyor. Önce dikkatlerini çekmek için sesinizi biraz yükseltirsiniz. Sessizleşmeye başladıklarında hâlâ az öncenin heyecanını taşıyan çocuklar zaman zaman ufak patlamalar yaşayabilir. Sonunda heyecan gitgide düşer ve tüm çocuklar sakinleşip konsantre olur."

Bundan sonraki altı bölümde bebeğinizin ağlama refleksini kapatıp sakinleşme refleksini açmak için tam olarak neler yapmanız gerektiğini öğreneceksiniz. Bu becerilerde uzmanlaştığında, ağlama artık sizin için büyük bir sorun olmayacak. Hatta kulağa tuhaf gelse de, bebeğinizin ağlamalarını, ona sevildiğini hissettirmek ve harika bir ebeveyn olduğunuzu hissetmek için birer fırsat gibi görmeye bile başlayabilirsiniz.

8

İlk Prensip: Kundaklama - Tamamen Sarmalanmışlık Duygusu

Ana Noktalar:

- Kundaklama sakinleştirmenin temel taşıdır. Bu bebeğinizin ihtiyaç duyduğu teması sağlar, debelenmesini engeller ve bebeğin dikkatini odaklamasını sağlar.
- Kundaklamak tek başına ağlamayı durdurmasa da, bebekleri sakinleşme refleksinin tetiklenmesine hazırlar.
- Atalarımız niçin yüzyıllar önce kundaklama alışkanlığından vazgeçmiştir?
- Günümüz ebeveynlerinin kundaklama hakkında sahip oldukları altı gereksiz endişe
- Mükemmel bebek kundağı DUDU Sarması

Bir akşam ofisim kapanmak üzereyken Alex'in annesi gözyaşları içinde telefon etti. Betsy, Alex'in iki haftadan beri yoğun acı krizleri geçirdiğini söylüyordu. Bakın Betsy durumu nasıl tasvir etmişti:

"Alex altı haftalık olduğunda korkunç gaz sancıları çekmeye başladı. Geceleri neredeyse saat başı uyanıp çığlıklar atıyordu. Yediğim bir şeyin onda gaz yapıyor olabileceğini

düşünerek beslenmeme dikkat etmeye başladım fakat bunu ağlamasına hiçbir etkisi olmadı."

Betsy, Alex'in sorununun mide krampları olduğuna inandığı için bu soruna yardımcı olabilecek gaz önleyici ilaçlar yazmamı istemek için aramıştı. Gaz için bir tedavi önereceğime Alex'i nasıl sakinleştirebileceğine odaklanmam onu şaşırttı. Betsy'e sakinleşme refleksinden bahsettim ve Alex'in uykuya dalmasına yardımcı olmak için onu nasıl sarması, sallaması ve monoton bir sese maruz bırakması gerektiğini öğrettim. Fakat Betsy bu konuda şüpheciydi.

"İlk gece Doktor Karp'ın tekniğini kullanmadım. Alex'i sıkıca kundaklamak bana hiç doğal gelmiyordu. Kendini rahatsız hissedebileceğinden ya da nefes almakta zorlanabileceğinden korkuyordum. Ve hâlâ esas sorunun gaz olduğuna inanıyordum. O gece Alex'in 'acısı' çok ciddi görünüyordu ve ertesi sabah Doktor Karp'ın metodunu denemeye karar verdim."

"Ertesi gün Alex'i sabahtan akşama kadar bir kundakta tuttum ve şaşırtıcı biçimde çok daha rahat göründüğünü fark ettim. Yatma vakti geldiğinde, daha ben onu sarmayı bitirmeden uyuyakalmıştı. Ve yedi saat deliksiz uyudu. Midesinin guruldadığını duyabiliyor ve hâlâ gazı olduğunu fark ediyordum fakat bu artık onu uyandırmıyordu."

"Sıkıca sarmalamak Alex'in uykusunun düzene girmesine çok yardımcı oldu. Dört aylık olduğunda, artık kundaklanmaya ihtiyaç duymadan çok daha iyi uyumaya başlamıştı."

Kundaklama: Sakinleşmenin Temel Taşı

Betsy'nin de keşfettiği gibi, rahatsız olmuş bir bebeği sakinleştirmek, elleri iki yanında sıkışmış hâldeyken yüz kat daha kolaydır. Peki bu neden bu kadar işe yarar? İşte kundaklamanın huysuz bebekleri sakinleştirmeye yardımcı olduğu üç nokta:

1. Kundağın Tatlı Teması

Deri vücuttaki en büyük organdır ve dokunma duyularımız arasında en sakinleştirici olanıdır. Kundak, bebeğinizin vücudunu sürekli ve yumuşak bir dokunuşla sarmalar.

Her anne, bebeğinin yumuşak teninin kendi tenine değmesinin ne kadar muhteşem bir duygu olduğunu bilir, fakat bebeklerimiz için bu dokunuş sadece iyi bir histen fazlasıdır; bu onlar için sütünüz kadar hayatidir! Sütle beslenen ama hiç dokunulmayan ya da kucağa alınmayan bebekler sıklıkla hastalanıp ölür! Elbette kundak bebeğiniz için kucağa alınmak kadar zengin bir deneyim değildir, fakat onu kucağınıza alamadığınız zamanlarda iyi bir vekildir.

2. *Kundaklamak Bebeğinizin Kontrolden Çıkmasını Engeller*

Kundaklamak bebeğinize kendini rahat hissettirmenin yanı sıra, kendine zarar vermesini ve istemeden daha da mutsuz olmasını engeller. (Bebeğinizin sizin kollarınız tarafından "sarmalandığında" çok daha sakin olduğunu fark etmiş olabilirsiniz.) Doğumdan önce rahminiz bebeğinizin kollarının bir değirmen gibi dönmesini engelliyordu. "Erken tahliyeden" sonra, bu kısıtlama ortadan kalkar. Rahmin engelleyici duvarları olmayınca, bebeğinizin küçük rahatsızlıkları kolayca Moro refleksini (düşme refleksi) tetikleyip ağlamaya ve kendini harap etmeye başlayabilir.

3. *Sarmalamak, Bebeğinizin Onu Sakinleştirmek için Ne Yaptığınıza Dikkat Etmesini Sağlar*

Bebeğiniz ağlamaya başladığında, kafasının içinde aynı anda on ayrı şey çalıyormuş gibi bir duygu yaşar. Her titreme ve irkilme beynine yeni bir alarm mesajı gönderir ve birleşen bu sinyaller öyle bir curcuna yaratır ki, bebeğiniz onun yanında olduğunuzu fark etmekte bile zorlanabilir!

Çığlıklar atan minik bebeğiniz umutsuzca, "Buraya kadar. Artık kontrolü ben ele alıyorum" demenize ihtiyaç duyar. Ve kundaklamanın yaptığı şey tam olarak budur.

Kundaklama Hakkındaki Büyük Sürpriz

Ebeveynlerin sarmalama hakkında inandığı en büyük efsane bunun huysuz bebeklerini tek başına sakinleştireceğidir. *Yanlış*! Kundaklamak tek başına sakinleşme refleksini tetiklemez.

Bu nokta genellikle deneyimsiz ebeveynlerin kafasını karıştırır. Hatta birçok anne–baba eninde sonunda sarmalamak konusunda sabırlarını kaybederler, çünkü bu bebeklerinin daha az ağlamasını sağlamaz!

Şöyle düşünün: Acıkan çocuğa bir anne ilk iş olarak ne yapar? Yemeği servis etmek için masayı hazırlar. Fakat bunu yapmak genellikle çocuğun daha yüksek sesle bağırmasına sebep olur. Sanki "Makarnayı masaya koy gitsin!" demeye çalışmaktadır. Ama tabii, siz lezzetli yemeğin tadını çıkarabilmesi için çatal, kaşık ve tabağa ihtiyacı olduğunu bilirsiniz ve bu yüzden onun protestolarına rağmen hızla hazırlıklarınıza devam edersiniz.

Temelde kundaklama da, servis etmek üzere olduğunuz sakinleşme öğünü için "masayı hazırlar". Bu, esas monoton ses ve sallama aşaması başlamadan önceki kritik adımdır. Bu nedenle, siz onu sıkıca sardıktan sonra bebeğiniz size direnmeye devam ederse endişelenmeyin. Diğer dört prensibi uygulamaya başladığınızda, ona tam olarak ihtiyacı olan şeyi vermiş olacaksınız.

Bebeğinizin hareketlerini kısıtlayarak, rahatsız edici "radyo istasyonlarının" birçoğunu kapatıp onu sakinleştirmek için yaptığınız o harika şeylere odaklanmasına yardımcı olabilirsiniz. Sarmalamak ayrıca, ağlamayı yeniden ateşleyebilecek yeni kıpırtıların oluşmasını da engeller.

Bir Varmış Bir Yokmuş: Ebeveynler Farklı Zamanlar ve Kültürlerde Kundaklamayı Nasıl Kullanır?

Seni tüm gözyaşlarından, doğum lekelerinden, sorunlardan ve yatak ıslatma problemlerinden azat ediyorum. Anne ve baba tarafındaki akrabalarını sev. Köklerine ihanet etme. Akıllı, bilgili ve ketum ol. Kendine saygı duy, cesur ol.

Cezayirli Berber halkının bir bebeği kundaklama ritüelinde söyledikleri sözler
Beatrice Fontanel ve Claire d'Harcourt, *Kutlanan Bebekler*

Elena Rusya'dan Los Angeles'a göç ettikten sonra orada Olga isimli sağlıklı bir bebek doğurdu. Olga'yı muayene ettim ve gururlu annesine kızının bütün muhteşem yeteneklerini anlattım. Elena ben konuşurken yoğun biçimde konsantre olmuştu ve sözlerimi anlamak için çabalıyordu.

Eşsiz bebeğini nasıl kundaklaması gerektiğini göstermek için bir battaniyenin üzerine yatırdığımda, gülümsemeye başladı. Hafifçe koluma dokunarak, ağır bir Slav aksanıyla, "Doktor, bunu bana göstermene gerek yok. Benim köyümde biz bebekleri her zaman sarar ve etraflarına bir kemer bağlarız. Bu onları çok iyi tutar" dedi.

On binlerce yıldır soğuk iklimlerde yaşayan anneler bebeklerini kundaklamıştır. Daha sıcak iklimlerde yaşayanlar bebeklerini pek kundaklamasa da neredeyse günün yirmi dört saati kucaklarında ya da üzerlerine tutturdukları askılarda taşırlar.

Tüm dünyadaki ebeveynlerin bebeklerini sarmalamasının sebepleri şunlardır:

- *Güvenlidir* – Bebeklerin aniden ebeveynlerinin kollarından düşme tehlikesi daha azdır.
- *Kolaydır* – Bebekler ebeveynlerinden birinin sırtına ya da kalçasının üstüne kolayca sabitlenebilir.
- *Sakinleştiricidir* – Bebekler debelenemedikleri için daha az rahatsızlık hissederler.

Tarihteki Büyük Kundaklama Anları

- Tarih; Büyük İskender'in, Julius Caesar'ın ve İsa'nın bebekken kundaklandığını kaydetmiştir.
- Tibet'te bebekler her zaman battaniyelerle sıkıca kundakl neksel olarak kundak bir iple bağlanarak sağlamlaştırılır ve aile v ler arasında göç ederken bir Tibet öküzünün yan tarafına bağlanır.
- Cezayir'in yüksek düzlüklerinde bebekler hava akımlarından ve kötü ruhlardan korunmak için kundaklanırdı.
- Orta Çağ'da Avrupa'daki ebeveynler bebeklerini ilk dört ila dokuz ay arasında sıkı ve büyük bir kundağın içinde hareketsiz tutarlardı.
- Amerikan Pediatri Akademisi'nin sembolü, 15. yüzyıldan kalma kundaklanmış bir İtalyan bebeğin resmidir.
- Birçok Amerikan yerli kabilesi bebeklerini sıkıca sarmalayıp sırtlarına sabitleyerek taşır. (2000 yılında basılan 1 ABD dolarının üstünde, bebeğini sıkıca sırtına sabitlemiş bir Sacajawea yerlisinin kabartması vardır.)

Bu ebeveynler bebeklerini sıkıca sardıktan sonra genellikle bir askı ya da kemer yardımıyla kendilerine sabitlerler. Ve şimdi, bizim ulusumuz da bebeklerin sarmalanmayı ve bir halı rulosundaki böcek gibi sımsıkı sarılmayı sevdiğini yeniden keşfediyor. Amerika'daki birçok hastanede yeni annelere bebeklerini nasıl kundaklamaları gerektiği öğretiliyor, hatta bazı hemşirelerin, battaniyenin açılmasını engellemek için bir parça bant kullandığını da gördüm.

Kundaklamanın Sırları Ortaya Dökülüyor: Atalarımız Doğru Sebeplerle Nasıl Yanlış Bir Şey Yapmışlardı?

Orta Çağ'da bile en tutulan moda fikirleri Paris'ten çıkardı. Fakat üç yüz yıl kadar önce bu moda öncüleri, "kundaklamanın demode olduğunu" ilan ettiklerinde büyük bir hata yaptılar.

1700'lü yıllardan önce tüm Avrupalılar bebeklerini sarmalardı. Kundaklama bebeklerin taşınmasını kolaylaştırır, onların sıcak ve sessiz kalmasını sağlar. Ebeveynler ayrıca, bebeklerini kundaklamanın onların yanlışlıkla gözlerini ya da omuzlarını çıkartmaktan da koruduğuna inanırdı.

Daha sonra iki devrimci akım popüler oldu: Bilim ve demokrasi. Bu hareketler ne kadar harika olsalar da, kundaklamadan vazgeçilmesine katkıda bulunan iki talihsiz yanlış anlamaya yol açtılar:

İlk yanlışı bilim yaptı: 1700'lerde bilim insanları kundaklanmayan bebeklerin *asla* gözlerini ya da kollarını çıkarmadıklarını kanıtladı. Bu gözleme dayanarak yanlış bir çıkarımda bulunup, kundaklamanın bir zaman kaybı olduğuna karar verdiler.

İkinci hatayı demokrasi yaptı: Bağımsızlık Bildirgesi'nin ilanından hemen sonraki yıllarda kurucu babalarımız (ve annelerimiz) çocuklarının özgürce yaşamalarını istedi ve bu tavır, bir "bebek hapishanesi" olarak gördükleri kundağı reddetmelerine sebep oldu.

Yüz yıl içerisinde bilim ve demokrasinin birleşen gücü Batı dünyasındaki ebeveynlerin birçoğunu kundaklamayı bırakmaya ikna etmişti. Bu büyük düşünürler, bebeklerin asla gözlerini ya da omuzlarını çıkarmayacağını ya da bir yetişkinin böyle sıkıca sarmalandığında kendini köleleşmiş hissedeceğini düşünmekte haklı olsalar da, ebeveynlere bebeklerini sarmalamayı bırakmayı önermek konusunda büyük bir yanlış yaptılar.

Kundaklamanın yüzyıllar boyunca kullanılmasının sebebinin, bebeklerin gerçekten daha mutlu olmalarına yardım etmesi olduğunu fark etmemişlerdir. Ebeveynler yeni doğan bebeklerini sarmalamaktan vazgeçince, beklenmedik bir şey oldu: Kontrol edilemeyen ağlama krizleri geçiren bebeklerin sayısı dikkat çekici düzeyde *arttı*!

Bu dev kolik dalgasını durdurmak için hevesle çalışan bilim insanları, ikinci büyük hatalarını yaptılar. Bebeklerin acı çektikleri için ağladıkları sonucuna vardılar ve ebeveynleri çığlıklar atan bebeklerine dönemin en gözde sakinleştiricileri olan cin ve afyon vermeleri konusunda cesaretlendirdiler. Elbette bu kolik tedavisinin ciddi yan etkileri ortaya çıktı ve hızla gözden düştüler.

Bir Ebeveynin Tereddütleri - Kundaklama Hakkında Altı Gereksiz Endişe

Bugün ABD'de hâlâ birçok ebeveyn ve büyük ebeveyn, bebekleri kundaklamak konusunda tereddüde kapılırlar. Kundaklamanın bebeklerini yazılı olmayan bazı anayasal haklarından mahrum bırakabileceğinden endişelenirler. Fakat korkarım ki onlar, bebeklerin kollarını *kontrol etme* hakkıyla, kollarını *savurma* hakkını karıştırmaktadırlar.

Yıllar boyunca birçok ebeveynden kundaklama hakkında sahip oldukları gizli önyargıları bana anlatmalarını istedim. Bunlar arasında en yaygın olan altı tanesi şunlardı:

1. Kundaklamak ilkel ve eski moda görünüyor.

Evet, bu doğrudur. Ama ilkel ve eski moda olmasının nesi yanlıştır ki? Yemek yemek ve cinsellik de ilkel ve eski modadır, ama kim bunlardan vazgeçmek ister ki? Ayrıca, kundaklama çok eski bir uygulama olsa da, hâlâ işe yarar.

2. Bebekleri, kollarının sıkıca iki yanlarına bastırılmış hâlde durmasından rahatsız olabilir.

Birçok yeni ebeveyn ağlayan bebeklerinin kollarını yukarı kaldırmak istediklerini düşünür. Bebeklerin ağlama sebebi bu olsaydı, onları susturmak çocuk oyuncağı olurdu: Onları asla sarmalamazdık! Fakat muhtemelen zaten fark etmiş olduğunuz gibi, bebeğinizin kollarını özgür bırakmanız, genellikle sadece onun daha fazla ağlamasına sebep olur.

Hamileliğinizin son döneminde bebeğinizin kolları kıvrık biçimde vücudunun iki yanında sıkışmış hâldedir.

Bunun sonucu olarak, bebeğinizin kollarını iki yandan düzeltseniz, sanki kıvırcık bir saçı çekip bırakmışsınız gibi yeniden kıvrılmaya eğilimli olacaktır. Fakat kolların aşağıda durduğu pozisyon kesinlikle rahatsız değildir. Bu nedenle bebekler bu pozisyonda kundaklandığında çok daha uzun süre uyur.

3. Kundaklamak bebeğin kendini kapana kısılmış hissetmesine sebep olabilir.

Kişisel olarak ben, kundaklanmayı hiç istemezdim. Evlilik hayatım hakkında çok da fazla detaya girmeden size şunu söyleyebilirim ki, karımla beraber yatağa girdiğimizde yaptığımız ilk iş, battaniyeyi sıkıştığı yatak ayakucundan çıkarıp ayaklarımıza biraz hava alma şansı tanımaktır.

Elbette birçoğumuz bir rahimde yaşamaktan nefret ederdik. Fakat bebeklerimizin, bizimle yanı şeyleri istediğini düşünmek bir hatadır. Bebeğinizin kundaklanmaya direnmesinin sebebi, bundan nefret etmesi değildir. Ellerinin serbest kalmasını istiyormuş gibi görünür ama gerçek bunun tam tersidir. Yeni doğmuş bebekler kısıtlanmayı sever ve çılgınca ağlamaya başlayıp kontrolden çıktıklarında, uçuşan kol ve bacaklarını zapt etmek için sizin yardımınıza ihtiyaç duyar.

4. Bebekler kundaklama sebebiyle şımarabilir ya da buna bağımlı hale gelebilir.

Neyse ki, bu endişe tamamen temelsizdir. Bebeğinizi günde on iki saat kucağınızda tutmanız ona aşırı müsamaha göstermeniz anlamına gelmez, hatta bu, bebeğinizin rahminizdeyken aldığı ilginin yarısıdır! Bebeğiniz dört aylık olunca kendini itmeye, yuvarlanmaya ve bir şeyleri tutmaya başlayacak ve artık sarmalanmaya ihtiyaç duymayacaktır. O zamana kadar, kundaklama büyük bir konfor aracıdır.

5. Sarmalamak bebeğin parmağını emme girişimlerini engeller.

Bebeğiniz için doğmadan önce parmağını emmek kolaydır: Rahminizin duvarları ellerini hemen ağzının yanında tutar. Fakat doğumdan sonra, parmaklarını bu pozisyona getirmek bebeğiniz için çok daha zordur. Bunu denediğinde bile parmakları, sanki şakacı biri tarafından sürekli yana çekiliyormuş gibi görünür. (Emziklerin icat edilmesinin sebebi de, bebeklerin ellerini ağızlarında tutmakta zorlanmalarıdır.)

Lütfen beni yanlış anlamayın, parmaklarını emmesi için bebeğinizin ellerini serbest bırakmanın yanlış bir yanı yoktur; *tabii bu onu mutlu ettiği sürece*. Ne yazık ki bebeklerin çoğu, özellikle de mutsuz olduklarında, ellerini o pozisyonda tutmayı başaramaz. Bu nedenle serbest eller bir bebeği sakinleştirmekten çok sahibinin ağzının etrafında uçuşarak daha da rahatsız olmasına ve çığlıklarının artmasına sebep olur!

Bebeğinizin dudaklarını, dilini, omuzlarını ve kollarını ayı anda kontrol edip parmaklarını ağzında tutabilmesi için üç ila dört aylık olması gerekir. Fakat bebeğiniz tüm bu uzuvlarını koordine etmeyi başardığında kundaklama gereksiz hâle gelir (fakat hâlâ bebeğinizin daha uzun süre uyumasına yardımcı olabilir).

6. Sıkıca sarmak bir bebeğin etrafındaki dünyayı tanıma yeteneğini kısıtlayabilir.

Elbette bebeğiniz, ellerini kullanmayı öğrenmek için onların zaman zaman sargıların dışında olmasına ihtiyaç duyar. Ama o ağlarken yapmanız gereken onu eğitmek değil, sakinleştirmektir. Hatta bebeğiniz sakinken bile onu sarmanız aslında etrafındaki dünyayı tanımasına *yardımcı* olabilir, çünkü bebeğiniz, kolları sürekli hareket hâlinde olmadığında çok daha iyi odaklanır.

Kundaklamanın Dönüş Vakti Geldi

Yüzyıllardır ebeveynler bebeklerini kundaklamak konusunda tereddüt içindedir. Eleştirmenler, kundaklamanın sadece eski bir moda olduğunu söylemiştir ve hâlâ bunu söylemeye devam etmektedir:

On yıl kadar önce kuzey İtalya'daki bir hastanenin Yenidoğan servisini ziyaret etmiştim. Bölüm yöneticisiyle, eksik kalan dördüncü üç aylık dönem kavramı ve dünyanın kundaklamaya geri dönmesinin vaktinin geldiğine dair fikrimi paylaştım.

Müdür beni kibarca dinledi fakat yüzünde şaşkın ve eğlenen bir ifade vardı. Ben heyecanlı konuşmamı bitirdikten sonra, bir büyükbaba edasıyla omzuma birkaç kez hafifçe vurup ihtiyatlı bir ifadeyle şöyle dedi: "Biz İtalya'da bunu nesillerdir yapmıyoruz. Bebeklerin kas gelişimini desteklemek için kollarının özgür olması gerektiğine inanıyoruz."

O anda sekreteri kendisine bir telefon geldiğini haber verip onu çağırdı. Müdür odadan çıkar çıkmaz bir hemşire yanıma gelip çekingen bir ifadeyle şöyle dedi: "Evet, müdürümüz bebeklerin sarmalanmasından hoşlanmıyor, fakat o hastaneden çıkar çıkmaz biz hepsini yeniden kundaklıyoruz." Hemşire bana göz kırptıktan sonra ekledi: "Bu şekilde gerçekten daha mutlular."

Adım Adım Kundaklamayı Öğrenmek

Muhtemelen bir süre önce huysuz bebeğinizi sakinleştirmenin bir numaralı yolunun onu kucağınıza alıp sıkıca sarılmak olduğunu öğrenmişsinizdir. Kundaklamanın yaptığı şey de tam olarak budur, fakat ek olarak size, yemek yapmak ya da banyoya girmek için fazladan birkaç dakika kazandırır!

Kundaklama zor değildir, fakat belirgin bir teknik ve biraz pratik gerektirir. Birçok kitap bebeğinizi sarmalamanızı önerir, fakat çok azı bunu nasıl yapmanız gerektiğini öğretir ve bu sorunlu bir durumdur, çünkü yanlış kundaklama bebeğinizin ağlama krizini daha beter hâle getirebilir.

Burada mahalledeki en mutlu (ve en iyi) kundak uzmanı olmak için ihtiyacınız olan her şeyi bulabilirsiniz. En başta kendinizi tuhaf hissederseniz endişelenmeyin; beş ila on deneme arasında, kundaklama hareketi sizin için bez değiştirmek kadar otomatik bir hareket hâline gelecektir.

Bebekleri kundaklamanın, bir akşam yemeği için peçete katlama yolları kadar fazla yöntemi vardır. Fakat bana yıllar önce harika bir ebenin öğrettiği yöntem, kesinlikle aralarında en iyi olanıdır. Ben bu metoda, DUDU sarışı diyorum.

Başlangıç

Büyükçe, *kare* bir battaniyeye ihtiyacınız olacak. Bu battaniyeleri kullanmak, dikdörtgen olanlara göre daha kolaydır; çünkü simetrik olmaları bebeğinizi daha eşit ve dengeli biçimde sarmanıza olanak sağlar. Battaniyenin kumaşı sizin tercihinize kalmıştır. Bazı ebeveynler pamuklu kumaşları tercih ederken, bazıları da daha esnek kumaşları seçer. (Bunu öğrenmenin en iyi yolunun, öncelikle oyuncak bir bebek üzerinde ya da bebeğiniz sakinken pratik yapmak olduğunu göreceksiniz.)

1) Battaniyeyi yatağınıza serin ve bir ucunu yukarıya denk getirerek elmas şekline getirin.

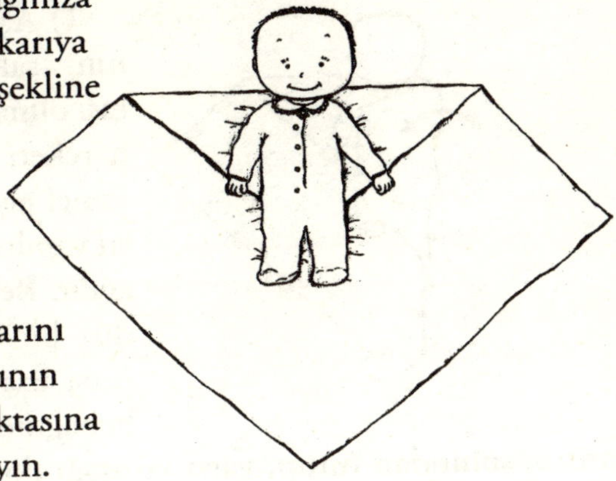

2) Yukarıdaki kenarını kıvırarak tepe noktasının battaniyenin orta noktasına denk gelmesini sağlayın.

3) Bebeğinizi, boynu battaniyenin üst bitim çizgisine denk gelecek şekilde yatırın.

4) Bebeğinizin sağ kolunu vücudunun yanında düz hâle getirin. Bebeğiniz buna direnirse, sabırlı olun. Kolu kısa süre sonra ya da birkaç kez yumuşakça baskı uygulamanızdan sonra düzelecektir.

Artık bebeğiniz DUDU sarışının başlangıç pozisyonunu almış durumdadır. Daha sonra ne yapacağınızı hatırlamanın kolay yolu, kundaklarken şu şarkıyı söylemektir:

AŞAĞI ... ört ... sıkıştır
YUKARI ... ört ... sıkıştır
AŞAĞI ... kıvır ... tut
YUKARI ... döndür ... sabitle

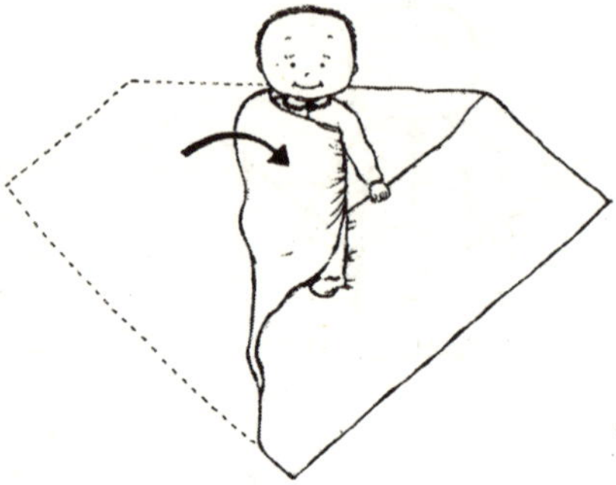

1) AŞAĞI – Kundaklamanın, sakinleştirmenin temel taşı olması gibi, bu ilk AŞAĞI hareketi de kundaklamanın temel taşıdır. Bu hareket doğru yapılmazsa kundak kolayca açılır. Bebeğinizin sağ kolunu düz biçimde vücudunun yanına uzatmışken, battaniyeni bebeğinizin omzunun birkaç santim solundan tutup, yana ve aşağı doğru örtüp ucunu *sıkı* biçimde çekin.(Doğru yaptıysanız battaniye, v yakalı bir kazağın yarısı gibi görünecektir.)

Ört - *Battaniyeyi gergin tutarak aşağıya kadar çekin ve kumaşı bebeğinizin sol kalçası ve poposunun altına doğru sıkıştırın. Bu kundağın temelini oluşturur.*

Sıkıştır – *Sol elinizle battaniyeyi sol kalçasına doğru çekin, battaniyeyi bebeğinizin sol yanından tutun ve diğer ucu sımsıkı altına sıkıştırın. Bu bebeğinizin sağ kolu etrafındaki bütün gevşeklikleri yok edecek ve kumaşın gergin durmasını sağlayacaktır.*

Bu ilk "AŞAĞI ... ört ... sıkıştır" hareketinden sonra bebeğinizin sağ kolu o kadar sıkı biçimde düz olarak yanına uzanmış olmalıdır ki, battaniyeyi bıraktığınızda bile kolunu hareket ettirememelidir. (Sayfa 118'de kolların düz olmasının neden bu kadar önemli olduğu hakkında daha geniş bilgi bulabilirsiniz.)

Lütfen battaniyeyi ilk sıkıştırdığınızda bebeğiniz bir anda daha yüksek sesle ağlamaya başlarsa kendinize güveninizi kaybetmeyin. Onun canını yakmıyorsunuz! Ağlaması, hâlâ kendini kontrol edemediği ve mutluluktan birkaç saniye uzakta olduğunun farkında olmaması anlamına gelir!

2) YUKARI – Şimdi sol kolunu vücudunun yanına uzatıp düzleştirin ve battaniyenin alttaki ucunu kaldırıp kolunu bununla kapatın. Battaniyenin alt ucu, bebeğinizin omuz hizası civarında kalmalıdır. Bacaklarının kıvrık olmasında sakınca yoktur (rahimdeyken de pozisyonları böyleydi), ama kollarının düz olduğundan emin olun. Kolları kıvrık olursa, bebeğiniz siz daha "Bak yine yaptı!" demeye fırsat bulamadan kundaktan kurtulacak ve daha fazla ağlamaya başlayacaktır.

Ört – *Üstü örtülü sol kolunu vücudunun yan tarafında sabitleyin ve battaniyeyi vücudunun altına doğru sokun.*

Sıkıştır – *Sol eliniz sol kolunu sabit tutarken, battaniyeyi bebeğinizin omzunun birkaç santim solundan tutup gerin (kumaşı mümkün olduğunca gergin hâle getirin). Bu hareket, kolları etrafında kalabilecek tüm boşlukların yok olmasını sağlar.*

3) AŞAĞI – Battaniyeyi bebeğinizin omzunun birkaç santim uzağından gergin tutarak, battaniyeyi biraz aşağı doğru kıvırın.

Kıvır – *Bu küçük hareketle bebeğinizin sol omzu üzerinde ve göğsünün üst kısmında sadece küçük bir bez parçası oluşmalıdır. Bu, v yakalı süveterin yakasının ikinci kısmına benzer. (Bu katı bebeğinizin bütün*

vücudu boyunca uzatıp ayaklarına kadar çekmeyin; unutmayın, sadece birazcık.)

Tut – *Bebeğinizin göğüs kafesi üzerinde duran bez parçasını, bir kurdeleyle fiyonk yaparken tuttuğunuz gibi sabit tutun.*

4) YUKARI – Küçük parçayı sabit tutarak battaniyenin açık kalan son köşesini sağ elinizle tutup sağa doğru çekerek düzleştirin. Bu hareket kundakta kalmış olabilecek tüm bollukların sıkışmasını sağlayacaktır. Sonra kundağın gerginliğini bozmadan açık kenarı yukarı doğru, bebeğinizin tüm vücudu üzerine çekin.

Döndür – *Battaniyeyi bebeğinizin beli etrafında, bir kemer gibi sıkıca döndürün. Bu "kemer" bebeğinizin kollarının alt kısmının üzerinden geçmeli ve onları iki yanında hareketsiz tutmalıdır.*

Sabitle – *DUDU sarmasını bitirmek ve kalan tüm gevşekliklerden kurtulmak için bu "kemeri" sıkıca gerdirip sabitleyin. Sarma biçiminiz yeterince sıkıysa (ve battaniye yeterince büyükse) "kemerin" ucu bebeğinizin tüm vücudunu dolaştıktan sonra tekrar öne ulaşacak ve ucunu kundaklamaya başladığınız ilk katın içine sıkıştırmanıza imkân verecektir. Bu son sıkıştırma, tüm kundağın açılmasını engellemek için çok sıkı olmalıdır. Gevşek battaniyeler nefes alma zorluğuna sebep olabilir.*

Çok eski olan bebekleri sarmalama geleneği sadece bir heves değildir. Bu, başka bir hevesin, bebekleri kundaklamama hevesinin *sonudur*! Televizyonlar ve bilgisayarlar bundan bin yıl sonra tarih olabilir, fakat kundaklama dünyada ağaçlar kadar eskidir ve yeniden bebeklerimizin hayatının bir parçası hâline gelmesinin vakti gelmiştir.

Son Hataları Gidermek: En Çok Karşılaşılan Kundaklama Hatalarını Düzeltmek

Kundaklama kolaydır, fakat sık sık yapılan şu hatalara dikkat edin:

- ***Çok gevşek sarmak***

  Kundaklamanın başarı anahtarı kundağı çok sıkı sarmaktır. DUDU sarışını uygularken her harekette battaniyeyi gerginleştirip sıkıştırdığınızdan emin olun. Gevşek bir battaniye bebeğinizin nefes almasına engel olabilir.

  Denise, altı haftalık oğlu için battaniyenin sıkılığının sihirli anahtar oluğunu keşfetmişti. "Aramızda şöyle şakalaşıyorduk: 'Augie'yi öyle sıkı sarıyoruz ki gözlerinin yerinden fırlamasından korkuyoruz.' Fakat kundaklamak bebeğimizi çok rahatlattı ve ihtiyacı olan, gerçekten de çok sıkı olmasıydı!"

- ***Bebeği kolları kıvrıkken kundaklamak***

  Çok sıkı sarsanız bile, kolları kıvrıksa ağlayan bebeğinizin etrafındaki örtüden kurtulması çok kolaydır. Yeni doğmuş bebeklerin en çok fetüs pozisyonunda rahat ettiği ve erken doğan bebeklerin en azından normal doğum tarihlerine kadar kollarının kıvrık olmasından hoşlandığı doğrudur, fakat kolları düz şekilde kundaklanan bebekler bacakları, parmakları ve boyunlarında hâlâ onları mutlu edecek ölçüde hareket özgürlüğüne sahiptir.

  Kundaklama Ted ve Shele'nin iki aylık kızları Dylan'ın gece boyunca deliksiz uyumasına yardım-

cı oluyordu. Kollarını düz tutmak için Ted, Dylan'ı kundaklamadan önce ellerini minik eşofmanının belindeki kemerin içine sokuyordu. "Bunu yapmak zorundaydım çünkü kolları kıvrık kaldığında her seferinde onları dışarı çıkarıyor ve eskisinden daha da çılgınca ağlıyordu."

- ***Battaniyenin bebeğinizin yanaklarına değmesine izin vermek***

Bebeğiniz acıktığında battaniye yanaklarına değiyorsa, bu battaniyenin sizin göğsünüz olduğunu sanmasına sebep olabilir ve bu bebeğinizin güçlü tutunma refleksini harekete geçirerek kafasını karıştırır ve onun daha fazla ağlamasına yol açar. Battaniyeyi yüzünden uzak tutmak için kundaklamayı v yakalı bir kazak gibi yapmanız gerekir.

- ***Bitirdiğiniz kundağın yeniden açılmasına izin vermek***

Bebeğinizin, yüzüne dolanabilecek gevşek bir battaniyeyle yatmasını asla istemezsiniz. Bu nedenle her zaman bebeğinizin tüm vücudunu sarabilecek kadar büyük bir battaniye kullanın ve onu açılmayacağından emin olacağınız şekilde sıkıca sabitleyin.

Ken ve Kristie bana şöyle demişti: "Henry ne zaman kundağından sıyrılmayı başarsa, bize sanki "Az önce bana ne yaptınız?" demek istermiş gibi ağlıyordu. Kundağı bantla sabitlemenin, bize yemekler arasında 45 dakikalık fazladan bir uyku süresi kazandırdığını keşfettik!"

Babalar—En Yetenekli Kundaklayıcılar

Çok şaşırmıştım! Minik kızım Valerie'nin sarmalanmaktan hoşlanmayacağını düşünüyordum fakat kundaklandıktan sonra saniyeler içinde sakinleştiğini gördüm. Hatta berberde tanıştığım birine bunu nasıl yapabileceğini de öğrettim.

Valerie'nin babası Pedro

Kadınlar Venüs'ten, erkekler Mars'tan geliyorsa, anneler Kucaklama Ülkesi'nden, babalar da Sallama Ülkesi'nden gelir. Yani erkekler genellikle bebeklere kadınlara nazaran çok daha şiddetli davranır. Daha büyük çocuklarımızı yataklarına atarız, onlarla yastık kavgaları yaparız ya da onlarla havaya atıp tutarak oynarız. Fakat ya küçük bebekler? Erkekler onlara nasıl davranır?

Başlangıçta eşlerimize göre bu küçük bebeklerden çok daha fazla çekiniriz; bebekler bize çok küçük ve kırılgan görünür. Minik bebeklerimizi kucağımıza aldığımızda da, ağlamaya başladıkları an genellikle onları annelerine geri veririz.

Fakat kundaklama, babaların bebekleriyle güven ilişkisi kurmaları için harika bir yöntemdir. Genellikle babalar, bu katlamayı başarıyla yapmak için doğal bir yeteneğe sahiptir. Bence onları harika kundakçılar hâline getiren, güçleri, şiddetli oluşları ve el becerileridir!

Mark şöyle demişti: "Ben Eli'yi kolaylıkla kundaklayabiliyorum. Fakat eşim Fran, onu kundaklamak konusunda zorluk çekiyor. Bence onu yeterince sıkı kundaklamak konusunda çekingen davranıyor."

Beş Temel Prensibin Sebepleri: Ebeveynlerin Kundaklama Konusunda Sorduğu Sorular

1. ***Bebeğimi sarmaya ne zaman başlamalıyım?***

Bebekler doğdukları andan itibaren kundaklanabilirler. Bu onların kendilerini yeniden "eve dönmüş gibi" rahat ve sıcak hissetmelerini sağlar.

2. ***Kundaklanmaya ihtiyaç duymayan bebekler var mıdır?***

Sakin bebeklerin çoğu kundaklanmaya hiç ihtiyaç duymaz. Fakat bebeğiniz ne kadar huysuzsa, buna o kadar ihtiyacı var demektir. Sıkıca sarmak bebekleri sakinleştirmek konusunda o kadar başarılıdır ki, bazı ebeveynler bebeklerini beslemek üzere uyandırmak için kundağı *açmak* zorunda kalırlar.

3. ***Kundaklama bir bebeğin uyumasına yardımcı olabilir mi?***

Evet! Kundaklanmaya ihtiyaç duymadan sakin kalabilen kolay bebekler bile kundaklandıklarında daha fazla uyurlar. Sarmalamak onların dikkatlerinin dağılarak uyanık kalmalarını engeller. Fakat bebeğinizi sıkı sardığınıza emin olun. Bebekleri gevşek battaniyelerle yatırmak güvenli değildir.

Wendy ve Brent iki aylık oğulları Brandon'ı kundaklamaya başlayınca gece uykusu dört saatten beş ila yedi saate uzadı!

4. ***Bir bebek hiç kundaklanmadıysa, başlamak için ne zaman çok geç kalınmış olur?***

Bebeğinizi ilk üç ay içinde her an kundaklamaya başlayabilirsiniz. Ama sabırlı olun. Bebeğiniz alışıncaya kadar bunu birkaç kez denemeniz gerekebilir. Bebeğinizi zaten uykusu varken ve yeni fikirlere açıkken kundaklayın.

5. *Bir bebek ne zaman kundaklanmak için çok büyümüş olur?*

Kundaktan vazgeçme zamanı bebekten bebeğe fark eder. Birçok ebeveyn birkaç hafta sonra ya da bebekleri buna direnmeye başladığında kundaklamaktan vazgeçmek gerektiğini düşünür. Ama aslında bu sarmalamanın *en değerli* olmaya başladığı zamandır.

Bebeğinizin artık kundaklanmaya ihtiyacı kalmadığına karar vermek için, şunu deneyin: Bebeğiniz iki ya da üç aylık olduğunda onu bir kolunu dışarıda bırakacak şekilde kundaklayın. Huysuzlanmaya başlarsa, size birkaç hafta daha kundaklanmak istediğini söylemeye çalışıyordur. Fakat kundaklanmadığında da mutluysa, artık kundaklanmaya ihtiyacı yok demektir.

Birkaç istisna dışında bebekler genellikle üç ya da dört ayın sonunda kundaklanmamaya hazır hâle gelir, fakat bazı bebekler bir yaşına kadar kundaklandığında daha iyi uyur. (Kundaklamayı uyku süresini uzatmada kullanmak hakkında daha fazla bilgi için 15. bölüm'e göz atın.)

İkiz bebekler Ari ve Grace sekiz aylık olana kadar kundaklanmadan faydalandı. Kundaklanmadıklarında uyanmadan sadece üç saat uyurlarken kundaklandıklarında deliksiz on saat uyuyorlardı!

6. *Bir bebek günde kaç saat kundaklanmalıdır?*

Bütün bebekler gerinmek, banyo yapmak ve ovalanmak için biraz vakte ihtiyaç duyar. Fakat muhtemelen, başlangıçta bebeğinizin 12–20 saat boyunca kundaklandığında daha mutlu olduğunu fark edeceksiniz. (Unutmayın, bir fetüsken günün 24 saati bu pozisyondaydı.) Bir ya da iki ay sonunda, bebeğinizin kundaklanmadığında ne kadar sakin kalabildiğine bağlı olarak kundaklama zamanını düşürebilirsiniz.

7. *Bebeğimi çok sıkı kundaklayıp kundaklamadığımı nasıl anlayabilirim?*

Geleneksel kültürlerde ebeveynler bebeklerini çok sıkı kundaklar çünkü gevşek sargılar kolaylıkla açılır. Bazı Amerikalılar bebeklerini çok sıkı kundaklamaktan endişe etse de, ben bunun çok sıkı yapıldığını hiç duymadım. Diğer yandan, çok gevşek sardıkları için kundakları işe yaramayan yüzlerce ebeveynle çalıştım. Bunun sebebi, siz battaniyeyi ne kadar sıkı sararsanız sarın, bebeğinizin kıpırdanmasının her koşulda sargıyı birazcık gevşetecek olmasıdır.

Fakat içinizin rahat etmesi için, size kundağınızın çok sıkı olmadığını anlamanızın bir yolunu öğreteceğim: Elinizi battaniyeyle bebeğinizin göğsünün arasına sokun. Bu, dokuz aylık hamileyken elinizi karnınızla lastik belli pantolonunuzun arasında soktuğunuzda hissettiğiniz şeye benzemelidir.

8. *Bebeğimin çok sıcakladığını ya da çok fazla sarıldığını nasıl anlayabilirim?*

Hillary, yeni doğmuş oğlu Rob'un, oda sıcaklığını da vücudunun ısısı olan 37 derece olmasını istediğini düşünüyordu. Fakat o, dördüncü üç aylık dönem fikrini biraz fazla abartıyordu. 1994'de UCLA'daki doktorlar bebeklerin aşırı sarılma sonucu çok sıcaklayıp sıcaklamadığını anlamak için testler yaptılar. İki ila on dört hafta arası otuz altı bebeği 24 derecelik bir odaya koyup onları bir havlu kumaş, bir şapka *ve* bir termal kumaşla sarmaladılar. Şaşırtıcı biçimde bebeklerin derilerinin ısındığını, fakat vücut ısılarının neredeyse hiç artmadığını gördüler.

Erken doğan bebekler genellikle kendilerini sıcak hissetmek için küveze ihtiyaç duyarlar, fakat zamanında doğan bebekler için hafif bir giysi, bir battaniye ve 18–21 derecelik bir oda sıcaklığı yeterlidir. Evinizin ısısı bundan yüksekse, giysilerini çıkarın ve bebeğinizi bezinin üstüne pamuklu bir battaniyeyle kundaklayın. (Sıcak iklimlerde yaşayan ebeveynler genellikle teri emmesi ve pişiği engellemesi için bebeklerinin tenine mısır unu sürerler.)

Bebeğinizin sıcaklayıp sıcaklamadığını kontrol etmek kolaydır. Kulaklarını ve parmaklarını kontrol edin. Buralar kırmızı, sıcak ve terliyse, bebeğiniz sıcaklamıştır. Fakat bu organlar sıcak ve tersizse, muhtemelen bebeğiniz mükemmel ısıdadır.

9. Bebeğimin ne zaman kundaklanmaya, ne zaman yemek yemeye ihtiyacı olduğunu nasıl anlayabilirim?

Bebeğiniz acıktığında size birçok ipucu verecektir:

- Dudaklarına dokunduğunuzda, ağzı annesinin onu beslemesini bekleyen bir yavru kuş gibi açılır.
- Bir emziği en fazla bir–iki dakika emdikten sonra huysuzlanmaya başlar.
- Göğsünüz ya da biberon verildiğinde, büyük bir şiddetle emer.

Lütfen kundaklamanın bebeğinizin yemek yemeyi unutmasına sebep olmasından endişelenmeyin. Kundaklama hafifçe acıkmış bir bebeği sakinleştirmeye yardımcı olabilir, fakat gerçekten acıkmış bir bebeği kesinlikle tatmin edemez.

10. Bebeğim genellikle gergin ve sinirli görünüyor. Kundaklama bu konuda da yardımcı olur mu?

Bazı bebekler bir hortumun ortasında bile uyuyabilir, fakat bebekler telefon her çaldığında sıçrar. Bu bebekler sinirli değildir, sadece hassastır. Kundaklamak sıçrama hareketlerini yumuşatarak kendilerini sinirlendirmelerini engeller.

11. Bebeğimi bir battaniyeye sarılı hâlde uyutmanın herhangi bir riski var mıdır?

Daha önce de bahsettiğim gibi, doktorlar bebeklerin yatak örtüleri, yastıklar, yumuşak oyuncaklar gibi kumaşlarla uyumasını tavsiye etmez. Sadece bebeğinize sıkıca sarılmış bir battaniye kullanın.

12. Çocuklarımıza elleri kolları bağlı yaşamayı değil, özgür olmayı öğretmemiz gerekmez mi?

Özgürlük harikadır, fakat hepimizin bildiği gibi, özgürlükle birlikte sorumluluk gelir. Bir bebek kendi kendine sakinleşebiliyorsa, kundaklanmama hakkını kazanmıştır. Fakat yeni doğmuş bebeklerin çoğu içine doğdukları büyük dünyayla başa çıkamaz. Kontrolsüzce davranışlar sergilememek için hâlâ birkaç ay kundağın rahatlığına ihtiyaç duyarlar.

13. Bebeğim kolları sarılıyken kaşınırsa ne olur?

Neyse ki bu hiçbir zaman sorun olmaz. Küçük bebekler vücutlarından net mesajlar alamazlar, bu nedenle kaşındıklarını hissetmezler. Ayrıca bebeklerin dikkat süreleri de çok kısadır. Kaşınan yere ulaşamayınca çıldıran yetişkinlerin aksine, bebekler bunu ikinci kez düşünmez bile. (Ayrıca kaşınsalar bile vücutlarını, gereken yeri kaşıyabilecek kadar iyi kontrol edemezler.)

Bir Ebeveynin Bakış Açısı: Siperlerden Tanıklıklar

Kundaklamak minik bebeklerin nerede olduklarını anlamalarına yardımcı olur. Kundak olmadan, vücudunun nerede bittiğini ve evrenin nerede başladığını anlayamaz.

Marie-Claire, Esme ve Dider'nin babası Al

Yeni doğmuş bebeklerin çok büyük bir çoğunluğu kundaklandığında daha sakin kalır ve daha uzun süre uyur. Burada bu konudaki bazı hikâyeleri okuyabilirsiniz:

Marie-Claire doğduktan bir gün sonra ağlamaya başladı. Ağlamaları, başınızı şişiren yeni doğmuş bebek huysuzlukları gibi değil, gerçekten güçlü çığlıklardı. Bir günlük bir bebeğin böyle bir ses çıkarabilmesi beni şok etmişti!

Daha sonra Doktor Karp odaya girdi. Sakince bebeğin yatağına doğru yürüdü, bebeğimizi kucağına aldı ve onu bir dürüm gibi sardı. Sonra onu, ayakları karnına, başı dizlerine gelecek şekilde yüzükoyun yatırdı ve kendi başını kızımızın kulaklarına

yaklaştırarak yüksek sesle şşşt demeye başladı. Kundaklama ve monoton ses o kadar etkili oldu ki bebeğimiz neredeyse o anda ağlamayı kesti.

Kocam ve ben şaşkına dönmüştük. Daha önce hiç böyle bir şeye tanık olmamıştık. Böylece bebeğimizi sıcak bir battaniyeyle sımsıkı kundaklamayı öğrendik ve o dünyadaki en mutlu ve keyifli bebeğe dönüştü!

Bebeğimiz üç aylık olduğunda onu kundakladığımızı gören insanlar bize, barbarca uygulamalara mı başvurduğumuzu sorarmış gibi bakmaya başladı. Meraklı tanıklar bize bebeğimizi neden bu şekilde kundakladığımızı sorduğunda onları gururla şöyle yanıtlıyorduk: "Çünkü bu onu mutlu ediyor." Ve Marie-Claire, tam da bundan bahsedildiğinde, en şüpheci insanı bile ikna edecek şekilde, ağzı kulaklarına vararak gülümsüyordu.

Renee, Al, Marie-Claire, Esme ve Dider

Sophia doğduğunda beslenme konusunda sorunları vardı. Beslenme uzmanımız, onu beslerken özel bir cihaz kullanmamızı tavsiye etmişti. Ben de bu minik aleti göğüz ucuma takıp göğsümü bununla birlikte onun ağzına verdim.

Tam o zamanlarda, yaklaşık üç haftalıkken çok huysuz bir bebeğe dönüştü. Emme sırasında genellikle çığlıklar atıyor ve debeleniyordu.

Bu genellikle istemeden hem göğsümün hem de tüpün ağzından çıkmasına sebep oluyordu.

Büyük hayal kırıklığıma rağmen, bebeğimin ikinci ay muayenesinden önceki geceye kadar bunu uygulamaya devam ettim. O gece her zamankinden beterdi. Sophia kendini harap ediyor, tüpü yerinden çıkarıyor ve göğsümü ısırıyordu. Bu bebeğimi artık emzirmemem anlamına gelse bile artık onu böyle beslememeye yemin ettim.

Ertesi gün Doktor Karp'a Sophia'yı beslemek konusunda çektiğim sıkıntılardan bahsettiğimde, o bana her şeyi değiştiren iki kelime söyledi: "Kundaklamayı unutma." Başta Sophia'yı kundaklamıştık fakat buna karşı çok fazla direndiği için iki haftanın sonunda bundan vazgeçmiştik. Fakat Doktor Karp bunu bir kez daha denememiz için bizi cesaretlendirdi.

O akşamüstü kızımı sıkıca kundakladıktan sonra ona göğsümü (tüp olmadan) vermeyi denedim. Çok inanılmaz bir şey oldu. Kızım sakince ve konsantre olmuş hâlde emdi. Sanki hiçbir zaman sorun yaşamamış gibiydi.

Sophia şimdi üç aylık ve son bir aydır onu emzirmek büyük bir keyif. Artık onu sadece kötü bir gün geçirip kendi kendini sakinleştiremediği zaman kundaklıyoruz ve yumuşak sargı her seferinde çok işe yarıyor.

Colin, Beth ve Sophia

Jack bir aylık olduğunda her akşam altı ile gece yarısı arası çok huysuz bir bebek olmaya başladı. Onu ancak sürekli emzirerek sakinleştirebiliyordum.

Jack uyuyuncaya kadar emzirilmeye ihtiyaç duyuyor ve emziğini, sanki onu hakkı olan bir şeyden mahrum bırakıyormuşum gibi şiddetle reddediyordu.

Sonra (emzirmenin yanında) onu sakinleştirmek için en etkili şeyi keşfettim: Kundaklama. Onu kundaklarken bundan pek memnun olmuyordu, fakat bu, bebeğimi birkaç dakika içinde sakinleştiriyordu. Bir arkadaşıma onu nasıl sıkıca sardığımızı gösterdim ve arkadaşım, çığlıklar atan bebeğimin birkaç dakika içinde gözlerimizin önünde nasıl tamamen sakinleştiğini gördüğünde çok oldu! Kendimle ve minik oğlumla çok gurur duyuyordum.

Kelly, Adam ve Jack

Gecenin Bir Yarısı: Beş Temel Prensiple Bebeğinizin Ağlamasını Durdurmak

Gecenin bir yarısı oldu ve bebeğinizi sakinleştirmek istiyorsunuz! Ne yapacağınızı tam olarak hatırlayamıyor musunuz? Burada, sizi "mahallenin en iyi bebek sakinleştiricisi" hâline getirecek Beş Temel Prensip'in bir özetini bulabilirsiniz.

Beş Temel Prensip'i uygularken, bu önemli noktaları unutmayın:

1. Bebeğinizi sakinleştirmek onunla dans etmeye benzer... Ama sizin, onun yönetmesine izin vermeniz gerekir. Beş Temel Prensip'i şiddetli biçimde uygulamaya başlayın ve şiddetinizi ancak bebeğiniz sakinleşmeye başladıktan sonra düşürün.

2. Beş Temel Prensip'in işe yaraması için tam olarak doğru biçimde uygulanması gerekir.

İlk Temel Prensip – "Kundaklama"

Bebeğinizin sarmalanmaya ilk tepkisi karşı koymak olursa endişelenmeyin. Kundaklama onun huysuzluğunu hemen dindirmeyebilir, fakat kontrol dışı debelenmesini engelleyerek sakinleşme refleksini tetikleyecek ve ona büyük bir sükût getirecek diğer temel prensiplere dikkat etmesini sağlayacaktır!

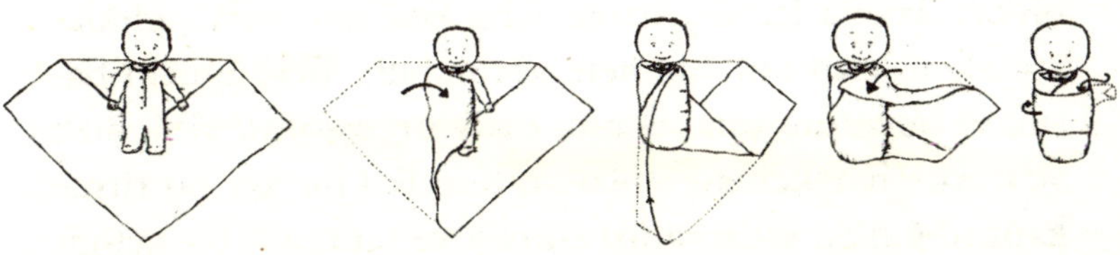

İkinci Temel Prensip – Yan ya da Yüzüstü

Bebeğiniz ne kadar sinirliyse, sırt üstü yatırdığınızda o kadar huysuzluk yapacaktır. Onu yan ya da yüzüstü yatırmak çok daha sakin kalmasına yardımcı olur. Bazen sadece bu basit numara bile bebeğinizin sakinleşme refleksini tetiklemeye yeter... Hem de birkaç saniye içinde.

Üçüncü Temel Prensip – Şşşt Sesi

Bebekler ağladığında şşşt sesi çıkarmak sihirli biçimde onların kendilerini daha iyi ve eve dönmüş gibi hissetmelerini sağlar, fakat bunu bebeğinizin ağlama sesi kadar şiddetli ve onun kulağına yakın yapmalısınız. Yoksa bunu fark bile etmeyebilir. Bu süper etkili temel prensibi, bebeğinizin huysuz dönemlerinde bir radyoyu iki istasyon arasındaki boşluğa ayarlayarak, saç kurutma makinenizin sesini kaydettiğiniz bir kaseti çalarak ya da bir beyaz parazit cihazı kullanarak onu sakinleştirebilirsiniz.

Dördüncü Temel Prensip – Sallama

Şiddetli şşşt sesi gibi, enerjik sallama da bebeğinizi birkaç dakika içinde, hatta daha kısa zamanda çığlıklar atmaktan tatlı bir sükûnete götürebilir. Bebeğinizin başını ve boynunu tutarak onu titriyormuşsunuz gibi, hızlı ve küçük hareketlerle sallayın. Kendini bir kez bu ritme kaptırdığında, sallamanızı sürekli ve hipnotik bir gel-git hareketine dönüştürebilirsiniz. (Battaniyenin ucunun sarmalanmış bebeğinizin bacakları arasında olduğuna, bebeğinizin yatık durduğuna ve çok hızlı salladığınıza emin olun.)

Beşinci Temel Prensip – Emme

Beşinci temel prensip genellikle, siz ilk dört temel prensiple minik bebeğinizi sakinleştirdikten sonra en iyi sonucu verir. Bebeğinize göğsünüzü, parmağınızı ya da emziğini vermek, sakinleşmenin en keyifli kısmı olacaktır. Bebeğinize emziğini ağzında tutmayı öğretmenin en iyi yolu, "ters psikoloji" denen yöntemdir. Emziği emmeye başladığı an, onu ağzından alacakmışsınız gibi emziği yavaşça çekin. Bebeğiniz daha coşkulu emmeye başlayacaktır ve kısa süre içinde, ses çıkarırken bile emziğini ağzında tutmayı öğrenir.

9

İkinci Prensip: Yan ya da Yüzükoyun – Bebeğinizin Kendini İyi Hissettiği Pozisyon

Ana Noktalar:

- Yan ya da yüzükoyun yatırmak, bebeğinizin sakinleşme refleksini tetikleyip Moro refleksini devreden çıkararak onu nasıl sakinleştirir?
- Ani bebek ölümleri ve bebeğinizin uyku pozisyonu hakkında önemli bilgiler
- Ters emzirme tutuşu ve bebeğinizi sarmalayıp sakinleştirmenin diğer harika yolları

Küçük kızı Bobbie'ye nasıl davrandığımı gördüğünde Dugger'ın gözleri fal taşı gibi açıldı. Bobbie ağlamaya başladığı an başını avucumun içine koydum, küçük vücudunu koluma yasladım ve karnını kolumun ön kısmı üzerine yatırdım. Bobbie bir çığlığın ortasındayken sustu! Sonra onu, dünyadaki en sinirli insan benmişim gibi sallamaya başladım ve Bobbie iki dakika içinde uykuya daldı.

Daha sonra Dugger bana şunları söyledi: "Küçük bir çocukken en sevdiğim oyun futboldu

ve topumu bir hazineymiş gibi taşırdım. Fakat, önce sizin yaptığınızı görmeseydim asla Bobbie'ye o şekilde davranılmasına izin vermezdim. Artık Bobbie'yi her gün bir futbol topu gibi taşıyorum ve genellikle çok kısa sürede uyutabiliyorum."

Emlakçılıkta en önemli şey; konum, konum ve konumdur. Bir bebeği sakinleştirmek konusunda da en önemli şey; pozisyon, pozisyon, pozisyondur!

Yeni doğmuş huysuz bebekleri sakinleştirmenin, yan ya da yüzükoyun yatırarak daha kolay hâle getirilebileceği şüphe götürmez. Birçok bebek kendisini iyi hissederken sırt üstü yatmaktan memnundur, fakat huysuzlandıklarında onları sakinleştirmek için bu zor bir pozisyondur. Bazı bebeklerse, huysuzlanmadıklarında bile sırt üstü yatırıldıklarında kendilerini güvensiz hissederler. Bu hırçın bebekler genellikle yan yatırıldıkları ya da karınları ebeveynlerinin omzuna ya da koluna değdiği an sakinleşirler.

Yan ya da Yüzükoyun Yatırmak Bebeğinizi Nasıl Mutlu Eder?

Yan ya da yüzükoyun yatırmanın bu kadar işe yaramasının sebepleri şunlardır:

Bebeğinizin rahimdeki pozisyonunu taklit ederek onun sakinleşme refleksini tetikler. Doğumdan önce bebeğiniz asla sırt üstü yatmamıştı. Zamanının çoğunu yan ve fetüs pozisyonunda -başı aşağıda, omurga kıvrık, bacaklar karna doğru çekik- geçirmişti. Milyonlarca yıl içinde bu pozisyon bebeğinizin yanlışlıkla kötü bir pozisyona girmemesi ya da göbek kordonuna zarar vermemesi için onu sakinleştiren etkili bir sakinleşme refleksi tetikleyicisi hâline gelmiştir.

Karnınızdan çıktığında, bebeğinizin boynunu biraz eğmek, karnına dokunmak ve onu yan yatırmak kafasının içinde sakinleşme refleksini tetikleyen sensörleri aktive eder. Erken doğum uzmanları, bu minicik bebekler dokunulabilecek hâle gelir gelmez onları eğik ve yan pozisyonda yatırırlar. (Birçok yetişkin bile kıvrılıp fetüs pozisyonunda yatmayı rahatlatıcı bulur.)

"Karna dokunmak" da, bize maymun atalarımızdan kalan bir refleks olarak bizi rahatlatabilir. Milyonlarca yıl boyunca maymun yavruları için annelerinin kürküne tutundukları, karınlarının birbirine değdiği pozisyonlarda sakin kalmak hayati önem taşımıştır. Bu karın temasıyla sakinleşmiş olan hayvanların daha az huysuzlanmış, daha az düşmüş, yani daha fazla hayatta kalıp genlerini kendi bebeklerine aktarmış olması mümkündür.

Yan ya da yüzükoyun yatırmak, bebeğinizin istemeden Moro refleksini tetiklemesine engel olur. Huysuz bir bebeği sırt üstü yatırıp ona sarılmak, onu aynı anda hem sakinleştirip hem de çimdiklemeye benzer! Kucaklama kısmı harikadır, fakat sırt üstü yatmak bazı küçük bebeklerin kendilerini güvende hissetmemesine sebep olabilir.

Bu pozisyonda en küçük bir rahatsızlık ya da ağlama, beynin pozisyon sensörlerini tetikleyebilir ve bebeğinizin, sanki bir ağaçtan düşüyormuş gibi bağırıp kollarını hareket ettirmeye başlamasına sebep olabilir.

Diğer yandan bebeğinizi yan ya da yüzükoyun yatırmak beynindeki pozisyon sensörlerinin şu mesajı göndermesini sağlar: "Endişelenme. Her şey yolunda."(Bebeğinizin Moro refleksi tetiklendikten sonra yan ya da sırt üstü yatırsanız bile beyninin bu mesajı net olarak alıp sakinleşme refleksini aktif hâle getirmesi bir ya da iki dakika sürebilir.) Bazı bebekler pozisyon konusunda o kadar duyarlıdır ki, onları sadece yanlarından karınlarının üzerine doğru hafifçe çevirmek bile sakinleşmeleri için yeterli olabilir. Ve onları azıcık da olsa sırt üstü yatmaya doğru döndürmek paniğe kapılmalarına sebep olabilir.

Hayati Bir Pozisyon: Bebeğinize Ani Ölüm Konusunda Yardımcı Olmak

Mutsuz bebekleri sakinleştirmenin en iyi yolu onları yan ya da yüzükoyun yatırmaktır. Bu onlar için ılık süt ve kurabiye kadar sakinleştiricidir. Fakat tüm uzmanlar, bebeklerin sakinleştirildikten sonra uyumaları için yatırıldıklarında *sırt üstü yatırılmaları* konusunda hemfikirdir.

1992 yılında Amerikan Pediatri Akademisi (APA) bebeklerin hiçbir zaman yüzükoyun uyutulmamasını tavsiye etmiştir. Araştırmalar, bu pozisyonda uyutulan bebeklerin beşik ölümü ya da Ani Bebek Ölümü Sendromu'ndan (ABÖS) etkilenme ihtimallerinin daha yüksek olduğunu göstermektedir. Aileleri mutlu edecek bir haber, bebeklerin sadece yan yerine sırt üstü yatmalarını sağlayarak ABÖD'den ölen bebek sayısını yılda altı binden üç bin beş yüze indirmeyi başarmış olmamızdır.

2000 yılının Mart ayında APA bebekleri ABÖS'den korumak için en yeni tavsiyesini yayınladı. ABÖS'nin bir aylıktan küçük bebeklerde nadiren görüldüğünü ve iki ila dört aylık bebeklerde tepe noktasına ulaştığını açıkladı. Ayrıca, ABÖS konusunda en çok risk altındaki bebeklerin yüzükoyun uyuyan, yumuşak bir yüzeyde uyutulan, anneleri sigara içen, aşırı ısıtılan, doğum öncesi bakımı eksik olan, anneleri henüz ergenlik çağında olan ve erken doğan bebekler olduğunu belirtti. Açıklama, bebeklerin her zaman sırt üstü uyutulması tavsiyesiyle devam ediyordu. Ayrıca yan yatırma da, yüksek ABÖS riskiyle ilişkisi sebebiyle tavsiye edilmiyordu. (Bunun sebebi belki de, yan yatan bebeklerin uyku esnasında küçük bir hareketle yüzükoyun yatışa geçmelerinin çok kolay olmasıydı.)

APA'nın ABÖS'yi engellemek için verdiği tavsiyeler arasında hamilelik esnasında sigara içmemeniz, evinizde hiçbir şekilde sigara içilmemesi, özellikle aynı yatağı paylaşırken alkol ya da sakinleştirici kullanmamanız, bebek yatağına yumuşak objeler (oyuncaklar, yastıklar, koyun derisi ya da gevşek battaniyeler) koymamanız ve bebeğinizin aşırı ısınıp terlemesine izin vermemeniz de vardı.

Bir Varmış Bir Yokmuş: Diğer Dönemler ve Kültürlerde Ebeveynler Yan ya da Yüzükoyun Yatırmayı Nasıl Kullanıyordu?

Alaska yerlileri olan İnuitlerde, çok derin bir kese, karnın bir uzantısıymış gibi bebek çantası olarak kullanılır. Yeni doğan bebek, tamamen annesinin giysilerinin içinde kalan sıcak bir ortamda, bir yarım ay gibi kıvrılmış hâlde yaşar.

Beatrice Fontanel ve Claire d'Harcourt, *Babies Celebrated*

Dünyadaki birçok geleneksel kültürde, bebekler asılır. Gerçekten. Anneleri, kız kardeşleri, teyzeleri ya da komşuları onları sepetlerde ya da bezlere sarılı olarak, yedi gün yirmi dört saat önlerinde, sırtlarında, kalçalarında ya da omuzlarında taşır.

Dünya üzerinde çok az ebeveyn bebeklerini sırtında taşır, ama bunu yaptıklarında da genellikle bebekleri düz değil *ka-*

visli bir yüzey üzerine koyarlar. Bir ağaca ya da üç ayağa tutturulan bir battaniyenin kavisi bebeğin yeniden o tanıdık, güven verici ve yuvarlak fetüs pozisyonunu almasını sağlar. Bu da onun daha huzurlu uyumasına yardım eder.

- Grönland'daki Lapon halkı bebeklerini bir geyiğin yanından sarkıttıkları kavisli bir beşiğin içinde taşır (dengeyi sağlamak için geyiğin diğer anından ağır bir un çuvalı sarkıtırlar).
- Kalahari Çölü'ndeki !Kung San halkı bebeklerini gün boyunca deriden askılarda taşırlar. Bebekleri yarı oturur bir pozisyonda tutarlar, çünkü bu duruşun bebeğin gelişimine katkıda bulunacağına inanırlar.
- Endonezya'nın bazı bölgelerinde sevgi dolu anneler bebeklerinin tamamen gerinmesine asla izin vermez, çünkü bu kültürde bu hareket, ölüm pozisyonu olarak bilinir ve korutucudur. Bebekler oturma pozisyonunda sıkıca kundaklanır ve uyumaları için, uçan minik Buda'lar gibi tavandan sarkıtılırlar. (Yeni doğum yapmış anneler de, bir hastalık ya da yaralanma yüzünden zayıf düşmüş insanlara musallat olan kötü ruhlardan sakınmak için kırk gün boyunca oturur pozisyonda uyurlar.)
- Zaire'deki pigme Efé halkı bebeklerini bir an olsun kucaklarından indirmekten nefret eder. Bebeklerini gün boyu, hatta uyurken bile kucaklarında kavisli biçimde taşıyarak onları çok mutlu ederler. Fakat bu tek bir kişi için oldukça zor bir iş olduğu için Efé halkı bunun için bir takım çalışması geliştirmiştir. Kabile üyeleri doğumdan sonraki birkaç ay boyunca saatte ortalama sekiz kişiyi dolaşacak şekilde bebeği birbirlerinin kucağına verirler!

Farklı kültürlerdeki kadınlar bebeklerini kollarından bıraktıklarında bile onları dizleri ya da göğüsleri üzerinde sallandırır. Bu da bebeğin karnının sürekli olarak annesinin sıcak ve rahatlatıcı teniyle temas hâlinde kalmasını sağlar.

Kazanan Tarafta Olun: Bebeğinizi Sakinleştirmek için Pozisyonları Nasıl Kullanmalısınız?

Şimdi size, bebeğinizi yan ya da yüzükoyun yatırarak ona nasıl rahatlatıcı bir konfor sağlayabileceğinizi ve onu nasıl sakinleştirebileceğinizi anlatacağım. Öncelikle bebeğinizi yumuşak bir kumaşla kundaklayın. Daha sonra, birçok deneyimli ebeveyn tarafından kullanılan şu pozisyonlardan birini deneyin:

Ters Emzirme Tutuşu

Bu, ağlayan bir bebeğin sakinleşmesi için yürürken ya da onu zıplatırken kullanmayı en sevdiğim tutuştur. Uygulaması rahat ve kolaydır, ayrıca bebeğin başını ve boynunu çok iyi destekler:

1. Oturun ve bebeğinizi, sağ tarafı üzerine, başı dizlerinize, ayakları sol kalçanıza gelecek biçimde kucağınıza yatırı-

2. Sol elinizi dizinizle bebeğinizin yanağı arasına sokun ve açık avucunuz ve uzatmış olduğunuz parmaklarınızla başını (ya da başını ve boynunu) destekleyin.
3. Bebeğinizin karnı sol kolunuza denk gelecek şekilde onu sola doğru yuvarlayın ve vücudunuza doğru yaklaştırarak hafifçe göğsünüze doğru bastırın.

Bu pozisyonda başparmağınız bebeğinizin ağzının hemen yanına denk gelecektir ve onun keyfini daha da yerine getirmek için, parmağınızı emmesine izin verebilirsiniz. (Tabii her zaman önce ellerinizi yıkayarak.)

Futbol Tutuşu

Babalar futbol tutuşuna bayılır. Karnın aşağı doğru durduğu bu tutuş biraz fazladan kol gücü gerektirir fakat eğlenceli ve etkilidir. Hatta bir bebeği çığlığının ortasında futbol tutuşuyla sakinleştirmek, gelmiş geçmiş en muhteşem "bebek numaralarından" biridir.

1. Kundaklanmış bebeğinizi kucağınıza oturtun, yüzünü sola döndürün ve sol elinizi, destekleyici bir çene kayışı gibi çenesinin altına yerleştirin.

2. Bebeğinizi yavaşça öne doğru eğin ve kalçasını, karnı sizin sol kolunuza değecek şekilde çevirin. Başı avucunuz-

da, göğsü ve karnı sol kolunuzun üzerinde olmalı, kolları ve bacakları da aşağı doğru sarkmalıdır.

Omuz Üstü Tutuşu

Hırçın bebeğinizi omzunuza yatırmanın güçlü bir sakinleştirme etkisi vardır. Genellikle bebeğinizi sadece dik tutmanız bile onun gözlerini açıp canlanmasını sağlar.

Bebeğinizi dik tutarken, vücut ağırlığının omzunuza dayanmış hâldeki karnının üstüne binmesine izin vererek ona fazladan karın teması sağlayabilir ve bu tutuşu daha da rahatlatıcı hâle getirebilirsiniz. Bebeğinizi omzunuza yatırmadan *önce* kundaklamaya dikkat edin. Bu, onu omzunuzdan indirip yatağına yatırdığınızda uykusunun bölünmemesine yardımcı olacaktır.

Bunlar hiçbir şekilde yorucu olmayan bebek tutuşlarıdır. Ayrıca bebeğinizin dizlerinden göğsüne bir top gibi sarıldığı ve kucağınızda yattığı top pozisyonunu ya da bebeğinizi karnı üzerinde baskı ve ısı oluşturacak şekilde ılık bir sıcak su torbasının üzerine yatırdığınız sıcak su torbası pozisyonunu da deneyebilirsiniz. (Fakat onun yüzükoyun uyumasına izin vermemeyi unutmayın.) Bebeğinizi en çok mutlu eden pozisyonu bulmaya çalışırken çok eğlenebilirsiniz.

Beş Temel Prensibin Sebepleri: Ebeveynlerin Yan ya da Yüzükoyun Yatırma Konusunda Sorduğu Sorular

1. ***Bebeğimi yan yatırdığımda ellerini nereye koymalıyım?***

   Bebeğinizin kolları, vücudu boyunca düz olarak durmalıdır. En sıkı kundakta bile, bebeğinizin alttaki kolunu biraz öne doğru hareket ettirip rahat bir pozisyona geçebileceği kadar boşluk vardır.

2. ***Bir bebek yan yatarken kolu uyuşabilir mi?***

Hayır. Kolun uyuşması için kolun dirsek kısmı üzerinde büyük bir baskı oluşması gerekir. Sert bir yüzey üzerinde kolunuzu yastık olarak kullanıp kestirdiğinizde meydana gelmesinin sebebi de budur. Kundaklanmış bir bebeğin sarıldıktan sonra kolunu biraz önce çekmek için yeterli mesafesi olduğu için kolun uyuşmasına sebep olacak kadar baskı hiçbir zaman ortaya çıkmaz.

3. ***Bebekler rahimdeki duyguları özlüyorlarsa, onları baş aşağı tutmak mantıklı değil midir?***

Aslında bu ilginç bir düşüncedir, fakat sorunun cevabı, hayır. Aylarca baş aşağı duran bebeklerin bu pozisyonu sevdiğini düşünebilirsiniz, fakat rahmin için sıvıyla dolu olduğu için fetüs daha çok ağırlıksız biçimde süzülmektedir. Rahimden çıktıklarında bu yüzme durumu yok olur ve bebeğin baş aşağı durması beynine kan hücum etmesine sebep olacağı için bebeği çok rahatsız eder.

Bir Ebeveynin Bakış Açısı: Siperlerden Tanıklıklar

Bu hırçın bebekler, ebeveynleri onları kendilerini iyi hissettikleri pozisyonda yatırdıklarında keyiften kendilerinden geçiyordu:

Dina'nın kafası karışmıştı. Hastanede ona, Noah'yı sırt üstü uyutması gerektiği söylenmişti, fakat annesi onu ziyarete geldiğinde tam tersini söylemişti. "Altı haftalık oğlum için en iyi uyku pozisyonu üzerine tartıştık.

Sırt üstü yatarken sakinleşmekte çok zorluk çekiyordu. Uykuya dalana kadar on beş, yirmi dakika boyunca sırtına vurmam gerekiyordu ve uyuduğunda bile üç saatte bir uyanıyordu.

Annem onun yüzükoyun uyumasına izin vermem gerektiğini söyledi. Ama ben, ABÖS riskini artırabilecek bir şey yapmaktan çok korkuyordum.

Doktor Karp'a fikrini sordum. O bana, Noah'yı nasıl sıkıca sarıp sırt üstü uyutmam gerektiğini gösterdi. Çok mutlu olmuştum, çünkü bu annemin yüzükoyun uyutma pozisyonu kadar işe yarıyordu ve çok daha güvenliydi."

Alfre ailesinde, nesillerdir aktarılan bir bebek sakinleştirme yöntemini öğrenerek büyüdüğünü söylüyordu. Adı da "Büyük Anne" tekniğiydi.

Yöntem, kucağına bir yastık alıp oturmak ve ağlayan bebeği yüzükoyun onun üzerine yatırarak başlıyordu. Daha sonra topuklarınızı hızlıca kaldırıp indirmeye, bebeğin poposunu monoton biçimde hızlıca pişpişlemeye ve kulağına yüksek sesle bir ninni söylemeye başlıyordunuz.

İki aylık Ruby güneşin batmasıyla akşam huysuzluğu rutinine başlıyordu. Anne ve babası,

Steve ve Sarah, onun gaz sancısı çektiğinden şüpheleniyordu. Fakat daha sonra, onu karnı sıkıca kendilerine değer hâlde omuzlarına yatırıp arka bahçede sert adımlarla dolaştıklarında, her adımda bebeklerinin sallandığını ve uykuya dalmakta hiç zorluk çekmediğini keşfettiler.

Konu minik Michael'ı susturmak olduğunda, ailedeki şampiyon Michael'ın babasıydı. Kucağına bir yastık alıp sallanan sandalyesine oturuyor, Michael'ı yüzükoyun bu yastığın üstüne yatırıyor ve onu hızlı ve şiddetli bir tempoyla sallıyordu. Michael her seferinde beş dakika içinde uykuya dalmış oluyordu.

10

Üçüncü Prensip: Şşşt - Bebeğinizi En Çok Sakinleştiren Ses

Ana Noktalar:

- Şşşt sesi bebeğinizin sakinleşme refleksini tetikler.
- Bebeğinizin rahminizdeyken sürekli duyduğu uğultu, bir elektrikli süpürgenin sesinden yüksekti.
- Şşşt sesi ancak yüksek olursa bebeğin ağlamasını durdurur.
- Sakinleştirici, monoton bir ses üretebileceğiniz on makine.

Genç kocam bebeğimizi yukarı kaldırıp aşağı indirerek yürüyor ve tüm ebeveynlerin çok iyi bildiği sakinleştirici şşşt sesini çıkarıyordu.

Eliza Warren, *How I Managed My Children from Infancy to Marriage*, 1865

Yerel hastanede vizite turumu atarken Carol'ın yenidoğan koğuşunda minik bebeğini sakinleştirmeye çalıştığını gördüm. Çok iyi ve çok deneyimli bir hemşire olan Carol, bebeği sıkıca sarmış, yan yatırmış, kulağına "Tamam. Tamam" diye fısıldıyordu. Bebeğe emziğini vermeyi de denedi fakat hiçbir şey işe yaramıyormuş gibi görünüyordu.

Bebeği sakinleştirmeyi denemek için Carol'dan izin istedim. Daha sonra olanları onun ağzından dinleyelim:

"Doğduktan sonraki iki gün boyunca Sophia'yı hiçbir şey sakinleştiremiyor gibi görünüyordu. Doktor Karp yardım etmeyi önerdikten sonra onun yatağına doğru eğildi, yüzünü Sophia'ya yaklaştırdı ve on saniye boyunca sürekli şşşt sesi çıkardı. Ve bitti! Sophia bu sihirli ses başladıktan birkaç saniye sonra sustu ve sonraki iki saat boyunca sessiz kaldı."

Elbette yüksek bir şşşt sesi bir bebeği sonsuza dek sakin tutmaz, fakat Sophia'nın, Carol'ın uyguladığı diğer sakinleştirme yöntemlerine odaklanabilmek için ihtiyaç duyduğu tek şey buydu.

Şşşt Sesi Bebeğinizi Neden Bu Kadar Mutlu Eder?

Rüzgârın ya da okyanustaki dalgaların sesinin sizi nasıl rahatlattığını ve huzur verdiğini hiç fark ettiniz mi? Şşşt sesi benliğimizin o kadar derinine işlemiştir ki, yetişkinler için bile derin bir rahatlama aracıdır.

Yeni doğmuş bebekler için şşşt sesi, ağlamanı ilacı; "sessizliğin sesidir." Şşşt sesi çıkarmak, ağlayan bir bebeğe yardım etmek için tuhaf bir yolmuş gibi görünebilir, fakat elektrikli süpürgeyi açmak da öyledir! Fakat birçok bebek kitabı bunu tavsiye eder! Peki, bu sesi bu kadar özel kılan şey nedir?

Bu sorunun cevabı şudur: Yüksek ve monoton ses, bebeğinizin rahminizde duyduğu sesleri taklit ederek sakinleşme refleksini tetikler.

Nancy ve Gary'den, bebekleri Natalie'nin annesinin karnındayken nasıl sesler duyduğunu tahmin etmelerini istediğimde Nancy muhtemelen şuna benzer sesler duymuş olacağını söyledi: "Hey Gary! Buraya gel!" Nancy kısmen haklıydı. Bebekler konuşmaları ve "dışarıdan" gelen diğer sesleri duyarlar. Fakat günlük eğlencelerinin büyük kısmını sürekli ve ritmik bir şşşt sesi oluşturur. Bu sert şşşt sesini, dalga dalga damarlarınızdan akan kan çıkartır ve bu ses, sert bir rüzgârın ağaçların arasından eserken çıkardığı ses kadar yüksektir.

Seslerin Desibel Seviyeleri

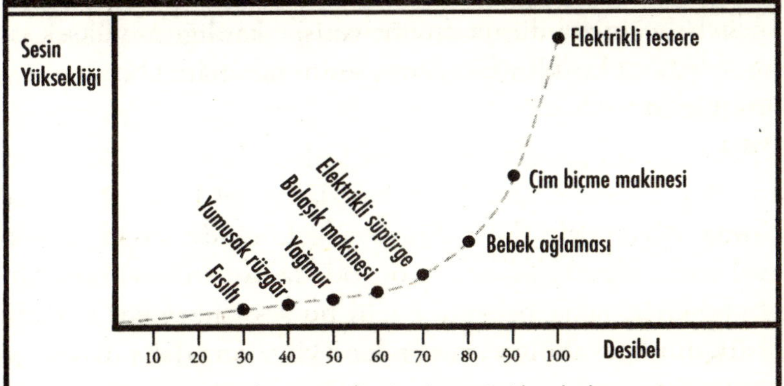

American Speech-Language-Hearing Association'dan alıntılanmıştır.

Peki bebeklerin neler duyduğunu biz nasıl biliyoruz? 1970'lerde doktorlar hamile kadınların karınlarına küçük mikrofonlar yerleştirip içerideki sesin inanılmaz biçimde, 80-90 desibel arasında olduğunu buldu (Bu bir elektrikli süpürgenin sesinden yüksektir!). (Bu karın içi sesi, doktorunuz ya da ebeniz karnınıza dayadığı bir mikrofonla bebeğinizi kontrol ederken duymuş olabilirsiniz.)

Bebeğinizin bu sesi nasıl duyduğu hakkında bir fikir edinmek için, musluk sonuna kadar açıkken başınızı küvete sokmayı deneyin.

Yeni doğmuş bebeğinizin bu kadar şiddetli bir sesten rahatsız olabileceğinden endişelenmeyin. Rahminizin içindeki ses bir elektrikli süpürgenin sesinden yüksek olsa da, *bebeğiniz bu sesi bu kadar yüksek duymaz.* Bunun sebebi ortakulaklarının sıvıyla dolu olması, sesi alan kulak kanallarının balmumu benzeri bir koruyucuyla kaplı olması ve kulak zarının henüz kalın ve yetersiz olmasıdır.

Sesi azaltan bu faktörler, doğumdan birkaç ay sonrasına kadar etkilidir. Zaman içinde bebeğinizin duyma yetisi gelişir ve kalın bir kâğıda benzeyen kulak zarı, uzaktan duyduğu her sesle titreşen ince ve gergin bir zara dönüşür. Fakat bir süre boyunca, bebeğinizin düşük duyma yetisi çıkardığınız yüksek şşşt sesini ya da elektrikli süpürgenin sesini rahatlatıcı bir uğultuya dönüştürür.

Bebeğini bu zengin ve yüksek sesle dolu rahim dünyasından çıkıp ailesinin onun için hazırladığı fısıltılar ve parmak ucunda yürümeyle dolu dünyaya geldiğinde yaşadığı şoku hayal edin. Elbette *biz* sessiz bir odada dinlenmeyi rahatlatıcı bulabiliriz, fakat bebeğiniz için bu sessizlik, sağır edicidir. Düşük duyma kabiliyeti yüzünden eviniz ona daha da sade ve boş görünür.

Yeni doğan bebekler bir çeşit uyaran eksikliği yaşarlar. Bu nedenle bu aşırı sessizliğin bebeğinizin ağlamasına sebep olması şaşırtıcı değildir.

Bir Varmış Bir Yokmuş: Farklı Dönem ve Kültürlerde Ebeveynler Şşşt Sesini Nasıl Kullanmıştır?

Lisedeki kütüphanecinizin size nasıl şşşt dediğini hatırlıyor musunuz? Tüm insanlar birbirlerine şşşt ya da "Sessiz ol" der. Bu ses dünyanın her yanında, tüm insanlar tarafından anlaşılan çok nadir ifadelerden biridir. Ve birbiriyle ilgisi olmayan birçok dilde sessizlik isteme kelimesinin kökenini oluşturur:

"chut" (Urdu)	"shuu" (Vietnam Dili)
"chute" (Sırpça)	"soos" (Ermenice)
"tzrch" (Eritra Dili)	"teeshina" (Slovakça)
"hush" (İngilizce)	"toosst" (İsveççe)
"hushket" (Arapça)	"chupraho" (Hintçe)
"sheket" (İbranice)	"shuh-shuh" (Çince)
"stille" (Almanca)	

Japonlar bile, sakinleşme kelimesinin kökünde şşşt sesini kullanır: "Shizukani"(Gerçi ben Japon yemeklerinin bir hayranı olarak "shu-shi olduğunu tahmin edebilirdim).

Bu tuhaf görünse de ben, şşşt sesini bize, bebeklerin öğrettiğine inanıyorum. Mağara bebekleri şşşt sesine anında tepki vermeseydi, ebeveynler asla bu sesin inanılmaz değerini fark etmeyecekti. Eminim bir Taş Devri annesi bu numarayı ilk fark ettiğinde, arkadaşlarıyla paylaşmak için sabırsızlanmıştı. Ve muhtemelen yüzyıllar boyunca bu tekniğin keşfi ve öğretilmesi dünyadaki tüm köy ve kabilelerde nesiller boyunca tekrarlanmıştır.

Ne yazık ki bugün birçoğumuzun bebekli kadınları gözleme şansı pek yoktur. Birçok ebeveyn ve büyük ebeveynin, bu çok eski ve çok etkili tekniği unutmuş olmasının sebeplerinden biri de budur.

Şşşt Sesinin Hikâyesi: Bebeklerin Bize Öğrettiği Sakinleştirici Ses

Alaska'nın tundralarından Arnavutluk'un bataklıklarına tüm anneler bu tuhaf sesin bebekleri sakinleştirdiğini nasıl keşfetmiştir? Bu konuda kimse emin olamaz, fakat benim tahminim şöyle:

Elli bin yıl kadar önce iki Taş Devri annesi birlikte yemek yerken kadınlardan birinin bebeği ağlamaya başladı. Annesi hemen "mağara" bebeğinin beşiğinin üstüne eğilip kulağına doğru bir ciyaklama sesi çıkararak onu sakinleştirmeye çalıştı, çünkü bir anne pterodaktil'in yavrusunu böyle sakinleştirdiğini görmüştü. Ama bebek ağlamaya devam etti.

Zavallı bebeğin ağlaması, neandartallerin ulaşabileceği en çılgın noktaya ulaştığında annesinin arkadaşı başka bir annenin ağlayan bebeğini sakinleştirmek için kullandığı bir şeyi denemek için izin istedi. "Mağara" annesi minik ve vahşi "bebekus reks"ini arkadaşına verdi ve şaşkınlıkla arkadaşının onu sıkıca tutup kulağına sertçe şşşt dediğini gördü. Bu ses büyülüymüş gibi bebek bir anda sakinleşti!

Bunun Daha İyi Bir Yolu Olmalı...

En İyi Şekilde Şşşt Sesi Çıkarmayı Öğrenmek

Bir hemşire, ilk kez anne olan bir hastanın oda kapısının önünden geçerken kapı açılmış ve kıpkırmızı olmuş suratıyla ağlamaktan beşiğini titreştiren bir bebeği iten babası belirmiş. Zavallı minik kıza yardım etmek için hemşire beşiğin üzerine eğilip bir düdüklü tencere kadar yüksek sesle şşşt demiş.

Hemşire şşşt sesine biraz daha devam etmiş olsaydı bebeğin sakinleşeceğine eminim. Fakat bebeğin babası beşiği ondan uzaklaştırınca o da turuna devam etmiş. Baba öfkeli bakışlarla hemşireye dönüp "Kızıma susmasını söylemeye nasıl cüret edersin!" demiş.

Elbette bu ilgili hemşire bebeğe susmasını söylemeye çalışmıyordu. Fakat baba farklı bir tepki verdi, çünkü onun farklı bir "dilde" konuştuğunu bilmiyordu.

Yetişkin dilinde şşşt sesi çıkarmak, birine susmasını ya da sessiz olmasını söylemek için kaba bir yoldur. Fakat bu vakada hemşirenin konuştuğu "bebekçe"de şşşt sesi çok kibar bir selamlama biçimidir. Bütün bebekler şşşt "sözünü" tanır ve hepsi çok sever!

Dünyanın her yanındaki anneler bebeklerine aynı şekilde şşşt der. Ve bu şöyle yapılır:

1. Dudaklarınızı bebeğinizin kulağına 5–10 santim kadar yaklaştırın.
2. Dudaklarınızı büzüp şşşt sesi çıkarmaya başlayın.

3. Hızla şşşt sesinin şiddetini, bebeğinizin ağlama sesine ulaşacak kadar yükseltin. Sesinizin, dünyanın en huysuz kütüphanecisi gibi çıkmasını sağlamaya çalışın! Bu, yumuşak ve kibar değil, yüksek ve kaba bir ses olmalıdır. Fakat çıkardığınız şşşt sesinin, duyma yetisi henüz gelişmemiş olduğu için bebeğinize size geldiğinden çok daha yumuşak geleceğini unutmayın. Ayrıca bebeğinizin kendi ağlama sesi 70–80 desibel arasında bir sestir (ve bu bir elektrikli süpürgeden daha gürültülüdür!) ve hemen kulağının dibindedir!

   Bazı ebeveynler kolik bebeklerine şşşt sesiyle karşılık vermenin duygusuz ve kaba olduğunu ya da bunu kızgınlık sesi olarak algılayacağını düşünür. Fakat bir bebek için şşşt sesi sevginin ve kabul edilmenin sesidir.
4. Daha önce de bahsettiğim gibi, bebeğinizi sakinleştirmek dans etmeye benzer, fakat dansı bebeğiniz yönetir. Sakinleşmesi için ona rehberlik yapmıyorsunuz, siz onu takip ediyorsunuz. Bu nedenle, bebeğinizin çığlıkları azalıp size artık buna ihtiyacı kalmadığını gösterene kadar şşşt sesinin şiddetini düşürmeyin.

Şşşt sesini ilk kullanmayı denediğinizde, bebeğiniz bir ya da iki dakika içinde susacaktır. Fakat bu konuda deneyim kazandıkça bebeğinizin saniyeler içinde sustuğunu görebilirsiniz. Hırçın bebeğiniz sakinleştikten sonra da, yeniden ağlamaya başlamaması için yumuşak ve monoton bir sese ihtiyaç duyma ihtimali yüksektir. Bu sizi şaşırtmamalı. Sonuçta bebeğiniz, bu yüksek sesin serenadını yedi gün yirmi dört saat duymaya alışık ve buna sadece birkaç saat, hatta bütün gece ihtiyaç duyması bile onun açısından büyük bir özveridir.

(Daha büyük çocuklarınıza şşşt sesi çıkarmayı öğretmek çok eğlencelidir. Bu onların bebek bakımına daha fazla katkıda bulunmasını sağlar ve annesiyle babası gibi kardeşini susturabilmek de kendisiyle gurur duymasını sağlar.)

Mary ve Sigfried, üç haftalık ağlayan bebekleri Eric'i sakinleştirmek için şşşt sesinin ne kadar işe yaradığını gördüğünde çok mutlu olmuştu:

> ***"Eric'in bu kadar sinir bozucu bir sesle sakinleşebileceğini hiç düşünmezdik, fakat o ne kadar yüksek sesle ağlıyorsa, şşşt sesinin de o kadar yüksek olması gerektiğini keşfettik. Ve sesimizin şiddetini ancak bebeğimiz sakinleştikten sonra düşürebiliyorduk."***
>
> ***"İki ya da üç dakika boyunca şşşt sesi çıkartmak bizim epeyce başımızı döndürebiliyordu. Fakat Eric, bu sese daha uzun süre ihtiyaç duyuyormuş gibi görünüyordu. Birkaç gün boyunca onun için sırayla şşşt sesi çıkardıktan sonra en sonunda müzik setimizden çıkan sürekli bir cızırtının, kolaylıkla ciğerlerimizi bitap düşüren bu çalışmanın yerine geçebildiğini fark ettik. Bu ses tek başına bile çok işe yarıyordu.***

Ve kundaklama ve hareketle birleştirildiğinde yüzde yüz sonuç veriyordu."

Bebeğiniz için Şşşt Sesine Yatırım Yapmak

Sürekli ve yoğun şşşt sesi çıkartmak zordur, bu nedenle aileler, hırçın bebeklerini sakinleştirmek için monoton gürültü çıkarmak için farklı yöntemler icat etmiştir. Örneğin bazı Amazon yerlileri yeni annelere maymun kemiklerinden yapılmış, her adımında ritmik sesler çıkaran bir bebek askısı hediye ederler.

Fakat siz ya da aileniz maymun kemiklerine sahip değilseniz, size mekanik bir yardımcı edinmenizi öneririm. Bazı insanlar bunu kullanmak konusunda kendini tuhaf hisseder, fakat her gün bir yerden bir yere gitmek için bir makineyi kullanıyorsunuz, bunu neden bebeğinizi mutlu etmek için de yapmayasınız ki?

Bebeğinizin Şşşt Sesi Hassasiyetini Test Edin

Bebeğiniz aç olmadığı hâlde hırçın tavırlar sergiliyorsa, onun şşşt sesi hassasiyetini ölçmek için şu deneyi uygulayın:

Bebeğinizi kundaklayın ve onu omzunuzun üstüne yerleştirin. Ağzınızı kulağına yaklaştırın ve on saniye boyunca yumuşak bir şşşt sesi çıkarın. Bebeğiniz ağlamaya devam ederse şşşt sesini daha yüksek sesle ve daha sert çıkarmayı deneyin.

Doğru sesi bulduğunuzda bebeğiniz transa girmiş gibi, birkaç saniye içinde susacaktır. Farklı seviyelerde şşşt sesi çıkarmayı deneyin ve bebeğinizi en mutlu edenin hangisi olduğunu öğrenin.

Bebeğiniz sakinleştikten sonra yavaş yavaş sesinizi düşürün. Yeniden ağlamaya başlarsa, sesinizin şiddetini artırın.

Evde Çıkarabileceğiniz Tuhaf Sesler (Ama Arkadaşlarınızın Sizi Duymasına İzin Vermeyin)

Alice, yeni doğmuş bebeklerinin ağlamasını durdurmak için kocasının, şşşt sesiyle masajlı koltuk karışımı, derin ve titreşimli bir hımlama çıkardığını söylüyordu.

Tom ve Karen, oğulları Ben'in, onlar inlediğinde sakinleştiğini fark etmiş. "Doğuma gittiğindeki gibi ya da bir grup Budist rahip mantra söylüyormuş gibi yüksek bir inleme sesi çıkardığımda Ben dikkat kesiliyordu. Ben seslerin, derin ve titreşimli olmasını seviyordu."

Basit şşşt sesi dışında birkaç başka ses de bebeğinizin yumuşak bir iniş yapmasına yardımcı olabilir. Birlikte çalıştığım bazı ebeveynler, Amerikan yerlilerinin yağmur dansına benzeyen ritmik bir hımm sesi çıkarırdı; bazılarınınki de bir canavar düdüğüne ya da vızıldayan arı seslerine benzerdi.

Pediatrist William Sears "boyun kuluçkası" adını verdiği yöntemi tavsiye ediyor. Bebeğinizin başını, çenenizle göğsünüz arasındaki boşluğa, başı ses telleriniz hizasına denk gelecek şekilde sıkıştırın ve gırtlağınızın gerisinden derin bir hımlama sesi çıkarın.

Burada, şşşt sesinin yerine geçebilecek ve bebeğinizin kolik krizleri konusunda yardımcı olabilecek on faydalı ses kaynağını bulabilirsiniz:

1. Saç kurutma makinesi ya da elektrikli süpürge gibi gürültülü bir ev aleti.
2. Oda havalandırma cihazı, mikrodalga fırın ya da banyo havalandırma pervanesi.
3. Akan su.
4. Monoton ses makinesi.

5. Gürültü seslerini kaydedeceğiniz bir CD.
6. Rahimdeki sesleri çalan bir oyuncak ayı.
7. Radyoda ya da bebek telsizindeki cızırtı.
8. İçinde spor ayakkabı ya da tenis topu olan kurutma makinesi.
9. Bulaşık makinesi.
10. Araba motoru.

Bebeğinizin ihtiyaç duyduğu ses seviyesini tam olarak belirlemenin en iyi yolu, sesi adım adım yükseltmek ve bebeğinizin nasıl tepki verdiğini gözlemlemektir.

Vereceğim bu son ipuçları, yapacağınız şşşt sesi yatırımını belirlemede size yardımcı olacaktır:

- Sert vınlama sesleri, yağmurun patırtısı ya da kalp atışı sesinden daha iyi sonuç verir.
- Kullanacağınız sesi kaydederseniz, en iyi sonuç veren yükseklikte çalmaya başlayıp bebeğiniz derin bir uykuya daldıktan sonra sesi kısabilirsiniz.
- En düşük ses seviyesiyle en iyi sonucu almak için ses kaynağını bebeğinizin kulağının 30-180 santim uzağına yerleştirin.
- Makine bir saç kurutma makinesi gibi gerçekten yüksek ses çıkarıyorsa, bebeğiniz sakinleştikten sonra ses kaynağını en az 180 santim uzağa koyun.
- Bebeğinizin daha iyi uyumasına yardımcı oluyorsa monoton gürültü makinenizi bütün gece boyunca kullanmaktan çekinmeyin. (Bkz. Bölüm 15)

Tessa ve Elektrikli Süpürgenin Hikâyesi

Şu anda beş yaşında olan Tessa tam bir afacan; akıllı, eğlenceli ve tutkulu. Fakat hayatının ilk haftalarında, bir hortum kadar korkunç olabiliyordu. Anne ve babası, Eve ve Todd, onu sarıyor, yürüyüşe çıkarıyor hatta arabayla dolaştırıyordu fakat hiçbiri işe yaramıyordu.

Bir akşamüstü Tessa gerçekten çılgınca ağlamaya başladı, fakat Eve gelecek misafirler için hazırlanması gerektiğinden onu kucağına alamıyordu. Bu yüzden ağlayan bebeğini bırakıp evi süpürmeye başladı. Elektrikli süpürge açıldığı an, Tessa bir taş kadar sessizleşti!

Eve onu kontrol etmek için yanına gitti. Tessa, vücudu gevşemiş hâlde, huzurla uyuyordu. Tessa, gürültüye rağmen değil, gürültü sayesinde uyumuştu! İnanılmaz biçimde, Tessa'nın rahimdeki duygulara duyduğu ihtiyaç, Eve'in yedi yıllık emektar elektrikli süpürgesi tarafından giderilmişti.

O andan itibaren Tessa ne zaman çıldırsa, ailesi onu sakinleştirmek için elektrikli süpürgeyi kullanmaya başladı. Eve ve Todd aralarında, Tessa'nın Hoover gezegeninden gizli mesajlar aldığı konusunda şakalaşmaya başladı. Bu sakinleştirme numarasının sonucu o kadar kesindi ki, Tessa'nın huzursuz olduğu zamanlarda gösteriyi izlemeleri için arkadaşlarını çağırmaya başladılar.

Daha sonraki altı ay boyunca Eve ne zaman Tess'i işe götürmek zorunda kalsa, onun uzun ve keyifli bir uyku uyuyabilmesi için yanında portatif bir elektrikli süpürge taşımaya başladı.

Beş Temel Prensibin Sebepleri: Ebeveynlerin Şşşt Sesi Konusunda Sorduğu Sorular

1. ***Hırçın bebeğimi hangi ses en iyi biçimde sakinleştirir, kalp atışı mı, bir ninni mi yoksa şşşt sesi mi?***

Bebeğiniz huzur içinde dinlenmekteyse, tüm bu sesler onun daha da derin bir rahatlamaya geçmesini sağlayabilir. Fakat bebeğiniz kendini geçekten rahatsız hissediyorsa, rahimde duyduğu inişli çıkışlı şşşt sesi, sakinleşmesine en çok yardımcı olacak sestir.

2. ***Bu sesleri günde kaç saat kullanabilirim? Bütün gece kullanmak çok mu fazla olur?***

Çoğu bebek, ebeveynleri bütün gece boyunca sakinleştirici, monoton sesler kullandığında çok daha iyi ve uzun süre uyur. Bu sesi günde 12 saat bile kullansanız, bu bebeğiniz açısından, karnınızda geçirdiği zamanla kıyaslandığında yarı yarıya bir düşüş anlamına gelir.

Bebeğinizi bu sese bağımlı hâle getirmekten korkmanıza gerek yoktur, çünkü -doğrusunu isterseniz- bebeğiniz zaten bu sese bağımlıdır! Bu sese ihtiyacı vardır çünkü karnınızda geçirdiği dokuz ay boyunca bu yüksek şşşt sesini günün her dakikası duymuştur.

Jane monoton şşşt sesini kullanmaya başlayana kadar altı haftalık oğlu Josh her gece iki - üç saatte bir huysuzlanıyordu. "Monoton ses makinesi kullandığım ilk gece Josh çabucak sakinleşti ve beş saat boyunca uyudu. Sonra sütünü emip üç saat daha uyudu!"

3. Bebeğimi bu monoton sesten ne zaman vazgeçirmeliyim?

Bebeklerinin uyumasına yardımcı olmak için sakinleştirici sesler kullanan ebeveynlerin çoğu, bebekleri üç aylık olduktan sonra kullandıkları sesin şiddetini düşürmeye başlar. Fakat bazı ebeveynler, bu monoton sesin bir uyku için sonraki aylarda da büyük bir yardımcı olduğunu düşünür. (Beş Temel Prensip'ten vazgeçmek üzerine tartışmalar için 15. Bölüm'e bakınız.)

4. Şşşt sesi, çok fazla uygulandığında etkisini yitirir mi?

Bebeklerin bir süre sonra bu sesten sıkılacağını düşünebilirsiniz, fakat sıkılmazlar. Aynı sütünüz gibi bu ses de aylar boyunca bebeğiniz için rahatlatıcı olmaya devam eder.

5. Monoton sesin bebeğim için çok gürültülü olacağından endişe ediyorum. Bunun onu sakinleştirmek yerine rahatsız etme ihtimali var mı?

Lütfen üç şeyi unutmayın:

1. Bebeğiniz evinizin sessizliğine değil, karnınızdaki yüksek sese alışıktır.
2. Bebeğinizin yönlendirmesini takip ederseniz her zaman doğru olanı yaparsınız. Yüksek sesi sadece o çığlık atarken kullanın ve bebeğiniz sakinleştiğinde sesi yavaş yavaş alçaltın.
3. Ses sizi çileden çıkarıyorsa, kulak tıkacı kullanmayı deneyin!

Bir Ebeveynin Bakış Açısı: Siperlerden Tanıklıklar

Anne ve babaların ortaya koyduğu farklı şşşt sesleri, ebeveyn dehasının örnekleridir. Burada, bu sesi bebeklerinin mutluluğu için kullanan bazı ebeveyn örneklerini göreceksiniz:

Patrick, oğlu Chance'in akvaryum pompalarının sesiyle sakinleştiğini fark etti. Bu nedenle minik oğlunun iki yanına birer tane pompa monte etti. Ses ve titreşim Chance'in sakinleşmesine ve uykuya dalmasına yardım ediyordu.

Talia süpermarkette çığlık atmaya başladığında dudaklarımı onun kulağına yaklaştırıp sakinleşene kadar sert bir şşşt sesi çıkardım. Bu beni izleyen insanlara kaba görünse de onu saniyeler içinde sakinleştirdi.

Bir keresinde Talia yerel postanede ufak bir kriz geçirdiğinde onu aynı yöntemle sakinleştirmiştim. Şşşt sesi o kadar işe yaradı ki, tezgâhtarlardan biri benden çıkardığım sesi bir kez daha tekrar etmemi istedi. Bana kızının ikizleri olduğunu ve onları sakinleştirmek için etkili bir yöntem aradığını söyledi.

Sandra, Eric, Talia ve Daniel

Hırçın kızımız Camile için radyoyu açıyorduk, fakat sakin bir müzik bulmak yerine, radyoyu cızırtıya ayarlayıp sesi açıyorduk. Camille'in AM bandındaki inişli çıkışlı cızırtıyı sevmediğini fark ettik; onun sevdiği FM radyodaki tutkulu cızırtıydı! Kızımızın en sevdiği "cızırtıyı" açtıktan sonra dakikalar içinde

yüzü yumuşuyor, gözleri kapanıyor ve kısa sürede huzurlu bir uykuya dalıyordu.

Hylda, Hugo ve Camile

Steve ve Nancy'nin altı haftalık oğlu Charlie arabadayken sadece kasete aldıkları saç kurutma makinesi sesini çaldıkları zaman sakinleşiyordu. Dört aylık olduktan sonra, araba gezintilerine dayanmak için buna ihtiyaç duymamaya başladı.

İki aylık William sadece ağlama krizlerine girmekle kalmıyor, aynı zamanda çok hafif uykusu yüzünden evdeki en küçük bir sese bile uyanıyordu. Ailesi Fern ve Robert odadaki havalandırmanın sesinin sesleri yumuşatıp daha uzun uyumasına yardımcı olduğunu keşfettiler.

Annette bebeği Sean'ı, ona Şşşan diye hitap ederek sakinleştiriyordu. Bu yöntem o kadar işe yaradı ki, aile içinde Sean'ın dört yaşına geldiğinde adını "An" zannettiğine dair şakalar yapılır hâle gelmişti!

11

Dördüncü Prensip: Sallama - Bebeğinizin İhtiyaçlarına Göre Ritimli Biçimde Sallanmak

Ana Noktalar:

- Hızlı sallama hareketi bebeğinizin sakinleşme refleksini tetikleyebilir.
- Başarılı sallama için üç anahtar nokta.
- Ninniler: Müzikle birleştiğinde sallama nasıl görünür.
- "Ön Cam Sileceği": Yorgun olduğunuzda bebeğinizi sakinleştirmek için harika bir yol.
- Bir sallamayı bebeğinizin en iyi arkadaşı hâline getirmek için sekiz ipucu.

Rahmin içindeki hayat çok zengindi. Özellikle de gürültüler ve sesler açısından. Ama bundan da çok hareket vardı. Sürekli bir hareket. Anne oturduğunda, kalktığında ya da yürüdüğünde sürekli hareket yaratırdı.

Frederick Leboyer, *Loving Hands*

Ellyn ve Harold her akşam oğulları Zachary'i bebek arabasına koyup yerden yükseltilmiş bir bölgenin üstünden defalarca öne geriye hareket ettiriyordu. Her seferinde Zack, bir tümseğin üzerinden geçen bir araba gibi zıplıyordu.

Harold, Zack'in ağlamasını durdurmak için bazen onu ard arda yüz kez böyle zıplatmak zorunda kalıyordu. Ve oğlu bundan sonra da huysuzluk yapmaya devam ederse; aynı şeyi yüz kez daha tekrarlıyordu!

Zachary'nin erkek kardeşi Nathaniel ise, çığlıklarını dindirmek için daha farklı bir hareketi tercih ediyordu. Ellyn ve Harold onu kucaklarına alıp, Rolling Stones'un ritmine göre zıplatıyordu. Elly dört ay boyunca her gece Nathaniel'le saatlerce dans etmekten salon halılarının eskidiğini söylemişti!

Sallamak Neden Bir Bebeği Bu Kadar Mutlu Eder?

Beş duyumuzu -dokunma, duyma, görme, koku alma ve tatma- düşünürken, genellikle çok güçlü bir altıncı duyumuz olduğunu unuturuz. Hayır, altıncı histen değil, çok eski ve derinlemesine tatmin edici olan altıncı duyumuzdan, uzayda hareket hissimizden bahsediyorum. Hırçın bebeğinizi sakinleştirmek için onu salladığınızda harekete geçen de tam olarak bu harika histir. (Ayrıca bu, büyük ebeveynlerin sallanan sandalyeleri neden bu kadar çok sevdiğini de açıklar.)

Ritmik hareket ya da benim verdiğim adla sallama, bebeklerimizi ve hatta kendimizi sakinleştirmek için harika bir yöntemdir. Birçoğumuz bir bahçe salıncağının, hamağın ya da trenin hipnotize edici sallantısının etkisi altında kaldığımız anları hatırlarız.

Bu hareketler neden derin bir rahatlama hissi yaratır? Bebeğinizin karnınızdayken hissettiği sallantıyı taklit eden sallanma hareketleri onun kulağının içindeki "hareket sensörlerini" harekete geçirir ve bu da sakinleşme refleksinin tetiklenmesine yol açar.

Bir Varmış Bir Yokmuş: Diğer Dönemler ve Kültürlerde Ebeveynler Sallamayı Nasıl Kullanıyordu?

Beşiğin sallanışında çok doğal ve çok keyif verici bir şey vardı... Ve çocukların doğmadan önceki ortamına çok benziyordu.

Michael Underwood,
Treatise on the Diseases of Children, 1789

Çok eski zamanlardan beri algıları yüksek ebeveynler hareketin bebekler üzerindeki harika etkisini fark etmiştir. Atalarımız için bebeklerini sürekli hareket ederek sakinleştirmek kolaydı, çünkü bütün günü bebekleri kalçalarının üzerinde asılıyken yürüyerek ve çalışarak geçirirlerdi.

Bütün ebeveynlerin bildiği gibi, bir bebeği kucağınıza aldığınızda hareketsiz durmak imkânsızdır. Durmadan ağırlığınızı verdiğiniz ayağınızı değiştirir, onun poposunu pışpışlar, başına dokunur ya da kulaklarını öpersiniz. Sizin kollarınızdayken yaşadığı nazik dokunuşlar ve hareketlerle şımartılan bebeğiniz için yatağının sükûnetinin ne kadar yabancı olduğunu hayal edin.

Elbette bütün annelerin bebeklerini arada bir kucağından indirmesi gerekir. Ama birçok kültürde bebeği yere bırakmak tehlikelidir, bu nedenle anneler bebeklerini bir yakınlarının kucağına ya da evde yapılmış beşiklerine koyarlar.

Dünyanın en eski tıp kitaplarından biri olan *Gynecology*'de M.S. 200 yıllarında yaşamış olan Soranus adlı bir doktor annelere bebeklerini sağlıklı büyütmeleri için tavsiyelerde bulunmuştur. Antik Roma'nın "Doktor Spock"ının oğullarını omuzlarında taşıyan ebeveynlerin, çocuklarının testislerinin ezilmesine sebep olup onları hadım etme tehlikesiyle karşı karşıya oldukları gibi bazı uyarıları, zaman içinde çürütülmüştür. Fakat "bebeğin yatağını çapraz taşlar arasına yerleştirip öne arkaya hareket ettirerek" onları sallamak gibi bazı tavsiyelerinin paha biçilmez olduğu da ortaya çıkmıştır. Bu fikir, yatağı taşlar arasına yerleştirmek yerine altına ayaklar takarak beşiğin ortaya çıkmasına ilham vermiştir. Bu da bebeklerin, çok daha az sarsılarak aynı derecede hipnotize edici bir sallanma hissine kavuşmalarına olanak sağlamıştır.

Günümüzde de birçok ülkede bebekler sürekli hareketli hâlde tutulurlar. Vücutları annelerinin, kız kardeşlerinin ya da ailenin öküzünün sırtında sürekli hareket hâlindedir. Taylandlı ebeveynler bebeklerini tavana asılmış sepetlere koyup sürekli sallarlar. Doğu Avrupalı kadınlar bebeklerini bir battaniyenin içine koyup onu bir hamak gibi kullanarak sallarlar. İranlı kadınlar yere oturup bacaklarını uzatır ve bebeklerini bacakları arasında oluşan küçük boşluğa koyduktan sonra onları minik metronomlar gibi iki yana sallarlar.

Fakat Amerika Birleşik Devletleri'nde ebeveynler uzun zamandır bebeklerini çok fazla kucaklarında tutmamaları konusunda uyarılmaktadır. 1900'lerin başında Amerika'nın o zamanlar önde gelen çocuk doktorlarından olan Doktor Emmett Holt *Care and Feeding of Children* adlı kitabında şunları yazıyordu: "Altı aydan küçük bebeklerle asla oyun oynanmamalıdır. Aşırı uyarılmayı engellemek için bebekler huzurlu ve sakin ortamlarda bulundurulmalıdır." Holt, ebeveynlerin bebeklerinin kırılgan sinir sistemini şoka sokmasından korkuyordu.

1920'lere gelindiğinde, bir bebeğin sallanması ya da sallanmaması hakkındaki tartışma çoktan sonuçlanmıştı. Açıkçası, artık kimse bunu hâlâ yaptığını itiraf etmeye cesaret edemiyordu.

Bebekler, taşıyıcılara bayılır. Taşınan bebekler, ebeveynlerinin ritmik hareketleri ve sakinleştirici sıcaklıkları, dokunuşları ve sesleri tarafından beslenirler. 1970'lerde bebeğini taşıyan bir anne kültür dışı bir tuhaflık olarak kabul ediliyordu, fakat şimdi, çok az anne "bebeğini giymeden" dolaşıyor!

Elbette, bebeklere karşı nazik olmamız gerektiğini söylemeye bile gerek yok. Bebeğiniz kucağınızdayken ya da onu bir yerden başka bir yere taşırken her zaman başını ve boynunu tutmanız ve desteklemeniz gerekir. Ama bebeğinizin rahminizdeyken siz yürüdüğünüzde ya da merdivenleri inip çıktığınızda sürekli olarak sarsıldığını unutmayın. Deneyimli anneler, bebekleri huysuzlandığında hızlı ve küçük hareketlerin, yavaş ve geniş hareketlere göre onları çok daha hızlı sakinleştirdiğini bilir.

Harekete Geçmek: Hırçın Bebeğinizi Sakinleştirmek için Hareketi Kullanmak

Ruby ağlama krizlerinden birine girdiğinde, Jean Marie ayaklarını yere basarak yatağa oturup dört haftalık bebeğini kucağına alıyor ve onu, pogo sopasının üstündeki bir çocuk gibi hızlı ve sert hareketlerle zıplatıyordu.

Bebekler zıplamayı çok sever. Oğullarımız ve kızlarımız, hareket etmeye bayılırlar. Yüzyıllar içinde ebeveynler mutsuz bebeklerini sakinleştirmek için sayısız yaratıcı yöntem geliştirmiştir. Bunlar arasında en iyi olan on tanesi şunlardır:

1. Bebek askıları ve bebek taşıyıcıları.
2. Dans etmek (hızlı adımlar ve yukarı–aşağı hareketlerle).
3. Bebek salıncakları.
4. Bebeğin sırtına ya da poposuna ritmik vuruşlar.
5. Hamaklar.
6. Sallanan sandalyede sallanmak.
7. Araba gezintileri.
8. Titreşimli koltuklar.
9. Bir egzersiz topu üzerinde zıplamak.
10. Enerjik yürüyüşler.

Ekstra On Birinci Teknik

Kokteyl Tekniği

Tekniğin ismi kulağa tuhaf gelebilir, fakat ne kadar etkili olduğunu gördüğünüzde çok şaşıracaksınız:

1. Bebeğinizi kucağınıza oturtun (yüzünü sola çevirin) ve sol elinizi bir çene kayışı gibi çenesinin altına yerleştirin. Onu biraz öne eğin ve çenesinin tamamen elinize dayanmasını sağlayın.
2. Sağ elinizi doğrudan kalçasının altına yerleştirin.
3. Sağ elinizle bebeğinizi havaya kaldırın. Bebeğiniz biraz öne eğilecek ve başı sol elinizin içinde vücudunun birkaç santim önüne düşecektir.
4. Şimdi sağ elinizle, bir kokteyl karıştırır gibi onu hızlıca (saniyede iki–üç kez) ve küçük hareketlerle (4–5 santim) yukarı–aşağı sallayın.

Kokteyl yöntemi aynı zamanda bebeğinizin gazını çıkarmak ve ön kol egzersizi yapmak için de harika bir yoldur.

Sallama Kuralları: Başarılı Hareket için Üç Anahtar

Ritmik sallamanın işe yaramadığını düşünenler kesinlikle çok yavaş sallıyordur.

Penelope Leach, *Your Baby and Child*

Gerçekten çok huysuz bebekler için kundak çok sıkı, şşşt sesi çok yüksek ve sallama hızlı ve sarsıntılı olmalıdır. Burada sallama kelimesini sırtını patpatlamak, arabayla gezdirmek ya da bebek askısıyla yürümek gibi hareket içeren her şeyi kastettiğimi unutmayın.

Başarılı bir sallamanın üç kuralı vardır:

1. Hızlı ve Sarsıntılı Başlayın

En çılgın bebekleri sakinleştirmek genellikle, dünyanın en büyük titremesini geçiren biriymişsiniz gibi küçük ve sarsıntılı bir sallama gerektirir. Bu tip bir hareket bebeğinizin sakinleşme refleksini tetikler ve şöyle düşünmesini sağlar: *"Vay Canına. Bu gerçekten harika bir duygu."*

Ayrıca bazı bebekler ebeveynlerinin çömelmesi ya da bir yana doğru eğilmesiyle yaşadıkları serbest düşüş hissini de sever. Ama dikkatli olun, hassas bir bebeğe sahipseniz, bu hareket onu şaşırtıp Moro refleksini tetikleyebilir ve bu da daha fazla ağlamasına sebep olur.

2. Baş Vücuttan Daha Fazla Sallanmalıdır

Bir titreme ya da sarsılma hareketi hareket sensörlerini aktive ederek bebeğinizin *başındaki* sakinleşme refleksini tetikler. Bu nedenle, bu refleksi tetikleyen vücudundakinden çok başındaki harekettir.

Bebeğinizi sallarken kollarınızı sıkıca başının etrafına dolamayın. Başının *bir tabakta duran jöle* gibi küçük titreşimlerle sarsılmasına izin vermek için ellerinizi biraz açık tutmanız hayati önem taşır. Başını çok sıkı tutarsanız hareket edemez ve muhtemelen refleksi tetikleyemezsiniz.

3. Bebeğinizin Yönlendirmesine İzin Verin

Sallamanızın şiddeti ne olmalıdır? Hareketinizin şiddeti, bebeğinizin ağlama şiddetini yansıtmalıdır.

Sakin ve uykulu bebeklere yumuşak hareketlerle yaklaşmanızın hiçbir sakıncası yoktur, fakat bebeğiniz ne kadar keyifsizse, sallama hızınız da o kadar yüksek olmalıdır. Hızınızı düşürmeden önce onun ağlamasının şiddetini kaybetmesini bekleyin. Bebeğiniz sakinleştikçe sallama hızınızı düşürebilirsiniz.

Tamar ve Dan, bebekleriyle "lideri takip et" oynamaları gerektiğini fark etmişlerdi:

> ***Damian'ı susturmak için bulduğumuz en etkili yöntem, onu omzumuza yatırıp sırtını hızlı ve sertçe pıtpıtlamaktı. O sakinleştikçe adım adım pıtpıtlamanın hızını düşürüyorduk.***
>
> ***Bir sallanan sandalyenin ya da iki yana sallanarak dans etmenin yarattığı şiddetli hareketler de işe yarıyordu. Ve sallanırken sırtını pıtpıtlamak, aç olmadığı ya da altını ıslatmadığı zamanlarda onu sakinleştirmek konusunda her zaman harika sonuç veren bir yöntemdi.***

Bebeğinizin sırtına vurmak kulağa sert gelse de o buna bayılacaktır; ayrıca bu, onun gazını çıkarmasına da yardımcı olur!

Bunun kuralı, vuruşunuzun odanın karşısından duyulacak kadar yüksek, fakat *yan odadan* duyulmayacak kadar yumuşak olmasıdır.

Sallamanın Bebekler için Kötü Olduğu Durumlar Var mıdır?

Ken ve Lisa minik Emily'i sallamak konusunda tereddüt ediyordu. Birçok başka ebeveyn gibi bunun onun kusmasına, aşırı uyarılmasına hatta zarar görmesine sebep olabileceğini düşünüyorlardı. Ama bunu denediklerinde, çok şaşırdılar: "Bunun onun için çok sert olabileceğinden endişeleniyorduk, fakat büyülü biçimde işe yaradı!"

En az üç çocuğu olan annelerin neredeyse hepsi hırçın bebeklerin en enerjik biçimde sallandıklarında sakinleştiklerini öğrenmiştir. Ve sallamak, bir bebeği bitkin annesinin kullandığı arabayla şehrin sokaklarında dolaştırmaktan kesinlikle daha güvenlidir. Fakat ilk kez anne–baba olanlar için sallama hareketi mantığa aykırı ve yanlış görünebilir. Yeni ebeveynlere tekniğimi öğrettiğimde genellikle endişeli bir sesle şunu sorarlar: "Bunun milyonlarca yıldır uygulandığını biliyorum, ama sizce sallamak yanlışlıkla Sarsılmış Bebek Sendromu'nun ortaya çıkmasına sebep olabilir mi?

Neyse ki bu sorunun cevabı... Hayır! Hayır! Hayır!

Sarsılmış Bebek Sendromu: Sallamak ve Sarsmak Arasındaki Büyük Fark

Sarsılmış Bebek Sendromu'na sebep olacak sarsma hareketi o kadar şiddetlidir ki, bunu gören insanlar bu hareketin tehlikeli olduğunu ve hatta bebeği öldürebileceğini düşünür.

Amerikan Pediatri Akademisi, Sarsılmış Bebek Sendromu Raporu, Temmuz 2001

Sarsılmış Bebek Sendromu, bebeğinizin yatağından ya da sizin kollarınızdan düşmesinden daha şiddetli bir eylem gerektiren çok kötü bir çocuk istismarı biçimidir. Bir bebeğin başı, Bebek Kamçı Sendromu olarak da adlandırılan, çok şiddetli bir hareketle ve hızlı biçimde öne arkaya sallanması hâlinde ortaya çıkar. İsmi neden kamçıdır? Çünkü başının, bir yandan bir yana, sallanan bir kamçı gibi şaklamasına benzetilir. Bu saldırgan sallama, kafatasının altındaki minik damarları çatlatarak kanama ve beyin hasarı oluşmasına sebep olabilir.

Diğer yandan sallama, Sarsılmış Bebek Sendromu'na sebep olan vahşi kamçı hareketinden iki önemli ve temel açıdan ayrılır:

1. Sallarken hareketleriniz hızlı fakat *küçüktür.* Bebeğinizin başı tehlikeli biçimde havada uçuşmaz. Bunun yerine sadece birkaç santim ileri ve geri hareket eder.
2. Sallamada, bebeğinizin başı her zaman vücuduyla aynı hizada kalır. Vücudun bir yana, başın tamamen aksi yana savrulduğu, kamçı benzeri bir hareket yoktur.

Hatta ben, sallamanın Sarsılmış Bebek Sendromu'nu engellemede oldukça faydalı olduğuna kesinlikle inanıyorum. Bu yöntem bebekleri çok kısa sürede başarıyla sakinleştirdiği için, ebeveynlerin bir umutsuzluk noktasına gelip bu şiddetli tavrı sergilemelerini engeller.

Tüm bu ipuçları ve en iyi tavsiyelere rağmen ebeveynlik bazen kendinizi kızgın, sınırda ya da yetersiz hissettirebilir. Bu nedenle *sinirliyken bebeğinizi asla sarsmamanız, hatta sallamamanız* çok önemlidir!

Lütfen, sabır sınırınızın zorlandığınızı hissettiğinizde (bebeğiniz ağlıyor bile olsa) onu yatağına bırakın ve bir mola verin. Eşinizden, ailenizden, bir arkadaşınızdan ya da bir danışma hattından yardım almaktan çekinmeyin.

Kristi Kyle'ın Koliğini "Jöle-Kafa" Hareketiyle Nasıl Geçirebildiğini Keşfetti

Kristi ve John'un oğlu Kyle elma yanaklı, bakır rengi, tüy gibi saçlara sahip olan bir bebekti. Bir akşam gayet iyi oluyor, fakat ertesi akşam üç saat boyunca çığlık atabiliyordu! Beş haftalık bebeği saatlerce ciğerleri yırtılırcasına ağlayınca Kristi yardım almaya karar verdi. Evlerine ziyarete gittim. O Pazar günü daha sonra olanları Kristi şöyle anlatıyordu:

"Şans eseri, Doktor Karp gelmeden birkaç dakika önce Kyle sonunda uykuya daldı. Doktor Karp'ın onu uyandırmasını, hatta ona dokunmasını istemiyordum. Tahmin ettiğim gibi, steteskopu onun göğsüne değdirdiği an uyandı ve çığlık atmaya başladı.

Doktor Karp onu uyandırdığı için özür diledi ve Kyle'ın sağlıklı olduğu ve en büyük sorununun, kendi kendini sakinleştirmekte sorun yaşadığı olduğu konusunda bize güvence verdi. Sonra çileden çıkmış bebeğimizi sıkıca kundakladı ve hızlıca sallamaya başladı. Birkaç dakika sonra Kyle'ın, Doktor Karp'ın kucağında bir melek gibi uyuduğunu ve sanki o patlamayı hiç yaşamamış gibi göründüğünü gördüğümüzde şaşkınlıktan donakaldık.

John'la birlikte tekniği denedik ve başarılı olduk, fakat Doktor Karp gitmeden önce onu yeniden uyutması için ona yalvardık. Oğlumuz o geceyi harika geçirdi, fakat ertesi gün inanılmaz hırçındı. Ve biz, bir önceki gece öğrendiğimiz yöntemi uygulamak konusunda kendimizi rahat hissetmiyorduk.

Sonunda annem imdadımıza yetişti. Kyle'ı sıkıca kundakladı, onu kucağına yerleştirdi (kıvırdığı kollarının üzerine onu yan yatırdı), şşşt sesi çıkardı ve "jöle-kafa" demekten hoşlandığım hareketi yaptı. Dizlerini öne ve arkaya hareket ettirirken, Kyle'ın başı gevşek elleri arasında bir tabaktaki jöle gibi titriyordu. Kyle başlangıçta onun bu çabasına direndi. Battaniyeyi açmaya çalıştı ve daha da yüksek sesle ağladı. Fakat üç ya da dört dakika sonra, sakinleşti ve on beş dakika sonra neredeyse uyumuştu!

Annem bizde kaldığı süre boyunca bu mucizeyi birçok defa gerçekleştirdi ve ben onu Doktor Karp'ın yönteminin uzmanı olarak görmeye başladım. Ben "jöle-kafa" kısmını yapmakta zorluk çekiyordum fakat çalışmaya devam ettim ve zaman içinde bu konuda kendimi daha iyi hissetmeye başladım.

Başlarda bu yöntemin Kyle'ın uykuya dalmasını sağlaması 20 dakikayı buluyordu. Ama kısa süre sonra bu on dakikaya indi ve Kyle yedi haftalık olduğunda onu tam iki dakikada sakinleştirebiliyordum.

Daha fazla pratik yaptıkça, Kyle için en önemli aşamaların sıkı kundak ve "jöle-kafa" hareketi olduğunu fark ettim. Zaten sakin olduğunda yumuşak ritimler işe yarıyordu, fakat çığlıklarını susturmak için gerçek bir depreme ihtiyaç duyuyordu. Kısa süre sonra Kyle derin bir iç geçiriyor ve tüm gerginliği vücudunu terk etmiş gibi görünüyordu. Kendimi harika bir anne gibi hissediyordum! Dört aylık olduğunda Kyle muhteşem ve mutlu bir bebekti ve artık ne kundaklanmaya ne sallanmaya ne de "jöle-kafa" hareketine ihtiyaç duyuyordu.

Kristi, John, Kyle ve Cassandra

"BİR BEBEĞİ "JÖLE-KAFA" HAREKETİYLE SAKİNLEŞTİRMEK

Ninniler: Müzikle Birleştiğinde Sallama Nasıl Görünür?

Ninni kelimesinin anlamı *uyku şarkısıdır* ve bu melodilerin temposu genellikle saniye başına bir ritimdir, yani yaklaşık olarak kalp atışlarıyla aynıdır. Ninnilerin yavaş ve ritmik temposu bebeğinizin karnı doyduktan ve yavaş yavaş uyku diyarına çekilirken kullanmak için mükemmeldir.

Fakat bu sakin şarkılar ağlama krizinin ortasındaki bir bebeği susturmak için yetersiz kalır. Bu noktada bebekler, ağlamaya kendilerini o kadar kaptırmışlardır ki siz en sevdiği ninniyi söylüyor bile olsanız duyamazlar. Yetişkinlerin "öfkeden kör olması" gibi, bebekler de "gerilim yüzünden sağır" olabilirler.

Neyse ki daha hareketli bir ritmi ve saniyede iki ya da üç atışı olan bir şarkıya geçerek bebeğinizin ağlamasını durdurabilirsiniz. Bu hızlı şarkılar özellikle bebeğiniz kundaklandıktan sonra çok daha fazla işe yarar. Bir Beatles hayranıysanız, bebeğinizi

'I'ts Been A Hard Day's Night' (Zor Bir Günün Gecesi) gibi sakinleştirmeyi deneyin. Sakinleşmeye başladığında, ritminizi 'We Can Work It Out' (Bunu Çözebiliriz) ya da 'All You Need Is Love'a (Tek İhtiyacın Sevgi) düşürebilirsiniz. Ve kollarınızda kendini iyice bıraktığında 'Golden Slumbers' (Muhteşem Uyuklama) ya da tüm ebeveynlerin en sevdiği şarkı olan 'I'm So Tired'a (Çok Yorgunum) geçebilirsiniz.

Ninniler siz onları tekrar tekrar söyledikçe daha etkili olmaya başlar, çünkü bebeğiniz zamanla duyduğu müzikle sizin tatlı sarılışınızı ilişkilendirmeye başlar.

Ninniler Ebeveynlere de Yardımcı Olur!

Ninniler bebekleri de, ebeveynleri de sakinleştirir. Bu şarkılar gerilmiş sinirlerimizi rahatlatır ve bizim daha sakin bir zihne kavuşmamıza yardımcı olur. Ninnilerin sözleri genellikle, uykusuz ebeveynlerin içlerini dökebilecekleri ve biraz gülebilecekleri bir kara mizahla yazılmışlardır. Örneğin, klasik bir ninni olan "Salla Bebeğini" ninnisinin sözlerine bakalım:

Salla bebeğini, bir ağaç tepesinde
Beşiği sallanır rüzgâr estiğinde
Dal kırıldığında beşik yere düşer
Bebekle birlikte her şey yere iner

Ninnilerin ritmi uykulu bebeklere göre olabilir, fakat sözleri kesinlikle bitkin düşmüş yetişkinlere göredir!

Ön Cam Sileceği ve Bebek Salıncakları: Bebeğinizi Doğru Sallamak için İki Harika Yol

Deborah'nın iki aylık oğlu Max sürekli yukarı–aşağı sallanmaya bayılıyor ve annesini bir karnaval oyuncağı gibi kullanıyordu.

Genevive'in annesi, onu mutlu etmek için mahallenin etrafında yürüyerek ard arda bir sürü tur atması gerektiğini keşfetmişti.

Bebeğinizi gün boyunca kucağınızda ya da bir bebek askısında taşımak yeni anne olmanın en güzel yanlarından biridir fakat akşam kendinizi fazlasıyla bitkin hissetmenize sebep olabilir. Peki, bebeğinizi, sırtınızı, halınızı ya da espri anlayışınızı mahvetmeden nasıl sallayabilirsiniz?

Size kullanım kolaylığı sağlayan ve çok başarılı olan bu iki sakinleştirme tekniğini öneriyorum: Ön Cam Sileceği, ağlama krizindeki bebekleri sakinleştirmek için bire birdir ve bebek salıncakları bebeklerin sakinleştirdikten sonra mutlu kalmalarını sağlar.

Ön Cam Sileceği: Kucağınızı Kolik Bebeğinizi Sakinleştirmek için Nasıl Kullanabilirsiniz?

Ön Cam Sileceği güçlü bir sakinleştirme deneyimi için Beş Temel Prensip'i mükemmel biçimde bünyesinde toplar. Kucak ya da askıdan sonra, bir bebeği sakinleştirmek için en sevdiğim yöntemdir.

İlk denediğinizde bu hareket size biraz karmaşık görünürse cesaretiniz kırılmasın. Beş–on denemenin sonunda bunun, yorgun ebeveynlerin bebeklerini susturmak için kullanabileceği en iyi yol olduğunu göreceksiniz. (Ön Cam Sileceği'ni önce bir oyuncak bebekle ya da bebeğiniz sakinken denemeniz en iyisidir.)

Uygulamaya gelince:

1. Bebeğinizi sıkıca kundaklayın. (Birinci Temel Prensip)
2. Ayaklarınız yere değecek şekilde rahatça oturabileceğiniz bir sandalye bulun. (Çoğu ebeveyn, sandalyeye sırtını dayamadan oturmanın çok daha iyi sonuç verdiğini düşünüyor.)
3. Dizlerinizi birleştirin ve ayaklarınızı birkaç santim birbirinden ayırın. (Yaklaşık olarak omuz genişliğinde)
4. Bebeğinizi sağ yanı üzerine bacaklarınız arasında oluşan oyuğa yatırın (İkinci Temel Prensip) ve yanağı ve başının dizleriniz üzerinde elinizin içine yerleşmesine izin verin. Bebeğinizin boyu uzun ya da sizin boyunuz kısaysa onu kendinize doğru çekin ve ayaklarını sol kalçanıza doğru uzatın.
5. Sağ elinizi başının altına kaydırarak iki elinizin biraz üst üste binmesine ve başının gevşek bir çerçevenin içinde kalmasına olanak sağlayın.
6. Omuzlarınızı gevşetin, derin bir nefes alın ve vücudunuzun rahatlamasına izin verin.

7. Bebeğinizi kısmen ya da tamamen karnının üstüne doğru yuvarlayın. Midesi sol kolunuz ya da bacaklarınız üzerinde baskı oluşturmalıdır. *Tamamen sırt üstü olmadığından emin olun.*
8. Vücudunun üzerine doğru eğilerek kulağına doğru kuvvetli bir şşşt sesi çıkarın (Üçüncü Temel Prensip). Çıkardığınız şşşt sesi, onun ağlaması kadar şiddetli olmalıdır.
9. Sonra dizlerinizi bir cam sileceği gibi bir yandan diğer yana doğru sallamaya başlayın (Dördüncü Temel Prensip). Bebeğiniz çok ağlıyorsa daha hızlı hareket edin *fakat* hareketinizi gitgide küçültün. Bebeğinizi ne kadar yüksek sesle ağlıyorsa, hareketiniz de o kadar hızlı ve küçük olmalıdır. Sonra bebeğiniz sakinleştikçe adım adım hareketinizi yavaşlatın. (Unutmayın, sakinleşme refleksini tetiklemesi için başının elleriniz arasında bir jöle gibi titremesi gerekiyor.) Bazı ebeveynler bebeklerini dizleri üzerinde yukarı aşağı zıplatmayı tercih eder fakat bu genellikle sallama kadar başarılı sonuç vermez.
10. Son olarak, ellerinizi doğru koyduysanız sol başparmağınız tam bebeğinizin ağız hizasına gelmiş olacaktır. Temiz başparmağınızı emmesi için ona sunun (Beşinci Temel Prensip). Parmağınızın ağzına çok büyük gelmesinden korkmayın; ağlarken ağzını ne kadar açabildiğini hatırlayın! Ya da isterseniz, elinizin pozisyonu bebeğinizin emmesi için bir emzik tutmaya da elverişlidir.

Yeni Başlayanlar İçin
Ön Cam Sileceği Pozisyonu

Ön Cam Sileceği pozisyonunda ustalaşana kadar, daha kolay olan bu hareketi deneyin:

1. Bebeğinizi kundaklayın ve 9. Bölüm'de anlatıldığı gibi onu yatağının ya da beşiğinin içinde sıkıştırarak yan yatırın.
2. Yatağı bebeğinizin başına yakın olan yanından tutun.
3. Yatağı hızlıca, sanki titriyormuşsunuz gibi sallayın ve başının bir jöle gibi titremesine izin verin.
4. Yüksek sesle şşşt sesi çıkarın ya da monoton gürültü çıkaran bir cihazı açın.

Bu yöntemle bebeğiniz 20–30 saniye içinde sakinleşecektir. Sonra onu sırt üstü yatırın ve uyumasına izin verin.

Bebek Salıncakları: Hırçın Bebeğinizi Salıncakla Sakinleştirin

Muhtemelen birçoğunuz ailelerinizden çok uzakta yaşıyorsunuz ve bebek bakımının sorumluluğu günün yirmi dört saati sizin omuzlarınızda. Biraz yardıma ihtiyaç duymanız hiç şaşırtıcı değil! Bu nedenle emekten tasarruf etmemizi sağlayan çamaşır makinesi ve çöp öğütücü gibi makineleri icat edenlerin, salıncaklar, zıplayan koltuklar ve arabalar gibi bazı bebek sakinleştirici cihazlar yaratması da kaçınılmazdı. Elbette, arabaların tasarlanma amacı bu değildir, fakat birçok ebeveyn onları bu amaçla kullanır.

Birçok bitkin ebeveyn, titreşen ya da sallanan ürünlerin arabadan bile daha çok işe yaradığını düşünür. Doğru kullanıldığında bu araçlar daha etkilidir, kazalara ya da çevre kirliliğine yol açmaz ve pijamalarınızı çıkarmanızı gerektirmez!

Ne yazık ki bazı ebeveynler salıncak benzeri cihazları kullanmak konusunda tereddüt eder, çünkü şunlara benzer "efsaneleri" duymuşlardır: "Çok hızlı hareket ediyorlar", "Bebeğin sırtına zarar verebilir", "Bebeğin kusmasına sebep olur", "Bebekler onlara bağımlı hâle gelir" ya da "Bu ürünler daha büyük çocuklar içindir"

Beth salıncağın çok yararını görmüştü, fakat bu aletin Hannah'nın sırtını incitmesinden öyle korkuyordu ki, salıncağı yavaşlatması için bebeğiyle birlikte bir kilo muzu da salıncağa koyuyordu!

Lisanne kendini tükenmiş hissediyordu. Sallanmak Sasha'nın sakinleşmesine yardımcı oluyordu fakat annesi onun, "salıncağa bağımlı hâle gelmesinden" endişe ediyordu.

Elbette her ebeveynin isteyeceği son şey çocuğuna zarar vermek ya da onun gelişimine sekte vurmaktır. Fakat unutmayın, bebeğiniz aylarca karnınızdayken sallanıp zıplamıştı. Bu nedenle salıncakta geçirdiği saatler Sasha'yı şımartmayı bir kenara bırakın, erken çıkarıldığı rahmin yerini biraz olsun doldurmayı başarır. Sahsa üç aylık olduğunda bir salıncağın yardımına ihtiyaç duymadan kendi kendini sakinleştirmeye başladı. Sahsa gibi birçok bebek, üç ya da dört aylık olduklarında salıncakları sıkıcı ve etraftan uzaklaştırıcı bulmaya başlar. Beş aylık olduktan sonra salıncaktan vazgeçmemiş olan bebek, yok denecek kadar azdır. (Bebeklerin salıncaktan vazgeçmesi konusunda 15. Bölüm'e bakabilirsiniz.)

Zaman zaman ebeveynlerin arkadaşları ve ailelerinin de salıncaklar konusunda endişeleri olabilir. Örneğin şöyle yorumlar duyabilirsiniz: "Bir bebek, bir makinede değil annesinin kollarında olmalıdır" ya da "Bunun adı salıncak değil 'tembel makinesi' olmalıymış!" gibi.

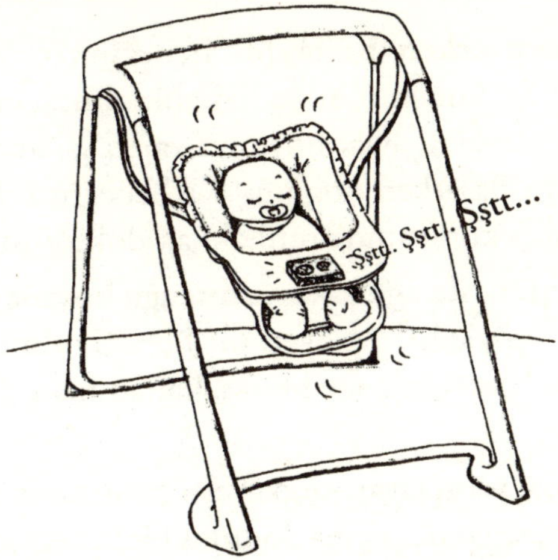

Günün büyük kısmında bebeğinizi kucağınızda ya da bir bebek askısında taşısanız da, bazı bebekler yatağa kondukları an durumu protesto etmeye başlar. Geçmişte her zaman destek alabileceğimiz dost ve akrabalarımız yakınımızda olurdu. Günümüzün mini aileleri için siz duş alır, yemeği hazırlar ya da biraz kestirirken ihtiyaç duyduğunuz fazladan bir çift elin yerini bir salıncak alabilir.

Salıncağınızdan En İyi Şekilde Yararlanmak için Sekiz İpucu

Fern övünerek şunları söylüyordu: "Oğlumuz William için salıncak, sihirli bir alet gibiydi. Yarattığı hareket ve ses, onun huzurla uykuya dalmasına çok yardımcı oluyordu. Âdeta üçüncü elim hâline gelmişti."

Tüm bebek sakinleştirme tekniklerinde olduğu gibi, salıncak konusunda da onu daha etkili kullanmasını sağlayacak püf noktaları vardır.

1. **Sallamaya erken başlayın.** Bebeğinizin salıncağı kullanmaya başlaması için üç haftalık olması erken değildir. Karnınızdayken, aylar boyunca zaten sallanıp zıplıyordu. (Hasta ya da erken doğmuş bir bebeğiniz varsa salıncak kullanmak konusunda muhakkak doktorunuza danışın.)
2. **Bebeğinizi asla ağlarken salıncağa koymayın.** Salıncak Kuralları şöyledir: Ağlayan bir bebeği salıncağa koyarsanız, elde edeceğiniz şey hem sallanan hem de ağlayan bir bebektir!

   Salıncaklar ve zıplayan sandalyeler konusunda az bilinen bir gerçek, ikisinin de çılgına dönmüş bir bebeği sakinleştirmek konusunda pek de iyi olmadıklarıdır. Fakat bebeğiniz sakinleştikten sonra, onun sakin kalmasına ve uykuya dalmasına çok yardımcı olur. Bu nedenle bebeğinizi salıncağa koymadan önce her zaman onu birkaç dakika sakinleştirin.
3. **Bebeğinizin kollarını sarılı tutun.** Salıncaklar bebeğinizi sallayarak hızlıca sakinleşmesine ve uzun süre sakin kalmasına yardımcı olur. Yine de onu, sarılı bacaklarını salıncağın kemeriyle sıkıca sabitleyerek salıncakta güvenceye almanız gerekir.
4. **Koltuğu mümkün olduğunca geriye yatırın.** Koltuk çok dik olursa, bebeğinizin başını desteklemesi zor olabilir. Koltuğu olabildiğince geriye yatırın ya da bir beşik uzantısı olan bir salıncak kullanın.
5. **Ağlama yeniden başladığında yirmi saniyelik bir sallama atağına geçin.** Bebeğiniz salıncağa oturduktan sonra yeniden huysuzlanmaya başlayabilir. Unutmayın

ki sadece küçük ve hızlı hareketler hırçınlaşan bebeğinizin sakinleşme refleksini tetikleyebilir. Bu yüzden bebeğiniz tekrar ağlamaya başlarsa, salıncağı tutup saniyede iki ya da üç kez birkaç santim ileri–geri sallamaya başlayın. Yirmi saniye içinde bebeğiniz yeniden gevşeyecektir.

6. **Mümkün olduğunca hızlı olun.** Bebeğiniz derin bir uykuda olmadığı sürece, salıncağın yavaş olması muhtemelen onun derin bir rahatlama hissi içinde olmasını sağlamaya yetmeyecektir. Hırçın bebekler genellikle yüksek hızda sakinleşir ve birçoğu bütün gece boyunca hızla sallandıklarında uyurlar. Sizin bebeğiniz için en iyisinin ne olduğunu siz keşfedeceksiniz.
7. **Aynı anda yüksek ve monoton ses kullanın.** Bebeğiniz derin bir uykuya dalana kadar başının 30–60 santim yakınına monoton gürültü çıkaran bir cihaz yerleştirin ve ancak uykuya daldığından emin olduktan sonra, onu uyandırmadan sesi biraz (yüksek bir gurultuya) düşürün.
8. **Çalışma mükemmelleştirir.** Bütün Temel Prensip'lerde olduğu gibi, birkaç pratikten sonra bebeğiniz, siz onu salıncağa koyar koymaz mutlu olmaya başlayabilir.

Sandy Harriet'ı kucağındayken sakinleştirebiliyordu, fakat onu salıncağa koyduğunda minik Harriet yeniden kükremeye başlıyordu. Zaten çılgına dönmüş bebeğini daha da aşırı uyarmamak için salıncağı en düşük hızda çalıştırıyordu. Fakat bu, minik çılgını sakinleştirmek için çok yetersizdi.

Sandy yaklaşımını değiştirdi ve Harriet'ın kollarını sıkıca sarıp onu bir an olsun sakinleştirmek için saç kurutma makinesini

açmaya başladı. Sonra onu salıncağına yerleştirip onu birkaç saniye eliyle salladı. Bebeği sakinleşmiş görünmeye başladığında Sandy salıncağı en yüksek hıza ayarladı. Bir anda her şey yoluna girdi. Harriet'ı sakinleştirmek artık çok kolaydı ve bir anda salıncak her seferinde işe yaramaya başlamıştı.

Beş Temel Prensip'in Sebepleri: Ebeveynlerin Sallama Konusunda Sorduğu Sorular

1. Salıncakların bebeklerin bacakları, kalçaları ya da sırtına zarar verme ihtimali var mıdır?

Hayır. Karnınızın içinde bebeğiniz bir düğüm gibi kıvrıktır. Yumuşak vücudu inanılmaz esnektir, bu nedenle bacakları, kalçaları ya da sırtı için herhangi bir endişe duyulmadan salıncağa konabilir.

2. Bazen bebeğimin boynunun salıncakta fazla iki büklüm olduğundan endişeleniyorum. Bu mümkün müdür?

Salıncaktayken bebeğiniz mümkün olduğunca arkaya yatmış olmalıdır. Boynu iki büklüm olmamalıdır. Özellikle bebeğiniz hasta ya da erken doğmuşsa bu nefes almasını zorlaştırabilir.

3. Bebeğim yemek yedikten hemen sonra hızlıca sallamam doğru olur mu?

İster inanın ister inanmayın, sallamak bebeklerin daha fazla kusmasına sebep olmaz. Hatta, bebeğinizin ağlamasını engellemeniz, onun kusma ihtimalini düşürür. Ayrıca zıplatmak, hava kabarcıklarının serbest kalmasına ve bebeğinizin gaz çıkarmasına yardımcı olur.

4. *Ön Cam Sileceği hareketi yüzünden bebeğin başı dönebilir ya da midesi bulanabilir mi?*

Hayır. Sallama hareketi, beynin mide bulandırma merkezini tetiklemez. Baş dönmesi ve mide bulantısı, virajlı bir dağ yolundan aşağı inmek gibi büyük ve geniş hareketlerle tetiklenir. Sallamak hırçın bebeklerin kendilerini sadece daha rahat hissetmesini sağlar.

5. *Bebeğimi çok fazla salıncağa koyarsam, etkisini yitirir mi?*

Bazı bebekler emmeye bayılır, bazıları sakin kalmak için monoton sese ihtiyacı duyar, bazıları da sadece gün boyunca sallandıklarında mutlu olurlar. Neyse ki, bebekler sevdikleri şeyleri her zaman severler! Sütten, kucağa alınmaktan ya da sallanmaktan asla sıkılmamalarının sebebi de budur.

6. *Bebeğim onu hızlı salladığında daha yüksek sesle ağlarsa ne yapmalıyım?*

Bebeğiniz, siz onu sallamaya başladıktan sonra birkaç dakika boyunca ağlamaya devam edebilir, çünkü sizin, hoşuna giden bir şeyi yaptığınızı anlaması biraz vakit alabilir. Fakat bebeğiniz, hızlı sallamanıza rağmen ağlamayı sürdürüyorsa, tekniğinizi kontrol edin. Hareketlerinizin hızlı ve küçük olduğundan yüksek, monoton sesi kullandığınızdan, bebeğinizin sıkıca sarıldığından ve kucağınızda yan ya da yüzükoyun yatırdığınızdan emin olun.

Ebeveyn Gözünden:
Sallama ve Diğer Yöntemlere Övgüler

Herkes insanların ağlayabileceğini bilir, fakat birçok ebeveyn bebeklerinin mutlu edilebileceklerini de öğrenmektedir. İşte size, ebeveynleri ortama biraz hareket katınca sakinleşen bazı bebeklerin hikâyeleri:

Bebek Noah ağlamaya başladığında David onu omzuna yerleştirip yavaşça sırtına vurarak gazını çıkarmayı denedi. David'in sevgi dolu gaz çıkarma çabalarına rağmen Noah ağlamaya devam etti.

Belki umutsuzluktan, belki de çok eski bir içgüdü yüzünden, David, Noah'nun sırtına biraz daha hızlıca vurmaya başladı. Kıvırdığı eliyle Noah'nın sırtına bir trampet gibi saniyede yaklaşık iki vuruş hızıyla vurmaya başladı.

Neredeyse o anda, Noah sessizleşti. Vücudu babasının kollarında gevşedi ve birkaç dakika içinde uykuya daldı. "Noah'nın sırtına ne kadar sert vurulmasından hoşlandığını düşünmek beni hep şaşırtmıştır. Ama o kadar hızlı ve derin rahatlıyordu ki doğru şeyi yaptığıma emindim."

Margie ve Barbara'nın oğlu Michael altı haftalık olduğunda öyle yüksek sesle ağlıyordu ki alt komşuları sık sık rahatsız olup tavana vuruyordu.

Margie onu hafif sallamalar ve rahatlatıcı şarkılarla yatıştırmaya çalışıyordu fakat "yerli savaş dansı" dediği şeyi keşfedene kadar hiçbir şey işe yaramamıştı. Michael'ı göğsünün üstüne bastırıyor, karnını kendininki üzerine baskı yapacak şekilde koyuyor kollarını sıkı bir ceket gibi etrafına sarıp "Ha–Ya, Ha–Ya, Ha–Ya, Ha–Ya, Ha–Ya, Ha–Ya" diye bağırıyordu. Yüksek sesli her "Ha" sesiyle eğilip diz üstü çöküyor ve Michael'ın kendini boşluğa düşer gibi hissetmesini sağlıyor, her "Ya" sesiyle de yeniden ayağa kalkıp bir sonraki "Ha" sesine hazırlanıyordu.

Margie, sabah üçte ritmin şiddetinin ve sesin yüksekliğinin vazgeçilmez olduğunu söylüyordu. Genellikle yaklaşık on dakika içinde Michael yeniden uykuya dalıyordu.

12

Beşinci Prensip: Emmek - Keyif Kısmı

Ana Noktalar:

- Emmek bebeklerin karnını doyurarak ve sakinleşme refleksini tetikleyerek sakinleştirir.
- Bebeğinizin emzikler konusunda başarılı olmasına yardım etmenin üç yolu.
- Sık görülen altı emzik sorununu nasıl atlatabilirsiniz?

Emin ve doyun.

Yeşaya 66:11

Beş Temel Prensip'in tamamını karıştırmak bir pasta yapmaya benziyorsa, emme pastanın üzerindeki kremadır. Bu son tatlı lokma bebeklerin sakinleşmesine, kendini bırakmasına ve uykuya dalmasına olanak sağlar.

Bir bebeğin dış dünyada hayatta kalması emme yeteneğine bağlıdır. Bir yıldızın bir baş role hazırlanması gibi bebeğiniz de emmeyi çalışmaya doğmadan çok önce, daha karnınızdayken başlar. (Ultrason fotoğrafları doğumlarına üç ay kalan bebeklerin parmaklarını emen fotoğraflarını çekebilmektedir.) Bebeğiniz için karnınızdayken parmaklarını emmek kolaydır, çünkü rahminizin yumuşak duvarları ellerini rahatça ağzının yanında tutmasına izin verir.

Benzer şekilde bebeğiniz dört aylık olup başparmağını istediği zaman kolaylıkla ağzına sokacak kadar kaslarını kontrol edebilmeye başladığında, parmaklarını emmek onun için yeniden sevdiği bir alışkanlık hâline gelecektir.

Fakat bebeğiniz, dördüncü üç aylık dönem boyunca çok az vaktini parmağını emerek geçirir. Bu, parmağını emmek istemediği anlamına gelmez; bunu yapabilseydi, muhtemelen parmağını yirmi dört saat ağzından çıkarmazdı. Fakat yeni doğmuş bir bebek için parmağını ağzına götürmek ve onu orada tutmak ancak Herkül'ün yapabileceği kadar zor bir iştir. Bebeğiniz, beklentiyle ağzının suyu akarak, çok çaba göstererek konsantre olsa da zayıf koordinasyon yeteneği yüzünden elleri genellikle hedefinin hemen yanından geçer. Bu, kurabiyelerin aç bir yumurcağın ağzını az farkla ıskalamasına benzer!

Emmek neden bebekler için bu kadar tatlı bir eylemdir? Onlara bu kadar keyif veren şey nedir?

Emmek Neden Bebekleri Bu Kadar Mutlu Eder?

Emmenin bebeklerin kendilerini olağanüstü hissetmesini sağlamasının iki sebebi vardır:

1. **Elbette, karınlarını doyurur.** Yemek yemeyi kim sevmez ki? Yeni doğmuş bebekler bunu o kadar severler ki, sütten oluşan yemeklerini günde sekiz ila on iki kez mideye indirebilirler! Bebekler için yemek yemenin anlamı saatler süren emme, emme, emmedir.

Bazı insanlar bebeklerin "minik domuzlar" gibi yemek yediğini söyler, ama domuzcuklar bile yemek yemek konusunda yeni doğmuş bebeklerin eline su dökemez. Küçük bebekler her gün, vücut ağırlıklarının yarım kilosu için 80 ml. süt içerler. Bu bir yetişkinin haftanın her günü, günde on dokuz litre süt içmesine denktir. Bu kadar sık yemek yemeleri gerekmesi şaşırtıcı değildir.

2. **Emmek bebeklerin sakinleşme refleksini tetikler.** Bebekler karınlarını doyurmak için emer, fakat emmek aynı zamanda fetüslerin koruyucu sakinleşme refleksini tetikleyerek hayatta kalma şanslarını artıran en eski yollardan biridir.

Bebeğin yiyecek için emmesi beslenmedir, sakinleşmek için emmesine de beslenme dışı emme olarak adlandırılır. Bebeğiniz açsa, muhtemelen emziğini birkaç dakika emdikten sonra "Hey, ben süt istedim, plastik değil!" demek istermiş gibi ağlamaya başlar. Fakat istediği sadece rahatlamaksa, muhtemelen emziğini çok daha uzun süre keyifle emecektir.

Küçük Bir Bebeğin Çok Fazla Süt İçmesi Mümkün müdür?

Bazı yazarlar ebeveynleri, emmenin bir alışkanlık hâline gelmemesi için bebeklerinin "çok fazla" emmesine izin vermemesi konusunda uyarır. (Bu uzmanların, ellerinde olsa karnınıza girip oradayken bebeğinizin elini ağzından çıkarıp çıkarmayacağını merak ediyorum!) Neyse ki küçük bebeklerin çok fazla süt emmesi mümkün değildir. Emmek bir şeker ya da bir bağımlılık değildir; bu oldukça karmaşık bir kendi kendini sakinleştirme aracıdır. Emmek dördüncü üç aylık dönemin bütünleyici bir parçası ve bebeğinizin kendine güven duygusunun gelişmesi konusunda attığı ilk adımlardandır.

Bebeğinizin beyninde emmeyle tetiklenen derin sakinleşme duygusu daha büyük çocuklarda ve yetişkinlerde şeker emme, sigara içme ya da tırnak yeme gibi farklı "emme" deneyimleriyle tetiklenebilir. (Psikologların sigara içmeyi parmak emmekle kıyaslaması şaşırtıcı değildir!)

Birçok araştırma, beslenme dışı emmenin bebekler için faydalı olduğunu ortaya koymaktadır. Bu E vitamini gibidir! Stresi azaltır (tansiyon, kalp atılı vs.) ve bebeğin beynindeki doğal acı giderici kimyasalların salgılanmasını sağlayarak aşı, kan testi ya da sünnet gibi müdahaleler sebebiyle oluşan acının azalmasına da neden olabilir. Ayrıca bilim insanları, emzik kullanan erken doğmuş bebeklerin daha hızlı büyüdüğünü, zamanında doğmuş bebeklerin de ABÖS konusunda daha düşük risk taşıdıklarını kanıtlamıştır.

Bir Varmış Bir Yokmuş: Diğer Dönemler ve Kültürlerde Ebeveynler Emmeyi Nasıl Kullanıyordu?

Bebeğinizin emerken ne kadar huzurlu uykuya daldığını hiç fark ettiniz mi? Neredeyse tüm bebekler emerken tamamen gevşer. Elbette tarih boyunca anneler bebeklerinin emme ihtiyacını en eski yöntemle, onları emzirerek gidermiştir. Anne sütü, bir bebeğin dünyasının merkezidir. Bu nedenle bazen emziren annelerden, Dünya Anneleri olarak bahsedilir.

Fakat bence, emziren annelere Dünya Annesi demek yerine Galaksinin Tanrıçası denmesi daha uygundur! Bunun sebebi, antik Yunanlıların *galaksi* ve *galaktik* kelimelerini *süt* anlamına gelen *gala* kelimesinden türetmiş olmasıdır. Efsaneye göre gökteki yıldızlar, Tanrıça Juno'nın göğsünden sıçrayan sütten oluşmuştur ve galaksimizin adının Samanyolu olmasının sebebi de budur!

Zaire'deki Efé ya da Botsvana'daki !Kung San kabilelerindeki anneler için emzirmek genellikle bebeklerini sakinleştirmek için başvurdukları ilk yöntemdir. En ufak bir huysuzluklarında anneler bebeklerini hemen emzirmeye başlar ve bunu günde otuz, kırk hatta yüz kez yapabilirler!

Geçtiğimiz yüzyıllarda bazı kültürlerde bebeklerin emmesi için bir bez parçasına şeker sürmek yaygın olarak kullanılan bir yöntemdi. Bazen, bebekler çok huysuz olduğunda bu bez parçası liköre batırılırdı. 1920'lerde Rusya'da yetişmiş olan arkadaşım Celia şeker alamayacak kadar yoksul komşularının kolik bebeklerini sakinleştirmek için bir parça çiğnenmiş ekmeği ince bir bezin içine koyup bebeklerine verdiğini hatırlıyordu.

1900'lerin başında biberon başları popüler hâle gelirken, bebeklerin emmesi için emzikler de yaygınlaştı. İngilizler bu emziklere "aptal oyuncağı" diyordu çünkü bebekler ağızlarında emzikler varken çok aptal görünüyordu fakat bu minik plastik parçaları onların ağlamasını çok kısa sürede kesiyordu.

Bebeğinizin Başarıyla Emzik Kullanmasına Yardımcı Olmak

Binlerce yıldır anneler emzik olarak bebeklerine kendi göğüslerini sunmuştur. Bebeklerimiz sıklıkla emmek üzere tasarlanmıştır, hatta bazı kültürlerde anneler bebeklerini günde yüz defaya kadar emzirir! Fakat günümüzde, bebeklerimizin çoğu hâlâ bunu arzu etse de, bizim kültürümüzde bu kadar sık emzirmek hiç pratik değildir. Bazı ebeveynler bebeklerine emmesi için başparmaklarını vererek onlara yardımcı olmaya çalışır, fakat bu onlar için Çin çubuklarıyla buz tutmaya çalışmak kadar zordur; yoğun çabalarına rağmen parmak sürekli ağızlarından kayar. Bu nedenle bebekler genellikle bir emme yardımcısına ihtiyaç duyar.

Neyse ki, günde yüz kez emmek isteyen bebeklerin ebeveynleri bugün çok daha etkili bir araca sahiptir; emzikler.

Fakat diğer sakinleştirme yöntemlerinde olduğu gibi, emmenin de bazı püf noktaları vardır: Bu ipuçları, bebeğinizin emme başarısını artıracaktır:

- *Farklı emzikler deneyin* – Deneyimlerime dayanarak söyleyebilirim ki hiçbir emzik biçimi bir diğerinden daha iyi değildir. Bazı bebekler uzun gövdeli, uçlarından biri yassılaştırılmış ortodontik emzikleri daha çok sever. Bazılarıysa daha kısa gövdeli ve daha yuvarlak hatlı emzikleri tercih eder. Sonuç olarak bebeğiniz için en iyi emzik şekli, onun en sevdiği emziktir.
- *Emziği emmesi için zorlamayın* – Bebeğiniz ağladığında onun ağzına emziğini vermeyi deneyebilirsiniz, fakat reddederse zorlamayın. Onu önce Temel Prensip'leri kullanarak sakinleştirip sonra emziğini verirseniz başarı şansınız çok daha yüksektir.
- *Emziğin düşmesini engellemek için tersine psikolojiyi kullanın* – Bu, bir bebeğe emziğini ağzında tutmayı öğretmek için gördüğüm en iyi numaradır. Bebeğinizin sakin bir anında ona emziğini verin. Emmeye başladığı anda, emziği sanki onun ağzından alacakmışsınız gibi hafifçe çekin (fakat emziğin gerçekten ağzından çıkmasına sebep olacak kadar hızlı çekmeyin).

Bebeğiniz emziği çekmenize otomatik olarak tepki verecek ve emziği biraz daha sert emmeye başlayacaktır. Kısa bir süre bekleyip emziği bir kez daha hafifçe çekin. Yeni doğmuş bebeğinize emziğini her verdiğinizde onu on ila yirmi kez tekrarlayın. Çekişinize direnmesine sebep olan doğal eğilimi sayesinde kısa zamanda emziğini ağzında tutmayı öğrenecektir. İki ya da üç aylık bebeklerin çoğu, gülümserken, hatta ağlarken bile emziklerini ağızlarında tutabilecek şekilde eğitilebilir.

Bu ters psikoloji tekniğinin temeli, insan doğasının basit bir prensibine dayanır: Hepimiz, ağzımızda olan bir şeyin bize ait olduğuna inanırız! Bu nedenle, yeni doğmuş bebeğinizin ağzından göğüs ucunuzu almak, iki yaşında bir çocuğun elinden oyuncağını almak kadar zordur; siz ne kadar sert çekerseniz çocuğunuz o kadar fazla direnir ve bu da, emziğini ağzında tutmak için ihtiyaç duyduğu koordinasyon ve gücün oluşmasını sağlar.

Gizli Emzik Tuzakları

Bazı ebeveynler ve büyük ebeveynler emziğin bebeklerin kötü alışkanlıklar edinmesine sebep olacağından endişelenir. Ama aslında emzik, bebeğiniz kendi kendini sakinleştirmeyi öğrenene kadar onun sakinleşmesine yardımcı olan bir araçtır. Yine de, uzak durmak isteyeceğiniz altı emzik kaynaklı sorun vardır:

1. **Göğüs ucuyla karıştırma** – Emzirme tam olarak yerleşmeden önce, bazı yeni doğmuş bebekler emmeleri için onlara verilen plastik emziklerle göğüs ucunu karıştırır. Plastik emzik emen bir bebek genellikle tembel ve hafifçe ısırdığı bir ritimle emer. Bu, göğüsten süt emerken ihtiyaç duyduğu çaba ve koordinasyondan çok daha azını gerektirir. Ne yazık ki, bazen bu bir bebeğe ağız kaslarını uygun olmayan bir biçimde kullanmayı da öğretebilir.

   Bu nedenle, göğüs ucuyla karıştırılmamaları için bebeğin hayatının ilk iki ya da üç haftasında emziklerden ya da biberonlardan kaçınmak gerekir (emzirmede sorunla karşılaşılıyorsa bu süre uzatılmalıdır).

Beslenme işi düzene girdiğinde seçme şansınız doğar. Bebeğinizi asla biberonla beslemeyip her zaman emzirmeyi ya da ara sıra biberon kullanmayı tercih edebilirsiniz. İşiniz, hasta olduğunuz ya da müsait olmadığınız zamanlarda biberon seçeneğiniz olmasını istediğiniz için ikinci seçeneği tercih ederseniz, size biberonu kullanmaya bebeğiniz iki ya da üç haftalık olmadan kullanmaya başlamamanızı şiddetle tavsiye ederim. (Biberon kullanmaya bundan daha geç başlayan ebeveynler genellikle bebeklerinin plastik emziği kabaca reddetmesiyle karşı karşıya kalırlar.) Ayrıca, bebeğiniz (sizin sütünüz, su ya da kafeinsiz nane ya da papatya çayıyla dolu) biberonu kullanmaya alıştığında ard arda biberon kullanmayı bir ya da iki günden fazla aksatmayın. Böylece bebeğiniz onu nasıl emmesi gerektiğini unutmaz.

2. **Kimyasal Zehirlenme** – Sarı renkli, plastik görünümlü emzikler yerine renksiz, silikon olanları tercih edin. Sarı plastik bir süre sonra yapışkan hâle gelir, zarar görür ve çok küçük miktarlarda da olsa istenmeyen kimyasal maddeler salmaya başlayabilir.

3. **Şekerden kaçının** – Bebeğinizin daha hevesli emmesi için emziği reçele batırmayın. Bal, reçel ya da şuruplar bebeğinizde botülizm denen bir hastalığı tetikleme riski içerir ve bu hastalık, geçici felç, hatta ölümle sonuçlanabilir.

4. **Emziği temiz tutun** – Bir emzik satın aldığınızda onu sıcak su ve sabunla iyice yıkayın. Yere düştüğünde onu sudan geçirin ve bunu, emzik yere düşmese de günde birkaç defa yapın. Bebeğinizin emziğini temizlemek için kendi ağzınıza sokmayın, çünkü sizin tükürüğünüzde nezle, uçuk ya da başka mikroplar bulunabilir.

5. **Emziği asmayın** – Bir emziği asla bebeğinizin boynuna asmayın. İp ya da kurdeleler, parmaklarına dolanarak kan dolaşımını engelleyebilir ya da boynuna dolanarak onu boğabilir.

6. **Zamanında bırakın** – Ben genellikle, bir bebek beş ya da altı aylık olduğunda emzik kullanımından vazgeçerim. Artık bebeğiniz, kendini sakinleştirmek için parmaklarını emebilir ve başka birçok şey yapabilir hâle gelmiştir. Çocukları emzikten vazgeçirmek altı aydan sonra çok daha zordur, çünkü bundan sonra çocuğunuz emziğiyle, bir oyuncak ayı ya da battaniye gibi duygusal bir ilişki kurar.

Beş Temel Prensip'in Sebepleri: Ebeveynlerin Emme Konusunda Sorduğu Sorular

1. Bebeğimin aç mı olduğunu yoksa sadece emmek mi istediğini nereden anlayabilirim?

Aşağıdaki işaretler, bebeğinizin aç olduğu için ağladığı anlamına gelir:

- Yüzüne dokunduğunuzda, başını çevirir ve göğüs ucunu arar gibi ağzını açar.
- Bir emzik onu kısa süre sakinleştirse de birkaç dakika içinde yeniden ağlamaya başlar.
- Onu emzirdiğinizde hevesle emer ve emmeyi bitirdiğinde rahatlar ve sakinleşir.

2. Emzik kullanmak emzirme süresini kısaltır mı?

Bir bebeğin emziği emme biçimiyle göğsü emme biçimi farklıdır. Bu nedenle, emme düzene girene kadar birkaç hafta bekleyin ve emzik kullanmaya bundan sonra başlayın. Bu noktada, emzikler bebeğin sürekli ağlamasına engel olup annesine sürekli emzirmeye bir ara verme şansı tanıyarak emzirmenin *daha başarılı* olmasını sağlayabilirler.

3. *Emzikler kulak iltihabına sebep olabilir mi?*

Az sayıda araştırma, emzik kullanan bebeklerin daha fazla kulak iltihabına yakalandığını söylemektedir. Bunun sebebi, emmenin kulak içindeki basınç dengesini bozması olabilir. Bunun sebebi, bir uçak yolculuğundaki basınç değişikliklerinin çocuklarda kulak iltihabına sebep olmasıyla aynıdır. Neyse ki küçük bebekler emziği, basınç değişikliğine sebep olabilecek kadar sert ememezler. Bu nedenle ilk birkaç ay bu konuda endişelenmenize gerek yoktur.

4. *Emzikler bebekleri ABÖS'den koruyabilir mi?*

Bilimsel araştırmalar tutarlı biçimde emzik kullanan bebeklerde ABÖS'nin daha nadir görüldüğünü rapor etmektedir. Fakat bunun bebekleri ne şekilde koruduğu açıklanamadığı için Amerikan Pediatri Akademisi ebeveynleri bu araştırmalardan yola çıkarak emziğin ABÖS'yi engellediği sonucunu çıkarmamaları gerektiği konusunda uyarmaktadır.

5. *Bebeğim sürekli emzikle uyursa ona bağımlı hâle gelebilir mi?*

Hayır! Bu kesinlikle göz ardı edebileceğiniz boş bir inanıştır. Hannah beş aylık olduğunda, annesinin emzik kullanımını önce bütün geceden günde birkaç saate, daha sonra da sadece iki dakikaya düşürmesi sadece üç gününü almıştı.

Fakat daha önce de bahsettiğim gibi, beş ya da altı aydan sonra bebeğinizi emzikten vazgeçirmek zorlaşır, çünkü onunla duygusal bir bağ geliştirmeye başlar. Bebeğiniz biraz daha büyüdükten sonra da onu emzikten vazgeçirmeniz mümkündür fakat bu daha travmatik bir deneyim olacaktır.

6. *Emmek bu kadar önemliyse, bebeğimin ellerine ulaşması için onu kolları dışarıda kalacak şekilde kundaklayabilir miyim?*

Sakin bebekler kolları sarılmadığında da kendilerini idare edebilirler, fakat hırçın bebekler yanlışlıkla kendi yüzlerine vurmadan parmaklarını emmekte zorlanır. Bu bebekler için kollarının serbest olması sinir bozucudur. Sinirli bebekleri, kundaklayıp emzik vererek sakinleştirmek çok daha kolaydır çünkü kolları etrafta uçuşup onları rahatsız etmediğinde vücutlarını kontrol etmeleri ve daha iyi emmeleri kolaylaşır.

7. *Bebeğimi sık sık beslemem onu şımartır ya da daha fazla gazı olmasına sebep olur mu?*

Valerie ve David gibi birçok ebeveyn, bebeklerini fazla beslemenin onlarda mide ağrısına sebep olabileceği konusunda "uyarılmıştır":

"Bebeğimiz Christina çığlıklar atmaya başladığında sadece göğsümü emerek sakinleşebiliyordu. Kocam, her ağladığında onu emzirerek kolik hâle getirdiğimi söylüyordu. Arkadaşlarım onu bu

kadar sık emzirirsem şımartacağım konusunda beni uyarıyordu. Ne yapmam gerekiyordu?"

Valerie bana bu soruyu sorduğunda ona, ilk olarak neyse ki bebeğini sakinleştirmekte işe yarayan bir yönteme sahip olduğunu söyledim. Daha sonra, bir fetüsü şımartmanın imkânsız olduğunu ve tüm bebeklerin hayatlarının ilk üç ayında hâlâ fetüs olduğunu ekledim. Son olarak da, bebeğinin yeterince süt emdiğinden emin olması için doktorunu araması gerektiğini söyledim.

Küçük bir bebeğin çok sık emmesinin onun şımarmasına ya da karın ağrısı çekmesine sebep olacağından asla endişelenmem. Sonuçta, ilkel kültürler üzerine yaptığımız araştırmalardan, bebeklerin aslında bütün gün ve gece boyunca sık sık emzirilmek üzere "tasarlandıklarını" biliyoruz. Fakat bu soru bana, Valerie'nin çok önemli bir şeyi gözden kaçırdığı hissini vermişti. Emzirmek Christina'yı sakinleştirmenin çok güzel ve tatmin edici yolu olmasına rağmen, Valerie sahip olduğu diğer doğal sakinleştirme araçlarından faydalanmıyordu. Ona, David'le birlikte diğer temel prensipleri de kullanmalarını önerdim. Bu, David'in daha aktif bir rol oynamasına olanak verecek ve Valerie'nin emzirmeye ara vererek dinlenmesini sağlayacaktı.

Babalar, sakinleştirme yöntemleri konusunda uzmanlaşmaya daha heveslidir, çünkü bebeklerini sakinleştiren tek şey emzirmek olduğunda kendilerini biraz olayın dışında bırakılmış hissederler. Babalar, bebeklerini ne kadar çabuk sakinleştirebileceklerini öğrendiklerinde, onlarla ilgilenmek konusunda kendilerine çok daha fazla güvenmeye başlarlar.

1. Bebeğimin bütün gece göğsümü emmesine izin verdiğimde çok iyi uyuyorum ve bu çok güzel bir his. Bunun zararlı bir yanı var mı?

Çağlar boyunca bütün insanlar gece boyunca bebekleriyle yan yana uyumuştur. Ben bir kadının sahip olabileceği en muhteşem duygulardan birinin, süt emen bebeğiyle birlikte uyumak olduğunu düşünüyorum. Bebeğinizle bu şekilde birlikte olduğunuzda, onun ara sıra göğüs ucunuzu ısırmak istemesi normaldir. Fakat bu sizin tercihinize kalmıştır. Bebeğinizin istekleri doğrultusunda hareket etmeyi ya da geceliğinizi giyip onu başka yollarla sakinleştirmeyi tercih edebilirsiniz. Bu konuda doğru ya da yanlış yoktur; karar size aittir. (Birlikte uyumanın iyi ve kötü tarafları hakkında geniş bilgi için 15. Bölüm'e bakabilirsiniz.)

Ama bebeğinizle birlikte uyuyorsanız, şunlara çok dikkat etmelisiniz:

- Yastıkları ve örtüleri kaldırın, su yatağı kullanmaktan kaçının ve bebeğinizin yataktan düşmeyeceğine ve yatak başı ya da duvara çok yaklaşıp sıkışmayacağına emin olun. (Kundaklamak bebeğinizin tehlikeli yerlere doğru kaymasını engellemeye yardımcı olacaktır.)
- Yeterince dinlendiğinize emin olun. Hastalanırsanız ya da araba kullanırken dikkatsiz olursanız ona faydalı olmazsınız.
- Bebeğinizin dişleri çıkmaya başladıktan sonra, yarım saatten uzun süren emzirmelerin diş çürüklerine sebep olabileceğini unutmayın.

2. Ailemde parmak emen birçok çocuk var. Bebeğime emzik vermek daha sonra parmağını engeller mi yoksa onu bu konuda cesaretlendirir mi?

Bazı bebekler emmeye inanılmaz derecede düşkündür. Bu güçlü arzuları onların olgunlaşmamış, bağımlı ya da güvensiz olduğu ya da sizin bir ebeveyn olarak ilgisiz olduğunuz anlamına gelmez. Deneyimlerime göre parmak ya da emzik emme döneminin uzadığı vakaların çok büyük bir kısmı sadece göz rengi ya da gamzelerden farkı olmayan kalıtsal bir özelliktir. Ya da başka türlü söylememiz gerekirse bu, *gerçekten* kendi ebeveynlerinizi suçlayabileceğiniz bir şeydir!

Emziklerin parmak emmeyi engellediğine dair pek şüphe yoktur; bebeğinizin aynı anda ikisini birden ağzına sokması çok zordur. Fakat deneyimlerime göre bu, bebeğin bir şeyleri (parmağı ya da emzik) emme arzusunun uzunluğunu etkilemez.

Bir Ebeveynin Bakış Açısı: Siperlerden Tanıklıklar

Bazı bebekler sadece karınlarını doyurmak istediklerinde emmekle ilgilenirler. Fakat bazı bebekler için emmek; bir masaj, bir sakinleştirici ve sıcak bir banyonun toplam etkisine sahiptir.

"Burada, emmeye bayılan bazı bebeklerin hikâyelerini okuyacaksınız:

Annie ve Michael minik oğulları çığlık atmaya başladığında çok endişeleniyordu; Rylan'ın kalbindeki sorun, bu tip aşırı eforları

iyice tehlikeli hâle getiriyordu. Bu yüzden Ann saatlerce onu kucağında taşıyıp evin içinde dolaşıyordu. Bunu, sırtındaki acıya artık katlanamaz hâle gelene kadar devam ediyordu.

Rylan'a emzik vermeyi reddediyordu, çünkü bunun "ona daha sonra vazgeçirmekte zorlanacağı kötü alışkanlıklar edindirmesinden" endişeleniyordu. Fakat sonunda, büyük bir çaresizlik içinde emziği denemeye karar verdi ve hedefi on ikiden vurdu! "Emzik Rylan için Tanrı'dan bir armağan gibiydi! Hâlâ onu eğlendirmemiz gerekiyordu fakat emzik sayesinde, Rylan özellikle de titreşimli sandalyede oturuyorsa başından ayrılmama ve bir mola vermeme izin veriyordu."

Stanley yedi haftalık olduğunda karnını doyururken çırpınmaya başladı. Daha önce büyük bir iştahla yemek yerdi, fakat artık, emmeye başladıktan on dakika sonra kendini geri çekiyor ve sanki emmeyi unutmuş gibi göğüs ucunu yalamaya başlıyordu. Birkaç saniye sonra kendini geriye doğru atıyor ve kendini annesinin kucağından atmak istermiş gibi çığlıklar atmaya başlıyordu. Ama istediği bu da değildi, çünkü annesi Stanley'i yatağına bırakır bırakmaz o daha da şiddetli ağlamaya başlıyordu.

Stanley'nin anne ve babası, Maria ve Bill, onu sallamayı ve kundaklamayı denemişti, ama gerçekten sinirli olduğunda kollarını kundaktan birkaç saniye içinde kurtarabiliyordu. Kafası karışan ve sinirleri bozulan Maria, sütünün bozulduğundan ya da kuruduğundan endişelenmeye başlamıştı.

Neyse ki sorun, bundan çok daha basitti. Maria'nın sütü oldukça boldu; hatta çok fazlaydı. Stanley doyduktan sonra sadece eğlenmek için emmeye devam etmek istediğinde, Maria'nın göğsünden hâlâ çok miktarda süt gelmeye devam ediyordu. Stanley boğulmamak için kendini geri çekmek zorunda kalıyordu, ama hâlâ emmek istediği için keyfi kaçıyordu.

Maria ve Bill emzirmenin sonunda ona emzik vermeye başlayınca tekrar bir meleğe dönüştü.

Steven ve Kelly bir aylık oğullarının emzik kullanmaya bayıldığını söylüyordu. Fakat emzik ağzından düştüğü anda oğulları çığlık atmaya başlıyordu. Kelly bu konuda çok şikâyetçiydi: "Çok işe yarıyor fakat kendimizi, onun emzik köleleri gibi hissetmeye başladık. Annem, emziği ağzına bantlamamız gerektiğine dair şakalar yapmaya başladı. Bunun şakasının bile korkunç olduğunu biliyorum, ama hepimiz delirmek üzereydik."

Steven ve Kelly beni aradığında onlara "ters psikoloji" yöntemini öğrettim. Bir hafta sonra Kelly beni aradığında, emzik sorunlarının bu kadar kısa sürede çözülmüş olması sebebiyle şaşkına dönmüştü. Bir hafta içinde Ian'ın ağız

kasları öyle gelişmişti ki, emziğini düşürmeden 1–2 saat boyunca emebiliyordu.

Kelly şunları söylüyordu: "Çok tuhaf. Ian'ın emziğini ağzında tutmanın en iyi yolunun, onu ağzının içine doğru itmek olduğunu düşünürdüm. Fakat işe yarayan şey, bunun tam tersini yapmak oldu!"

Bazı bebekler, ağızlarına verdiğiniz her şeyi emerler, fakat bazıları gerçek birer minyatür gurmedir. Örneğin Liam, ona sunulan hiçbir şeyi, ne emziğini ne parmaklarını ne de biberonunu emmiyordu; tek bir istisna dışında; annesinin işaret parmağı!

13

Sarmalama Tedavisi: Beş Prensibi Bir Araya Getirerek Bebeğiniz için Mükemmeli Bulmak

Ana Noktalar:

- Bazı bebekler tek bir temel prensiple sakinleştirilebilirler fakat birçoğu daha fazla temel prensibin kullanılmasına ihtiyaç duyar.
- Sarmalama Tedavisi, Beş Temel Prensip'in aynı anda uygulanmasına olanak sağlayan güçlü bir birleşimdir.
- Sarmalama Tedavisi'ni mükemmelleştirmek için iki hayati adım vardır:

  Kesinlik – Tüm prensiplerin en önemli noktalarının özeti.

  Pratik – Sarmalama Tedavisi'nde mükemmelleşmek için niçin pratik yapmalısınız?

Artık bildiğiniz gibi, nesiller boyu aktarılan en başarılı bebek sakinleştirme teknikleri Beş Temel Prensip'e dayanır. Fakat Beş Temel Prensip'i kullanarak bebeğinizi birkaç dakika içinde sakinleştirmeyi henüz başaramıyorsanız, cesaretinizi kaybetmeyin. Hâlâ bu yöntemleri kullanarak mutsuz bebeğinizi mahallenin en mutlu bebeği hâline getirmeyi öğrenebilirsiniz.

Siz Her Şeyi Doğru Yapsanız Bile Bebeğiniz Ağlamaya Devam Ederse Ne Olur?

İnsanın gücü hata yapmaması değildir; iyi ve bilge insan, yaptığı hatalardan geleceği için dersler çıkarır.

Plutarch

Hafif hırçın bebekleri sakinleştirmekte Beş Temel Prensip'in herhangi biri başarılı olabilir. Fakat gerçekten patlamalar yaşayan, kolik bebekler için sadece kundaklamak ya da biraz monoton ses hiçbir etki yaratmayabilir. Burada, ağlayan bebeğinizi sakinleştirmek konusunda Beş Temel Prensip'in neden işe yaramayabileceğinin sebeplerini bulabilirsiniz:

1. **Bebeğinizin küçük bir sorunu olabilir.** Bebeğiniz acıkmış ya da kaka yapmak için uğraşıyor olabilir. Neyse ki bu sorunlar genellikle çok belirgindir ve temel prensipler olmadan da çözülürler.
2. **Bebeğinizin büyük bir sorunu olabilir**. Kolik bebeklerin yaklaşık %10-%15'inin, hırçınlıkları için gerçek tıbbi sebepleri vardır. (Koliğin tıbbi sebepleri için Ek A'ya, bu sorunların birçoğunun tedavisi hakkında geniş bilgi için 14. Bölüm'e bakabilirsiniz.)
3. **Temel prensipler tek tek uygulanmaktadır**. Bir bebek ne kadar kuvvetli ağlıyorsa, birkaç temel prensibin aynı anda kullanılmasına o kadar çok ihtiyaç duyar.
4. **Beş Temel Prensip doğru uygulanmamaktadır**. Her reflekste olduğu gibi, tam olarak doğru biçimde tetiklenmediği sürece sakinleşme refleksi de işe yaramaz.

Bu bölüm, Beş Temel Prensip'i mükemmel biçimde birleştiren Sarmalama Tedavisi ve temel prensipleri öğrenmeye başlayan ebeveynlerin yaptıkları yaygın hatalar üzerine yoğunlaşmıştır.

Bir İyiyse, İki Daha İyidir: Bebeğinizi Birden Çok Temel Prensiple Sakinleştirmek

Nina ve Dimitri, şampiyon çığlık atıcıları Lexi'yi saç kurutma makinesinin sesi ya da bebek salıncağıyla sakinleştirmeyi denediklerinde onun daha da çılgına dönmesiyle tüm cesaretlerini kaybetmişlerdi. Fakat saç kurutma makinesi ve bebek salıncağını birlikte kullandıklarında, bu büyülü biçimde işe yaradı.

Bir zamanlar söylendiği gibi, "Dünyada her saniye bir emici doğar." Ve bu, söz konusu bebekler olduğunda daha da doğrudur. Hatta her gün dünyaya binlerce emici, sallanıcı ve şşşt sesi dinleyici gelmektedir! Her bebeğin saç rengi ve mizaç konularında farklı olması gibi, bebeklerin sakinleşme yolları da az da olsa birbirlerinden farklıdır. Bazılarını sakinleştirmek için en iyi yol sallamaktır, bazıları monoton sesi duyduğu an sessizleşir, bazıları da yüzüstü yatırıldığı anda bütün vücudu gevşer. Kolay bebekler kendilerini sakin ve huzurlu hissetmek için temel prensiplerden sadece bir tanesinin yardımına ihtiyaç duyarlar.

Fakat hırçın bebeklerin daha fazla yardıma ihtiyacı vardır. Bu bebekler genellikle çığlık döngüsünden çıkabilmek için iki, üç, hatta dört temel prensibin bir arada uygulanmasına ihtiyaç duyarlar. Ve en huysuz, kolik bebekler beş temel prensibin aynı anda uygulanmasını talep ederler.

Isınma Turları: Bebeğinizi Sakinleştirmek Üzerine Bir Deney

Bebeğinizin en sevdiği sakinleştirme tekniğini bulmak için onu biraz hırçın olduğu bir anda sırt üstü yatırın. Temel prensipleri tek tek birbirine ekleyerek bebeğinizi sakinleştirmek için kaç tanesine ihtiyaç duyduğunuzu bulun.

1. **Yumuşak bir şşşt sesi çıkarın. Bu işe yaramazsa şiddetini artırıp kulağına yaklaşın.**
2. **Kollarının savrulmasını engellemek için onu kundaklayın. Bunu yaparken şşşt sesine devam edin.**
3. **Kundaklanmış bebeğinizi yan ya da yüzükoyun yatırın ve yine şşşt sesi çıkarın.**
4. **Şimdi hızlı ve sarsıntılı sallamayı ekleyin.**
5. **Son olarak, bunların hepsine devam ederken, emmesi için ona bir emzik ya da parmağınızı verin.**

Bunların sonunda, en hırçın bebekler bile sakinleşmiş olacaktır.

Sarmalama Tedavisi: Bebeğinizin Mutluluğu için Tüm Temel Prensipleri Tek Bir Tarifte Toplamak

New York'dan Los Angeles'a giden bir trende, yaşlıca bir kadının inanılmaz net ve zarif hareketlerle bir bebeği sakinleştirmesini izledim ve tarih öncesinden kalma bir bale gösterisi izlediğimi düşündüm.

Uçuşun ortasında bebek bir anda ağlama krizine girdi. Yürek parçalayıcı birkaç çığlıktan sonra bebeğin narin büyükannesi, çılgın seyahat arkadaşını kucağına alıp bir tepkiler

senfonisi ortaya koymaya başladı. Minik kızın karnını omzuna yasladı, bebeğin kulağına sürekli şşşt sesi çıkardı, poposunu ritmik biçimde pışpışladı ve yukarı doğru tırmanan bir yılan gibi vücudunun belden yukarısını sağa sola sallamaya başladı.

Bir dakikadan kısa sürede minik bebek uykuya dalmıştı.

Bebekleri sakinleştirmekte başarılı insanların bu konuda özel bir yeteneği olduğuna inanmak çekicidir, fakat gerçek bu değildir. Bebeğinizi sakinleştirmenin özel yeteneklerle hiçbir ilgisi yoktur. Bu tamamen bebeklerin neden ağladığını anlamaya ve onları sakinleştirecek becerileri geliştirmeye bağlıdır.

Çoğu ebeveyn otomatik olarak bebeklerini kucağına alır ve sallar, fakat bazen bu yeterli değildir. Sarmalama Tedavisi Beş

Temel Prensip'in hepsini öyle başarılı biçimde bir araya toplar ki, en hırçın bebeklerin bile sakinleşme refleksini tetikler.

Dünyadaki birçok kültüre mensup annelerin çoğu Sarmalama Tedavisi'nin farklı biçimlerini kullanır. Tanzanya'da bazı kadınlar bebeklerini sakinleştirmek için onları kucaklarına alıp mısır öğütüyormuş gibi hareket ederler! Bebekleri sakinleşene kadar hızlı hızlı öne eğilip doğrulurlar ve bu esnada kaba öğütme sesleri çıkarırlar.

Sarmalama Tedavisi, malzemeleri Beş Temel Prensip olan tarihi bir kek tarifiyse, bebekler üzerine yazılmış kitapların birçoğu ne yazık ki eksik tarif veriyor demektir. Bu kitaplar Beş Temel Prensip'ten bahseder, fakat onları tam olarak nasıl uygulamanız ya da bir araya getirmeniz gerektiğini anlatmaz.

Malzemeleri nasıl karıştırmanız gerektiğini bilmediğinizde, sonuçta elinizde lezzetli bir tatlı yerine sıcak bir lapa olma ihtimali artar. Ve her temel prensibi nasıl uygulayacağınız ve hepsini nasıl birleştireceğiniz konusunda detaylı açıklamalar olmadan, bir ebeveynin sakinleşmiş bir bebek yerine daha hırçın bir bebekle karşı karşıya kalması çok kolaydır!

Ve Sarmalama Tedavisi bebeğinizi sakinleştirmenize yardım ettikten sonra, her şey bitmiş değildir. Sarmalama Tedavisi, hırçın bebeğinizi sakinleştirdikten sonra onun huzurlu kalmasını sağlamak için kullanabileceğiniz önemli bir araçtır.

Minik bebeğiniz kollarınızda uykuya daldıktan sonra onu hemen yatağına yatırıp uzaklaşamayabilirsiniz. Çok rahatlamış olsa da bebeğiniz komada değildir. Uyuyan bebekler beyinlerinin derinliklerinde yine de içinde bulundukları dünyanın farkındadırlar. Bu nedenle Sarmalama Tedavisi'nin hipnotize edici ritmini bir anda kesmek, derin bir uykudaymış gibi görünen bebeğinizin bir anda çığlıklar atmaya başlamasına sebep olabilir.

Neyse ki Sarmalama Tedavisi bebeğinizin gözyaşlarını dindirdikten sonra da onu sakin tutmak için mükemmel bir araçtır. Kolik bebeğiniz hâlâ güvenle karnınızda olduğunu hissettiği (kundaklanmış ve sallanmakta olduğu ve yakın mesafeden monoton ses duyduğu) sürece saatlerce mutlu etmeniz çok kolaydır. Bebeğiniz bir anda yeniden huysuzluk etmeye başlarsa, sadece tempoyu yükseltmeniz dikkatini yeniden toplayıp sakinleşmesine yeterli olacaktır.

Mahalledeki En İyi Sarmalama Tedavisi Uygulayıcısı Olmak

Sarmalama Tedavisi, koliğin tedavisinde bilinen en iyi yöntem olsa da, başlangıçta size pek de doğal gelmeyebilir. Birçok yeni ebeveyn bunu bisiklete binmeye benzetir; başlangıçta karmaşık ve göz korkutucu görünür. Bazı ebeveynler bunu birkaç kez denedikten sonra "Bu bazı çocuklarda işe yarıyor olabilir ama benim bebeğim bundan nefret ediyor" diye düşünüp vazgeçerler.

Bu hayal kırıklığını kesinlikle anlıyorum. Yaptığınız her şey durumu daha beter hâle getiriyormuş gibi görünürken bebeğinizin ağlamasını durdurmaya çalışmak işkence gibidir. Ama bisiklete binmek gibi, Sarmalama Tedavisi'ni nasıl uygulayacağınızı bir kez öğrendiğinizde, uygulaması gerçekten çok eğlencelidir. Ve bunu hayatınız boyunca yapmışsınız gibi hissetmeye başlarsınız.

Sarmalama Tedavisi tam olarak işe yaramıyorsa bunun sebebi muhtemelen sadece teknik üzerinde ince bir ayar yapmanız gerekmesidir. Bu çok eski yöntemin işe yaramamasının en çok görülen sebebi, doğru uygulanmamasıdır.

Hatta yanlış kundaklama, sallama ve şşşt sesi hırçın bebeğinizin daha da huysuzlanmasına sebep olabilir! Yani, bunu yapacaksanız, gerçekten doğru biçimde yapmanız gerekir.

Şimdi hepsini doğru yapabilmek için Beş Temel Prensip'in önemli noktalarını tekrar gözden geçirelim:

Kundaklama

Ebeveynler sık sık kundaklamaktan vazgeçer, çünkü bebekleri buna direnir. Onlar da bu karşı koyuşu şu şekilde yanlış anlar: "Beni serbest bırak! Bundan nefret ediyorum! Bu haksızlık!" Fakat lütfen bu çok önemli ilk adımdan vazgeçmeyin. Kundağın başarılı olması için şunları yapmalısınız:

- Bebeğinizin kollarını düz biçimde iki yanında tutun.
- Battaniyenin kıvırdığınız her kenarını mümkün olduğunca sıkıca gerdirip sıkıştırın.
- Kundakladıktan sonra battaniyenin gevşemesine ya da açılmasına izin vermeyin.

Unutmayın, *kundaklamanın amacı bebeğinizi sakinleştirmek değildir*! Kundaklamanın amacı, bebeğinizin savrulmasını engelleyip onu sakinleştirecek olan diğer temel prensiplere dikkat etmesini sağlamaktır.

Yan ya da Yüzükoyun Yatırma

Bebeğiniz sakinken onu sırt üstü yatırmanızda sakınca yoktur. Ama hassas olduğu anlarda sırt üstü yatmak başındaki pozisyon sensörlerini rahatsız edip "kırmızı alarm" verilmesine sebep olur ve ağlamasını daha kötü hâle getirebilir.

- Bebeğiniz yan yatıyorsa, onu en azından biraz karnının üstüne doğru çevirin. Bazı bebekler o kadar hassastır ki birazcık bile sırt üstü pozisyona doğru dönseler sakinleşmekte büyük güçlük çekerler.
- Bebeğinizin aç olmadığından emin olun. Yemek yemek istiyorsa, yanağına dokunmanız reflekslerini tetikleyip

sizin ona yiyecek vermeye çalıştığınızı düşünmesine sebep olur. Bunun aç bir bebeği ne kadar hayal kırıklığına uğratacağını ve kafasını karıştıracağını hayal edin.

Şşşt Sesi

Şşşt sesini çıkarmak kolaydır ve birçok ebeveyn bunu yapmayı doğal bulur; fakat yavaşça. Sorun da buradadır. Ebeveynlerin çoğunun çıkardığı şşşt sesi gereğinden çok yavaş ve bebeklerinin kulağından çok uzaktadır.

- Çıkardığınız şşşt sesinin yüksekliğini, bebeğinizin ağlama sesinden biraz fazlasına yükseltin. Unutmayın, karnınızdaki sesler bir elektrikli süpürgenin sesinden yüksektir ve bebeğinizin kulakları hayatının ilk birkaç ayında doğal olarak sesleri boğuklaştırır.
- Monoton ses çıkarmak için bir makine kullanıyorsanız, sesin sakinleşme refleksini tetikleyebilmesi için makineyi bebeğinizin başının 60 cm. kadar uzağına koyun.

Sallama

Yavaşça sallamak sakin bir bebeği mutlu edebilir, fakat çığlıklar atan bebekler için bu fazla yumuşaktır. Başarılı bir sallamanın püf noktaları şunlardır:

- Hırçın bebeğinizi küçük, hızlı, titreme benzeri sarsıntılarla sallayın. Yavaş ve geniş hareketler bebeğin uykusunu uzatabilir, fakat bu hareketler ağlayan bir bebeği sakinleştirmeye yetecek kadar şiddetli değildir.
- Bebeğinizin başını ve boynunu destekleyin, fakat başını, ellerinizde bir jölenin titreşmesi gibi titreşecek biçimde, biraz serbest bırakın.

Jake'in babası Jimmy bana, Sarmalama Tedavisi'ni uyguladığını fakat işe yaramadığını söyledi. Tekniğindeki her adımın üzerinden geçtim ve neredeyse her şeyi doğru yaptığını fark ettim. Sadece Jake'i fazla geniş sallıyordu. Dizlerini iki yana birkaç santim hareket ettirmek yerine, her hareketinde bacaklarını 30 santim kadar hareket ettiriyordu. Bu geniş hareketler Jake'in beyninin hareketi gerektiği gibi algılamasını sağlayamıyordu. Hareketini küçük ve hızlı hâle getirince, sallamak Jake'i neredeyse her seferinde sakinleştirmeye başladı.

Emme

Emme genellikle doğru yapması en kolay olan temel prensiptir. Ama bebeğiniz emziği reddediyorsa, fikrini şu şekilde değiştirebilirsiniz:

- Önce bebeğinizi sakinleştirin. Bebeklerin çoğu, çığlık atarken emziği ağzında tutamaz.
- Farklı markalar deneyin. Bazı bebekler özellikle bir emzik şeklini tercih eder.
- Ters psikolojiyi kullanın. Bebeğiniz emmeye başlar başlamaz emziği hafifçe çekin. Bebeğiniz size direnecektir ve bu oyunu ne kadar çok oynarsanız, bebeğinize emziğini uzun süre sıkıca ağzında tutmayı o kadar hızlı öğretirsiniz.

Sarmalama Tedavisi Uzmanı Olmak: Pratik Mükemmelleştirir

İlk denememizde başaramadıysanız; ortalamanın üstündesiniz demektir.

M. H. Alderson

Unutmayın, bu yöntem binlerce yıldır uygulanıyor, bu yüzden ilk birkaç denemenizde tam olarak işe yaramasa da, siz çalışmaya devam ederseniz, püf noktalarını öğrenirsiniz. (Başlangıçta bu tekniği oyuncak bebekle ya da bebeğiniz sakinken denemeniz en iyisidir. Siz yorgunken ve minik meleğiniz camları çatlatabilecek bir gürültü çıkarırken öğrenmeye çalışmak oldukça zordur.)

Pratikle daha iyi hâle gelen sadece ebeveynler değildir. Siz iyileştikçe, bebeğiniz de iyileşir. Yavaş yavaş sizin ne yaptığınızı ve bunun hoşuna gittiğini anlamaya başlayacaktır.

Bebeğiniz altı ila sekiz haftalıkken tekniği uygulamaya başlıyorsanız, sabır daha da önemli hâle gelir. Sizin yöntemi öğrenmeniz birkaç deneme gerektirebilir ve bebeğinizin daha önceki deneyimlerini unutup Beş Temel Prensip'e alışmaya başlaması da bundan sonra birkaç deneme gerektirebilir. Fakat azimli olursanız, yüzde yüz başarılı olabilirsiniz.

14

Diğer Ağlama Krizi Çareleri: Masaj ve Yeme Sorunlarının Çözümlerinden Kocakarı Hikâyelerine

Ana Noktalar:

- Doğru olduğu kanıtlanmış üç antik kolik tedavisi: Masaj, temiz hava ve ekstra sıcaklık.
- Bebeklerin ağlamasının dört tıbbi sebebi için etkili çözümler: Alerjiler, kabızlık, yeme sorunları ve reflü.
- Kanıtlanmamış dört kolik tedavisine bir bakış.

Kulaklarınızı pamuk, midenizi cinle doldurun!

19. Yüzyıl kolik tavsiyesi

Yüzyıllar boyunca uzmanlar bebeklerin mutsuzluk kaynağının ne olduğuna inanıyorlarsa ona göre kolik tedavileri bulmaya çalışmıştır. Bu yanlış varsayımlar onları, sonunda kesinlikle faydasız olduğu ortaya çıkan birçok çözüm önerisi ortaya atmalarına sebep olmuştur: Alkol, şeker, su, yatıştırıcılar, kramp engelleyici ilaçlar ve gaz damlaları... Yine de, Beş Temel Prensip'in dışında da ağlayan bebeklere gerçekten yardımcı olmayı başaran bazı yollar vardır.

Kolik Tedavisinde Üç Doğru Yaklaşım: Bir Büyükannenin Numaraları

Beş Temel Prensip'e ara vermek istediğinizde, yararı kanıtlanmış şu üç yöntemi de kolik bebeğinizi sakinleştirmek için kullanabilirsiniz: Masaj, dışarıda yürüyüş ve biraz fazladan sıcaklık.

Masaj: Dokunuşun Mucizesi

Masaj, tek bir nefesi iki kişinin paylaşmasını sağlayan sevgidir.

Frederick Leboyer, *Loving Hands*

Masaj, kolik tedavisinde çok eskiden beri kullanılan bir tedavidir. Olağanüstü sakinleştirici etkilerinin temeli en eski ve en sağlam duyumuz olan dokunma duyusunda yatar.

Dokunmak ve Dördüncü Üç Aylık Dönem

"Bir *çocuk* süt ve övgüyle beslenir" diye eski bir deyiş vardır. Ben de, bir *bebeğin* süt ve okşamalarla beslendiğini söylüyorum. Bebeğiniz daha karnınızın içindeyken onu yirmi dört saat kadifemsi bir yumuşaklıkla saran sevgi dolu bir dokunuşa sahiptir. Bebeğiniz doğduğunda da dokunulmayı ve okşanmayı sevecektir. Teninizin, onun tenine değdiği dokunuşunuz onun için sakinleştirici, hipnotize edici sesler ya da hareketlerle eşdeğerdir.

Sarılmak Beyni Geliştirir

McGill Üniversitesi'nde kısa süre önce yapılan bir araştırmada, fazladan sarılmanın hayvanları daha zeki hâle getirip getirmediği araştırılıyordu. Araştırmacılar iki grup yavru fare üzerinde çalışmalar yaptı. İlk grubun, yavrularını sürekli yalayan ve okşayan sevgi dolu anneleri vardı. İkinci grup, annelerinden çok daha az şefkat gördü.

Fareler labirentler ve bulmacalar konusunda eğitilebilecek kadar büyüdüklerinde bilim insanları daha çok dokunulan hayvanların çok daha zeki olduklarını keşfettiler. Bu yavrular, beynin fareler (ve insanlar) için öğrenme konusunda çok önemli olan bir bölümünde çok sayıda bağlantı geliştirmişti.

Bu hikâyenin ana fikri çok açık: Bebeğinize sarılmanız onun kendini iyi hissetmesini sağlamanın yanı sıra, IQ seviyesinin yükselmesine de yardımcı olur!

Dokunuş, sadece bebeğinize fetüs olduğu zamanların harika bir anımsatıcısı olmakla kalmaz, aynı zamanda süt gibi bebeğinizin gelişimi için olmazsa olmaz bir "besindir." Hatta bazı açılardan sütten daha yararlıdır. Bebeğinizi fazladan emzirmek onun daha sağlıklı olmasını sağlamazken, onu ne kadar gıdıklar ya da kucaklarsanız, bebeğiniz o kadar güçlü ve mutlu olacaktır.

1986 yılında muhteşem bir bebek gözlemcisi olan Tiffany Field erken doğmuş bebekler üzerinde masajın etkilerini araştırdığı bir çalışmada bunun faydalarını kanıtladı. Field hemşirelerin bir grup erken doğmuş bebeğe on gün boyunca günde üç defa onar dakika masaj yaptırdı. Sonuç hayret vericiydi. Masaj yapılan bebekler, yapılmayanlara göre beklenenden %47 daha fazla kilo aldı ve onlara göre neredeyse bir hafta daha önce evlerine gidebildiler. Bunun ardından yapılan ve aynı derecede şaşırtıcı olan bir başka çalışmada da, masaj yapılan bebeklerin bir yıl sonra IQ seviyeleri ölçüldüğünde normal davranılan bebeklere nazaran daha yüksek çıktı. Doktor Field ayrıca, zamanında doğan bebeklere günde on beş dakika masaj yapıldığında daha az ağladıklarını, etraflarının daha farkında ve sosyal olarak daha uyumlu olduklarını, daha hızlı kilo aldıklarını ve stres hormonu seviyelerinin daha düşük olduğunu keşfetti.

Bebek Masajı: Bebeğinizi Doğru Biçimde Ovmak

Kocaman gözlü güzel Mica öyle hassas ve hareketliydi ki genellikle çok yorgun olduğunda bile kendini dış dünyaya kapatmak konusunda güçlük çekiyordu. Mica bir aylık olduğunda anne ve babası Lori ve Michael'a kızlarını sakinleştirmek için ona masaj yapmayı denemelerini tavsiye ettim.

> ***Başlarda Mica bu tip dokunuşları umursamıyormuş gibi davranıyordu. Biraz ayak masajına bir diyeceği yoktu fakat bu da ancak huysuzlanmaya başlamadan kısa süre işe yarıyordu. Yine de bunu yapmaya devam ettim ve bir haftanın sonunda, Mica dokunuşlarımdan keyif almaya başladı. Hatta benim ellerimi masaj yağıyla ovduğumu duyduğunda heyecanlanmaya başlıyordu. Çok mutluydum! Kısa süre sonra masaj vakti bebeğimizle çok özel bir bağ kurduğumuz zaman hâline geldi. Mica çok rahatlıyor hatta bazen uykuya dalıyordu. Kızım için bunu yapmaya bayılıyordum. Ve hepsinden iyisi, kızımızın genel olarak daha sakin olmasına ve akşam huysuzluğunun üstesinden gelmesine yardımcı oluyordu.***
>
> Lori, Michael ve Mica

Burada bebeğinize mükemmel bir masaj yapmak için ihtiyaç duyacağınız beş adımı bulabilirsiniz:

1. **Keyif için hazırlık** – Bebeğiniz karnını doyurduktan yarım saat sonra takılarınızı çıkarın, odayı ısıtın, ışıkları kısın, telefonu fişten çekin ve isterseniz yumuşak bir müzik açın. Hafifçe ısıtılmış bir bitki yağını (badem yağı harikadır) elinizin altında bulundurun. Ve tabii her ihtimale karşı yanınıza birkaç ıslak mendil ve bebek bezi de alın.

2. **O ana yoğunlaşın** – Çıplak bacaklarınıza oturtun ve bebeğinizi soyup kucağınıza yatırın. Onu sıcak tutmak için etrafına bir havlu sarın. Sonra kendinizi tamamen bu harika deneyime bırakmak için beş derin nefes alın. Masaj mekanik bir rutin değildir; masaj, sevgi değiş tokuşu yapılan hafif ve hassas bir andır.

   Bebeğinize yaptığınız ilk birkaç masajda hâlâ "kafanızın içinde" olduğunuzu ve ona nasıl masaj yapmanız gerektiğini düşündüğünüzü fark edebilirsiniz. Endişelenmeyin: Bu rutine biraz alıştıktan sonra dikkatiniz otomatik olarak parmak uçlarınıza, bebeğinizin yumuşak tenine ve sevgi dolu kalbinize toplanmaya başlayacaktır.

3. **Bebeğinizle elleriniz yardımıyla konuşun** – Ellerinize biraz yağ sürüp bebeğinize dokunmaya ayaklarından başlayın. Bir elinizin sürekli onunla temas hâlinde olmasını sağlamaya çalışın ve onunla ne yaptığınız, hayatın ona neler getirmesini istediğiniz konusunda konuşun; bir şarkı ya da ninni söyleyin. Bir seferde tek bacağıma masaj yapın ve dokunuşunuz akıcı fakat net olsun. Masajın, dokunuşlarınızın sakince aldığınız nefeslerle senkronize biçimde bebeğinizin vücudu boyunca genişlemesine izin verin.

Ayakları, bacakları, karnı, göğsü, kolları, elleri, sırtı, yüzü ve kulaklarını yumuşak ve tekrarlanan dokunuşlarla ovun, gerin ve hafifçe sıkın. Islak bir süngeri sıkarmış gibi kollarını ve bacakları hafifçe çevirin. Parmaklarınızı, ellerinizin farklı kısımlarını, bileklerinizi ve ön kollarınızı kullanarak deneyler yapmak konusunda kendinizi rahat hissedin.

Neden Daha Fazla Ebeveyn Bebeklerine Masaj Yaparak Onlarla "İletişim Hâlinde" Kalmaz?

Dokunmanın ve masajın hem bebekler hem de ebeveynler için ne kadar harika bir şey olduğuna dair birçok kanıt olmasına rağmen bu hâlâ çok fazla uygulanan bir yöntem değildir. Bunun sebeplerinden biri, ebeveynlerin bu şekilde bebeklerini şımartabilecekleri konusunda uyarılmaları olabilir.

Bu uyarıların, bebeklerimizi yetiştirme biçimimize soğutucu bir etkisi vardır. Bizim kültürümüzde bizler bebeklerimizi çok sık okşamayız ve yaptığımızda da bu genellikle birkaç kat giysinin filtresinden geçer. Amerikan ebeveynleri bebeklerini günde sekiz saatten az kucağında tutarken dünyanın birçok kültüründeki ebeveynler bebekleriyle günün yirmi saatten fazlasında "temas hâlindedir." Bu nedenle ne yazık ki ABD, bebeklerimizin bakış açısından, dokunuş zenginliği açısından eksik ve dengeli bir okşama düzeni olmayan bir üçüncü dünya ülkesine benzetilebilir.

4. **Bebeğinizin midesini ödüllendirin** – Bebeğinizin midesini bu kadar iyi bir iş yaptığı için ödüllendirin. Bacaklarını bisiklete biniyormuş gibi çevirin ve sonra iki bacağını da karnına doğru bastırın ve o şekilde 10 ila 20 saniye tutup iyice gerilmelerini sağlayın. Daha sonra midesini, karnının sağ alt köşesinden başlayıp midesinin üstünden geçerek sol alt köşesine kadar gidecek biçimde

saat yönünde sağlam yuvarlaklar çizerek okşayın. (Bu bazen bebeklerin gaz çıkarmasına ya da kaka yapmasına da yardımcı olur.)

5. **Bebeğinizin işaretlerini takip edin** – Bebeğiniz huzursuzlanmaya başlarsa, bu hızınızı değiştirmeniz ya da masaja son vermeniz konusunda verilen bir işarettir. Yağın fazlasını teninden silin fakat cildini beslemesi için birazının kalmasına izin verin. O gün daha sonra ya da ertesi gün sabun ve sıcak suyla vücudunu yıkayın.

Bebeğinize masaj yapmak sizin stres düzeyinizi düşüreceği ve kendinize güveninizi yerine getireceği için anne ve babalar için de harikadır.

Bebek masaj tekniği konusunda daha fazla şey öğrenmek isterseniz, Vimala McClure'un *Infant Massage* adlı kitabı bu konuda yazılmış çok iyi bir kaynaktır.

Dışarıda Yürüyüş: Bazı Bebekleri Sakinleştirmek için Sadece Parkta Bir Yürüyüş Yeterlidir

Eğer bebeklerimiz konuşabilseydi, muhtemelen sürekli şunu söyleyerek başımızın etini yerlerdi: "Neden biz de diğer Taş Devri aileleri gibi sürekli dışarıda yaşamıyoruz?" Tarih öncesindeki akrabalarımız dışarıda yaşıyordu ve belki de bazı minik mağara bebeklerimizin evde oturduklarında çok sıkılmalarının sebebi de budur. Onlar için, ağaçları yalayan rüzgârı dinlemek, temiz havayı yüzlerinde hissetmek ve sürekli hareket eden gölgeleri izlemekten daha eğlenceli hiçbir şey yoktur.

Bazı ebeveynler bana, dışarıda yapılan gezintilerin dördüncü üç aylık dönemle ne ilgisi olduğunu sorarlar. Bebekler için dışarıda yapılan bir yürüyüş, odaklanamadığı sakinleştirici görüntüler ve sarsıntılı hareketlerin toplamıdır. Ben onların, bu yumuşak duyguları sürekli ve çok yönlü bir monoton gürültü gibi onları hipnotize ettiğine inanıyorum.

Bu yüzden bebeğiniz ağlamaya başladığında onu temiz havaya çıkarmayı deneyin. Bir yürüyüşe çıkmak sizin de moralinizin düzelmesine ve içinizin huzurla dolmasına yardımcı olacaktır.

Bebeğinizi Sakinleşme Fikrine Alıştırmak

Rahimdeki bebekler sürekli olarak "sıcak suyun" içindedir! Birçok bebeğin sıcak şeyleri bu kadar sevmesinin sebebi de bu olabilir. Bebeğiniz hırçınlaştığında onu sakinleştirmek için bu "sıcak yöntemleri" deneyebilirsiniz:

- *Sıcak Banyo*

  Altı haftalık oğulları Jack her hırçınlaştığında Kim ve John onu sıcak suya batırarak sakinleştiriyordu. "Jack sıcak bir banyo yaptığında her zaman inanılmaz gevşiyordu. Zen benzeri bir rahatlığa erişiyor, vücudu yumuşuyor ve sonrasında uyumaya hazır hâle gelmiş oluyordu."

- *Isıtılmış Battaniye*

  Yeğeni Erica bir gün çok hırçınlaşınca Barbara bebek battaniyesini birkaç dakika boyunca kurutucuda ısıtmış, çok fazla ısınmış noktası olup olmadığını dikkatlice kontrol etmiş ve sonra Erica'yı onunla sarmıştı. Erica o kadar kısa sürede sakinleş-

mişti ki o günden sonra Erica ne zaman hırçınlaşsa onu sıcak battaniyeyle kundaklamaya başladılar. (Barbara her zaman battaniyeyi fazla ısıtmamak ve Erica'yı yakmamak konusunda fazlasıyla dikkatliydi.)

- *Sıcak Bir Şapka*

Bebeğinizin başını kapatmanız onun kendini güvende ve rahat hissetmesini sağlar. Yeni doğmuş bebekler vücut ısılarının yüzde yirmi beşini başlarından kaybederler bu nedenle başı açık olan bir bebek, serin bir akşamda iç çamaşırlarıyla gezen bir yetişkin gibidir.

- *Ilık Su Torbası*

Dr. Spock ebeveynlere, bebeklerini ılık su torbasının üstüne yüzükoyun yatırmalarını söylemeyi çok seviyordu. O bunun, sıcağın regl ağrılarına iyi geldiği gibi mide ağrılarında da işe yaradığına inanıyordu fakat yöntemin işe yaramasının sebebi daha çok bebeğinizin karnına sakinleştirici bir baskı uygulayarak sakinleşme refleksini tetiklemesiydi.

- *Sıcak Çoraplar*

Bebeğinizin kendini iyice rahat hissetmesi için battaniyesinin yanı sıra çoraplarını da ısıtabilirsiniz. Sadece, ona çoraplarını giydirmeden önce fazla ısınan noktalar olup olmadığını kontrol edin.

Uyarı: Bebeğinizi Kırmızı Bibere Dönmekten Kurtarmak

Bebeğinizi sıcak tutmak size yardımcı olabilir, fakat onu çok fazla ısıtmak onun için iyi değildir. Bu bebeğinizin huysuzlanmasına sebep olabilir, sıcak yüzünden pişik olabilir ve küçük de olsa, ABÖS riskini yükseltebilir.

Bebeğinizi çok fazla ısıtma riskini azaltmak için aşağıdaki noktalara dikkat edin:

- Bebeğinizin kulakları ya da başparmakları kızarmış ya da koltuk altları terliyse muhtemelen çok sıcaklamıştır ve onu biraz daha ince giydirmeniz gerekir.
- Bebeğinizin havlusunu, battaniyesini, çoraplarını ya da şapkalarını kurutucuda, saç kurutma makinesiyle ya da otuz saniye mikro dalga fırında tutarak ısıtabilirsiniz. Fakat herhangi bir giysiyi bebeğiniz üstünde kullanmadan önce mutlaka katlarını açın ve kolunuzun ön kısmıyla sıcaklığını kontrol edin.
- Üzerinde metal parçalar olan hiçbir giysiyi asla mikrodalga fırında ısıtmayın.
- Asla elektrikli battaniye ya da ısıtıcı kullanmayın. Bu bebeklerin gereğinden çok fazla ısınmasına sebep olabilir ve gereksiz elektromanyetik radyasyona maruz kalmalarına sebep olabilir.
- Sıcak havalarda bebeğinizi ince kumaşlarla kundaklayın.

Doğru Yoldaki Dört Modern Kolik Tedavisi: Bir Doktorun Elindekiler

Çoğunlukla koliğin sebebi tıbbi sorunlar olmasa da, çok hırçın bebeklerin %10-%15 arası kısmının dört ana mide sorunu yüzünden ağladığını tahmin ediyorum: Yiyecek alerjisi, kabızlık, yeme bozuklukları ve reflü.

Bu tedavi edilebilir durumlardan muzdarip olan çocuklar Beş Temel Prensip ve daha önce bahsettiğimiz büyükanne çözümleriyle biraz huzur bulsa da bu bebeklerin çoğunun gerçekten ihtiyaç duyduğu şey özel zorlukları için tıbbi müdahaledir.

Burada, bu mutsuz bebekleri sakinleştirmek için birkaç püf noktası bulabilirsiniz.

Yiyecek Alerjilerinden Korunmak: Mideyi Yeniden Düzene Sokmak

Kolik bebeklerin yaklaşık yüzde onunun ağlama sebebinin yiyecek alerjileri olduğuna inanılır. Ne yazık ki doktorların elinde bu soruna sahip bebekleri kontrol etmek için kesin sonuç veren bir test yoktur. Bebeğinizin yiyecek alerjisi olup olmadığını keşfetmek için biraz dedektifçilik oynamanız ve kendi beslenme düzeninizden bazı yiyecekleri çıkararak ya da kullandığınız mamayı değiştirerek sonuçları gözlemlemeniz gerekir. (Bunları yapmadan önce mutlaka doktorunuza danışın.) Bebeğinizin ağlamasının iyiye gidip gitmediğini görmeniz genellikle iki ila dört gün sürer.

Beslenme düzeninizden bazı yiyecekleri çıkardığınızda bebeğiniz iyiye gidiyorsa, bebeğinizin yiyecek alerjisi olabilir. Fakat bazen bu iyileşme sadece bir rastlantıdır. Bebeğinizin gerçekten bu yiyeceklerden kaçınması gerektiğine emin olmak için size, huysuzluğunun iki hafta boyunca kesilmesini bekleyip ondan sonra şüphe ettiğiniz yiyecekten bir kaşık dolusu yiyerek ya da bebeğinize şüphelendiğiniz bebek mamasından 15 gram kadar yedirmenizi tavsiye ediyorum. Bunu dört–beş gün boyunca sürdürdüğünüzde bebeğinizin ağlaması geri dönüyorsa yiyecek alerjisi var demektir.

Yiyecek alerjisi olan bebeklerin büyük çoğunluğu sadece bir ya da iki yiyeceğe alerjiktir ve bunlar da çok büyük ihtimalle inek sütü ve mandıra ürünleridir.

Kalsiyum Mucizesi

Bebeğinizi emzirirken bebeğinizin hassasiyeti yüzünden mandıra ürünlerini yemeyi kestiyseniz, beslenmenizde yeterli kalsiyum almanızı sağlayacak birçok başka yol mevcuttur. Kalsiyum haplarının yanı sıra yeşil sebzeler (brokoli, yapraklı sebzeler), susam yağı, pekmez, işlenmiş portakal suyu ya da soya sütü, mısır ekmeği gibi yiyecekler bunun için idealdir.

Beslenme düzeninizden mandıra ürünlerini çıkartmak bebeğiniz için bir risk teşkil etmez. Fakat mandıra ürünleri tüketmeye birkaç haftadan daha uzun süre ara verirseniz, kendi vücudunuzun kalsiyum ihtiyacını nasıl karşılayabileceğiniz konusunda doktorunuzla konuşmanız gerekir.

Bu nedenle doktorlar sık sık, mamayla beslenen bebeklerin inek sütü temelli mamalardan soya özü temelli mamalara geçmelerini tavsiye ederler. Bu yapıldığında birçok bebek aşama kaydeder, fakat daha önce de belirttiğim gibi, süt alerjisi olan bebeklerin en az yüzde onunun soyaya da alerjisi vardır. Bu bebeklerin özel ve alerji riski düşük bir mamayla beslenmeleri gerekir ve bu konuda ayrıntılı bilgiyi doktorunuzdan alabilirsiniz.

Kabızlık: Bir Kuruluk Meselesi Üzerine İlginç Fikirler

Büyükannemin her zaman söylediği gibi, "Düzenli olmak önemlidir" ve bu özellikle bebekler için daha da önemlidir! Neyse ki anne sütüyle beslenen bebekler neredeyse hiçbir zaman kabız olmaz. Birkaç gün kaka yapmayabilirler, fakat o zaman bile kakaları yumuşak ve gevşek olur. Diğer yandan mamayla beslenen bebekler kabız olabilir ve genellikle iyi bilinen birkaç yöntem bu sorunun çözümünde faydalıdır:

- *Kullandığınız mamayı değiştirin* – Bazen bebeğinizin mamasını değiştirmek kabızlık sorununu çözmenize yardımcı olur. Bazı bebekler, toz mamalar yerine konsantre mamalarla, bazıları inek sütü yerine soya sütü içeren mamalarla çok nadir bebek de düşük demir içeren mamalarla beslendiklerinde kakaları yumuşar.

- *Karışımı seyreltin* – Bebeğinizin kabızlık sorunu, günde bir ya da iki kez mamaya doğrudan 30 ml. su ya da 15 ml. erik suyu (organik olması en iyisidir) eklemenizle iyiye gidebilir. (Bir yaşın altındaki bebeklere bağırsaklarını çalıştırmak için asla bal ya da mısır şerbeti vermeyin.)
- *Kapıyı açın* – Bebeğinizin kabızlığını hafifletmenin bir yolu da, anüsünü rahatlatmanızdır. Kaka yapmak için ıkınan bebekler genellikle istemeden anüslerini de sıkarlar. Aynı anda bir elleriyle ritim tutup diğer elleriyle yuvarlaklar çizemeyen yetişkinler gibi, birçok bebek de mide kaslarını kasarken aynı anda anüslerini gevşetmek konusunda sorun yaşarlar.

Bebeğinizin bacaklarını bisiklete biner gibi çevirerek ve poposuna masaj yaparak anüsünü rahatlatmasına yardımcı olabilirsiniz. Bu işe yaramazsa vazelin sürdüğünüz bir termometreyi ya da kulak pamuğunu bebeğinizin anüsüne 2.5 santim kadar sokun. Bebekler buna genellikle dışarı itmeye çalışarak tepki verirler ve çoğu zaman aynı anda kakalarını da yaparlar.

Kaka Üzerine Bir Uyarı: Bazen Kabızlık Daha Büyük Bir Sorunun Belirtisidir

Sağlıklı bebekler bir ya da iki gün kaka yapmayabilirler. Fakat daha da nadir bağırsak hareketleri daha endişe verici bir sorunun işaretleri olabilir. Bebeğiniz iki ya da üç günden uzun süre kaka yapmıyorsa, doktorunuzla iletişime geçmelisiniz. Doktorunuz bebeğinizi üç nadir görülen fakat tedavisi olan ve ilk bakışta kabızlıkla karıştırılabilen hastalık konusunda muayene etmeye karar verebilir:

1. *Hipertiroidizm* – Bu kolaylıkla tedavi edilebilen hastalık tiroid bezlerinin az çalışmasından kaynaklanır ve tedavi edilmezse zihin gelişiminin yavaşlamasına sebep olabilir.
2. *Hirschsprung Hastalığı* – Bu nadir görülen bağırsak hastalığında, anüs kasları gevşeyip kakanın dışarı çıkmasını sağlayamaz. Ameliyatla düzelir.
3. *Bebek Botülizmi* – Bu çok nadir görülen hastalık bebekleri geçici süreyle felç eder. Hastalığın sebebi toprakta ya da bal ve mısır şurubu (ki bunlar asla bir bebeğe verilmemelidir) gibi tatlı sıvılarda yaşayan botülizm sporlarıdır.

Yeme Bozuklukları - İyi Bir Şeyden Çok Fazla (ya da Çok Az) Elde Ettikleri için Ağlayan Bebekler

Neyse ki, %99.9 ihtimalle sütünüz ve bebeğiniz birbirlerine mükemmel derecede uygundur. Fakat gereğinden çok az ya da çok fazla süt içmesi bebeğinizin ciddi ağlama krizlerine girmesine sebep olabilir.

"Süt Var Mı?" - Yeterli Süt İçemedikleri için Ağlayan Bebekler

Mamayla beslenen bir bebeğin karnının doyduğunu görmek genellikle oldukça kolaydır. İçtiği mililitreyi hesaplayabilirsiniz. Fakat söz konusu anne sütü olduğunda bu biraz daha zorlaşır. Bebeğinizi emziriyorsanız, onun yeterli süt içip içmediğini anlamanıza şu sorular yardımcı olabilir:

Göğsünüz yeterince süt üretiyor mu? Uyandığınızda göğüslerinizin ağır olduğunu hissediyorsanız, ara sıra göğüslerinizden süt sızıyorsa ve bebeğiniz emdiği sırada onun yutkunma seslerini duyabiliyorsanız göğsünüz büyük ihtimalle yeterince süt üretiyordur.

Bebeğiniz emdikten sonra sakinleşiyor mu? Karnı doyan bebekler genellikle emdikten sonra sakinleşir, rahatlar ve gevşer.

Bebeğiniz yeterince çiş yapıyor mu? Hayatlarının ilk birkaç gününde bebekler pek fazla çiş yapmaz, fakat sütünüzle beslenmeye başladıktan sonra, bir bebeğin günde beş ila sekiz kez çiş yapması gerekir.

Bebeğiniz normal hızda kilo alıyor mu? Birçok anne ve büyükanne, diğer bütün bebekler küçük birer sumo güreşçisi gibi görünürken, kendi bebeklerinin şehrin en zayıf bebeği olduğundan endişelenir. Bebeğinizin yeterince kilo alıp almadığını öğrenmek için onu tartmanız gerekir. En doğru tartım için bebeğinizi doktorunuzun muayenehanesindeki tartıda tartın. Unutmayın, bebekler hayatlarının ilk birkaç gününde 220-240 gram arası ağırlık kaybeder fakat bundan sonra haftada ortalama 110-200 gram arası kilo almaya başlarlar.

Hırçın bebeğiniz parmağınızı ya da emziğini emerek sakinleşiyor mu? Hırçın bebeğinizin bir şeyler emmek istiyor olması onun her defasında aç olduğu anlamına gelmez. Ona emmesi için parmağınızı verin. Birkaç dakika boyunca mutlu biçimde emiyorsa, ihtiyacı olan şey muhtemelen yiyecek değil, sakinleşmektir.

Bu sorulardan herhangi birine "Hayır" cevabını verdiyseniz, bebeğinizin ağlamasının sebebinin aç kalması olup olmadığını danışmak için doktorunuzu aramanız gerekir.

Süt Stoğunuzu Yenilemek

Fazladan emzirmek bebeğinizin ağlamasını geçiriyorsa ve siz süt stoğunuzu yenilemek istiyorsanız, bunu muhtemelen yapabilirsiniz. Tavsiye almak için doktorunuzla, bir süt uzmanıyla görüşün. Bu çözümlerden bazılarını da deneyebilirsiniz:

1. Sorunu Teşhis Edin

- Bazen yetersiz beslenme "anne sorunundan" kaynaklanır. Bebeğinizi göğsünüze yanlış yatırmaya çalışıyor olabilirsiniz. Göğüs uçlarınız düz olabilir, bir tiroid sorununuz, aşırı yorgunluğunuz, acınız olabilir, sizin beslenmeniz yetersiz olabilir ya da çok nadiren görülse de, göğüs dokunuz yetersiz olabilir. Göğüs uçlarınız çatlıyor ya da acıyorsa, maya iltihabı olmadığınızdan emin olmak için doktorunuzla konuşun. Ayrıca hem emzirmeden sonra bir miktar sütün göğüs uçlarınızın üstünde kalmasına izin vermeyi de deneyebilirsiniz. Anne sütünde tahriş olmuş derinin daha hızlı iyileşmesine yardımcı olan özel faktörler bulunur.
- Yetersiz beslenme bir "bebek sorunundan" da kaynaklanabilir. Bazı bebekler beslenmeyi öğrenmek konusunda zorluk çeker. Bazıları zayıftır, bazıları "tembeldir", bazıları göğüs ucunuz yerine kendi dilini emmeye çalışır, bazılarının dili kıvrılır bazılarının ise sadece kafası çok karışıktır ve emmeye çalışacaklarına ısırırlar.

Sebebi ne olursa olsun acı hissediyor ya da bebeğinizle beslenme sorunları yaşıyorsanız en kısa sürede yardım alın.

2. **Stoğunuzu Çoğaltın.** Göğüslerinizde bir sorun olmadığına ve bebeğinizin iyi emdiğine emin olduktan sonra atılacak bir sonraki adım süt stoğunuzu çoğaltmaktır. Bunun için şunları yapabilirsiniz:

- İyi beslenin ve elinizden geldiğince çok dinlenin.
- Göğüslerinizi sık sık boşaltın. Uyanık olduğunuz saatlerde bebeğinizi iki ya da üç saatte bir emzirin. Bazı emzirme uzmanları her emzirmede tek bir göğsünüzü kullanmanızı tavsiye eder, fakat özellikle süt stoğunuzu çoğaltmaya çalışıyorsanız ben emzirdiğiniz göğsünüzü sık sık değiştirmeniz gerektiğini düşünüyorum. (Bebeğiniz artık emmek istemeyene kadar her yedi ya da on dakikada bir emzirdiğiniz göğsü değiştirin.)

  Kendinizi çok yorgun ya da gergin hissetmiyorsanız, günde bir ya da iki kez bebeğinizi daha sonra beslemek üzere sütünüzü sağabilirsiniz. Size, bebeğinizi sabah ilk kez emzirmeden on–on beş dakika önce ya da göğüslerinizin çok dolu olduğunu hissettiğinizde göğsünüzü sağmanızı tavsiye ederim. Bebeğinizi sütsüz bırakmaktan endişelenmeyin. Önden biraz süt sağsanız da, geriye bebeğinizin keyfini çıkarabileceği, besin değeri daha yüksek olan süt kalır. Birkaç gün sonra sütünüzün arttığını fark edersiniz.
- Süt üretiminizi artırmak için emzirirken ya da sağarken imgeleminizi kullanın. Rahat bir pozisyona geçin, kendinizi güvende ve gevşek olduğunuz yerde hayal edin ve göğüslerinizin bol bol süt ürettiğini hayal edin. Bana danışan annelerden biri, tropik bir adada,

güneşin altında yattığını ve göğüslerinden akan süt nehirlerinin tüm okyanusu beyaza boyadığını hayal ediyordu ve bu çok işe yaradı!

- Göğsünüzdeki süt bezlerini harekete geçirmek için çemenotu çayı ya da Anne Sütü Çayı denen, içinde rezene, anason, nane ve çemenotu bulunan çaylardan deneyin.
- Doktorunuzdan, süt stoğunuzu artıracak ya da zaten sahip olduğunuz sütü akışkan hâle getirecek reçeteli ilaçlar yazmasını isteyin. Ayrıca tiroid kontrolü yaptırmanız gerekip gerekmediğini de sorabilirsiniz.

3. Anne Sütünü Biraz Mamayla Destekleyin.

Aç bebeğinize sağdığınız sütünüzü ya da biraz bebek mamasını vererek yardımcı olabilirsiniz. Bunu bebeğinize çay kaşığı, göz damlası damlalığı ya da şırıngayla verebilirsiniz, fakat en iyi yöntem, Ek Besleme Sistemi (EBS) denen bir cihaz kullanmaktır. EBS, bir süt torbasının ucuna bağlanmış yumuşak, tüp benzeri bir kamıştan oluşur ve bebeğinizin sütü aynı anda hem göğsünüzden hem de tüpten emmesine olanak sağlar. Bu metot bir anneye, bebeğine yanlış bir emme biçimi öğretmeden süt stoğunu yeniden doldurma fırsatı verir. Bu sorun genellikle, çok fazla biberonla beslenen bebeklerde ortaya çıkar.

"90 Beden Sütyenimden Taşıyorum" - Çok Fazla Sütünüz Olduğu için Ağlayan Bebekler

Bazı bebekler sütü o kadar çok sever ki çok fazla yerler. Bu bebekler her öğünde 230 mililitreye kadar sütü mideye indidirler ve kısa süre sonra hepsini kusarlar, çünkü onların "gözleri, midelerinden daha açtır." Fakat bazı bebekler açgözlülükleri yüzünden değil, kendilerini korumak için çılgınca emerler. Onların annelerinin sütü göğüslerinden öyle hızlı akar ki boğulmamaya çalışırlar.

Fazla sıvı gelmesi, biberonla beslenen bebeklerde de görülebilir. Çok yumuşak ya da çok büyük delikli emzikleri olan biberonlar da sert bir emme refleksi olan bebeklerin kendilerini akan bir musluktan süt içiyormuş gibi hissetmelerine sebep olabilir.

Süt akışınızın bebeğinizin başa çıkamayacağı kadar fazla olduğunu düşünüyorsanız şu işaretleri arayın:

- Bebeğiniz bir göğsünüzden süt emerken diğerinden süt damlamaya başlıyor mu?
- Bebeğiniz yüksek sesle yutkunuyor ya da çok hızlı emiyor mu?
- Bebeğiniz, ağzına süt dolmaya başladığı anda çırpınmaya, öksürmeye ve kendini geri çekmeye başlıyor mu?

Bu sorulara cevabınız "Evet"se, bebeğinizi beslemeye başlamadan hemen önce göğüslerinizden 50-60 mililitre kadar süt çıkarmayı deneyin. Ayrıca emzirme sırasında göğüs ucunuzu sigara tutar gibi işaret ve orta parmaklarınız arasında tutun ve sütün akışını yavaşlatmak için iki yanından bastırın ya da bebeğinizi yatar pozisyonda, onu üstünüze yatırarak emzirmeyi deneyin ve yemek vaktinin daha iyi geçip geçmediğini gözlemleyin.

Reflü: Bebeğinizi Mide Yanmasını Geçirerek Sakinleştirmek

Emme sırasında ya da hemen sonrasında başlayan ağlama krizleri sütünüzün gereğinden az ya da fazla olduğu, sütünüzün tuhaf bir tadı olduğu, bebeğinizin güçlü bir gastro-kolik refleksi olduğu (4. Bölüm'e bakınız) ya da bebeğinizin kolik bebeklerin üçte biri gibi mide asidi reflüsünden muzdarip olduğu anlamına gelebilir.

Bebeğinizin acı çekmesinin sebebinin reflü olduğunu düşünüyorsanız, 4. Bölüm'de bahsettiğimiz açık işaretleri kontrol edebilirsiniz. Elbette bebeğinizin bu hastalığa sahip olduğunu düşünüyorsanız muhakkak bunu doktorunuzla konuşmanız gerekir.

Yıllar içinde reflüyle başa çıkmak için birçok çözüm önerilmiştir. Bunlardan birkaçı faydasızdır, fakat birçoğu sonuç verir.

Faydasız Mide Asidi Tedavileri

- *Pozisyon* – Reflüsü olan bebeklerin ebeveynlerine uzun süredir yemekten sonra yer çekiminden faydalanmak için bebeklerini bir salıncak ya da bebek koltuğunda oturtmaları söylenmektedir. Fakat araştırmalar, bu pozisyonun reflünün ciddiyetini azaltmadığını göstermektedir (yine de bazı ebeveynler bunun faydalı olduğuna yürekten inanır).
- *Pirinçle yoğunlaştırılmış mamalar* – Bazı doktorlar sütünüzü pirinç unuyla yoğunlaştırarak midede kalmasını sağlamanızı tavsiye eder. Fakat bunun reflü tedavisinde gerçekten işe yaradığını kanıtlayan herhangi bir araştırma yoktur.

Sonuç Veren Mide Asidi Tedavileri

- *Pozisyon* – Bebeğinizi oturtmak çok işe yaramasa da, reflüyü azalttığı *kanıtlanmış* iki pozisyon vardır: Bebeğinizi yüzükoyun ya da *sol yanı* üzerine yatırmak.

Her iki pozisyon da bebeğiniz uyanık olduğu sürece çok iyidir. Sol yana yatırma pozisyonu uyurken de sorun olmaz, tabii bebeğiniz kundaklanmış ve yüzükoyun yuvarlanmayacak şekilde sıkıştırılmış olduğu sürece. Tüm bebeklerin uyuması için tercih edilen pozisyon sırt üstü yatmalarıdır. Fakat bazı doktorlar ciddi reflü ve gece kusması olan bebekler için yan uyuma pozisyonunu tavsiye eder. Bu konuda bebeğinizin doktorunun fikrini alın.

- *Gaz Çıkartma* – Bebeğinizi emzirirken her beş ila on dakikada bir gazını çıkarın. Diğer türlü öğünün sonunda gelecek büyük bir geğirme bebeğinin midesindeki asidik sıvının yukarı itilmesine sebep olabilir.
- *Besleme İpuçları* – Bebeğinizin çok fazla yemek yemediğinden emin olun. Bebeğinizi biraz daha az emzirmeyi deneyin ve kusmasının durup durmadığını ve ağlamasını daha iyiye gidip gitmediğini gözlemleyin. Bebeğiniz haftada 1–3 kilo aldığı ve emdikten sonra birkaç saat boyunca huzurlu olduğu sürece onu daha kısa süre emzirmeye devam edebilirsiniz.
- *İnek sütü içeren besinleri tüketmeyin* – Bazı bebeklerde reflü, yiyecek alerjisinin göstergesidir. İnek sütünün beslenme düzeninizin dışında bırakılmasının gerekli olup olmadığına karar vermek için bu konuyu doktorunuzla konuşun.
- *Asit Gidericiler* – Doktorunuz, “kalp yanmasının” yarattığı acıyı azaltma umuduyla reçetesiz satılan asit giderici ilaçları ya da famotidin, ranitidin, omeprazol ve lansoperazol içeren, reçeteli asit düşürücü ilaçları kullanmanızı tavsiye edebilir. (Bir doktora danışmadan asla bebeğinize asit giderici ilaçlar vermeyin.)

- *Mideyi boşaltan destekler* – 1990'larda doktorlar bazı ilaçların midenin asitli içeriğini hızla bağırsaklara boşaltmasına ve asidin yemek borusundan yukarı fışkıramaması için midenin ağzındaki "kapıyı kapadığını" keşfetmiştir. Metoklopramid ve eritromisin gibi ilaçlar günümüzde zaman zaman diğer tüm denemelere rağmen çığlık atmaya devam eden reflü hastası bebeklerde kullanılmaktadır.

Bitki Çayları, Homeopati, Kiropraktik ve Osteopati: Faydasız mı, İşe Yarar mı?

Bitki Çayları Bir Bardak Dolusu Rahatlama mı?

Çağlar boyu mutsuz bebekler için hama yardımcı olduğu bilinen bitki çayları önerilmiştir. Geleneksel olarak anneler bebeklerinin sorunlu mideleri için papatya, nane, rezene ya da tere çayı kaynatır.

Bu uygulamaların çok eskilere dayanan "kökleri" bitkilere verilmiş olan isimlere de yansımıştır. İspanyolcada nane anlamına gelen kelime *yerba buena*'dır ve tam tercümesi *iyi ot*'tur. Sırpçadaki karşılığı *büyükanne* anlamına gelen *nana*'dır. Tere, antik Mısır, Yunan ve Viking dönemlerinde birçok mideyi iyileştirmiştir. İngilizcedeki karşılığı olan "dill" kelimesi, eski Norveççede "sakinleştirmek" anlamına gelen "*dilla*" kelimesinden türemiştir.

Papatyanın sakinleştirici özellikleri olduğundan bahsedilir, nane bağırsak kramplarına iyi gelir, tere gaz sancısını geçirir ve rezene bağırsaktaki kan damarlarını genişleterek hazma yardımcı olur ve ısıtıcı bir etki yaratır.

Bitki çaylarını ne kadar sevsem de, üzülerek söylemeliyim ki bu çayların kolik bebeklere faydası dokunduğuna dair çok az kanıt vardır. Fakat bebeklere zararları da dokunmaz, bu nedenle bebeğinize bitki çayı vermek isterseniz, bunu nasıl yapmanız gerektiğini burada bulabilirsiniz:

Tere ya da rezene çayı yapmak için iki çay kaşığı ezilmiş tohumu on dakika boyunca kaynar suda bekletin. Bu çaydan bebeğinize günde birkaç defa bir çay kaşığı verebilirsiniz. Bebeğiniz çayı içmeyi reddederse, içine biraz bebekler için elma suyu ya da şeker ekleyerek sıvıyı tatlandırabilirsiniz (bal ya da mısır şerbeti kullanmayın).

Ayrıca tere, İngiltere ve İngiliz Milletler Topluluğu ülkelerinde kolik bebekler için halk içinde sıklıkla kullanılan ve "sancı suyu" adı verilen bir tonik olarak da kullanılabilir (fakat bunun da faydası kesin olarak kanıtlanmış değildir).

Homeopati, Kiropraktik, Osteopati: Denemeye Değer mi?

Homeopati, "sebep, çözüm olabilir" felsefesini öğreten bir iyileştirme felsefesidir. Diğer bir deyişle, vücudun, büyük miktarda verildiğinde onu *hasta eden* şeyden küçük miktarda verildiğinde kendini iyileştirebileceğine inanırlar. Örneğin bir homeopat, kaşıntı sebebiyle oluşan tahrişleri tedavi etmek için size, çok küçük miktarda zehirli sarmaşık özü kullanmanızı tavsiye edebilir.

Homeopatik tedaviler işe yarar mı? Bazı ebeveynler buna yemin bile edebilir, fakat sağlam kanıtlar bulmak oldukça zordur. Umuyoruz ki bu, önümüzdeki beş ya da on yıl içinde, Ulusal Sağlık Enstitüsü bu konuda yaptığı çalışmaların sonuçlarını aldığında değişecektir.

Kolik için tavsiye edilen dört ana homeopatik tedavi vardır: Papatya, acıelma, magnezyum fosfor ve pulsatil. Bunlar tek tek ya da kombinasyon hâlinde verilebilirler, fakat genel olarak homeopatik tedavi hastanın semptomlarına, yani bu durumda bebeğinizin huysuzluğuna göre belirlenir.

Batılı pratiklerin yanında, homeopatiyi kullanmanın en iyi yolu gerçekten deneyimli bir uygulayıcının gözetimi altında uygulamanızdır.

Homeopatinin bebeklerin ağlamasını geçirmeye yardımcı olabileceği konusunda etrafını saran belirsizlik bulutlarını benzerlerini kirporaktik ve osteopatide de bulabilirsiniz. Bu alanlarda çalışan uygulamacıların yaptığı bazı araştırmalarda omurga ya da kafatası kemiklerine yapılan uygulamaların kolik tedavisinde işe yaradığı kaydedilse de, bitkin ebeveynleri tarafından kiropraktik ya da osteopati uygulamalarına götürülüp neredeyse hiçbir gelişme kaydetmemiş birçok bebeğin hikâyesini de biliyorum.

15

Sihirli Altıncı Prensip: Tatlı Rüyalar!

Ana Noktalar:

- Bir bebeğin normal uyku düzeni nasıl olmalıdır?
- Bebeğinizin daha iyi ve daha uzun süre uyuması için Beş Temel Prensip'i nasıl kullanmalısınız?
- Uyuyan bebeğinizin Beş Temel Prensip'ten vazgeçmesini sağlamak.
- Bebeğinizi düzene sokmak konusundaki gerçek.
- Fazla beslemeden karanlık odaya birkaç faydalı uyku ipucu.
- Birlikte Uyumak: Uyumanın doğal yolu (fakat bu herkese göre değildir).

Allison'ın ikinci ay muayenesinde annesi bana Ally'nin gecede en fazla üç–dört saat deliksiz uyuduğunu söyledi. Shaya bana, geceleri bu kadar sık uyanmak zorunda kalmanın onu ne kadar bitkin düşürdüğünü ve diğer iki küçük çocuğuna karşı sabırlı olmasını nasıl güçleştirdiğini anlattı.

Shaya'ya Ally'i geceleri hâlâ kundaklayıp kundaklamadığını sordum. Kundaklamıyordu. Bana şunları söyledi: "Onu kundaklamayı bir ay önce bıraktım çünkü geceleri hava çok sıcak olmaya başladı ve kızım kundağından kısa sürede kurtuluyordu." Ona, Ally'nin sadece bezini bağlamasını, daha sonra onu daha büyük bir battaniyeyle içinden çıkamayacağı kadar sıkı kundaklamasını ve odasında yüksek sesli monoton ses çıkaran bir cihaz bulundurmasını tavsiye ettim. Sonraki hafta Shaya bana iyi haberi verdi. Artık sıkıca kundaklanan Allison her gece sırt üstü deliksiz sekiz saat uyumaya başlamıştı.

Ahhh... Uyku!

Birçok yeni ebeveyn için iyi bir gece uykusu gökkuşağının altındaki pırıltılı altın küpü gibi, uykuya muhtaç zihinlerinde bir vaha gibi parlar. Yeni doğmuş bebekler o kadar kısa sürelerde uyuyup uyanır ki bizim asla "bir bebek gibi uyuduğumuzdan" bahsederek övünmememiz gerekir. Biz daha çok bir ayı, bir hendek kazıcı, hatta daha iyisi, bir yeni ebeveyn gibi uyuduğumuzu söylemeliyiz.

Bebekler neden daha fazla uyumaz? Aslında bebeğiniz oldukça fazla uyur, fakat elbette doğa, bebeğinizin ne zaman tatlı rüyalarının keyfini çıkaracağını seçmesine yardımcı olmak konusunda biraz daha düşünceli olabilirdi. Yeni doğan bebeklerin büyük kısmı uykuda geçirdikleri zamanı geceye (ve güne) eşit biçimde dağıtırlar.

Dünyadaki annelerin birçoğu bu değişken uyku düzenine ayak uydurur. Yıllar önce Doktor T. Berry Brazelton

Meksika'nın kırsal bölgelerindeki bebeklerin de aynı bizim bebeklerimizde olduğu gibi akşam huysuzluğuna sahip olduklarını bildirmiştir. Fakat onların anneleri bu durum karşısında üzülmek yerine eğlenirler ve bütün gün yetişkinler çene çaldıktan sonra akşamları bebeklerin konuşma sırasının geldiğine dair şakalaşırlar.

Güney Afrika'daki !Kung San kabilesini araştıran antropologlar onların bebeklerinin on beş dakika gibi kısa periyotlarla uyandığını ortaya çıkarmıştır. Anneleri buna, ufak bir atıştırma için onları göğüslerine çekerek tepki verirler. Genellikle bebekler, birkaç saniyede yeniden uykuya dalarlar.

Amerika'daki ebeveynlerin büyük çoğunluğu bebeklerini yataklarının yanındaki ayrı bir beşikte uyutmayı tercih eder. Hayatının ilk birkaç ayında bebeğiniz gece boyunca iki saatte bir yemek yemeyi ve sizin yanınızda olmayı talep edecektir. Mamayla beslenen bebekler genellikle biraz daha uzun uyurlar, çünkü mamalar midede, daha az yoğun olan ve kolayca hazmedilen anne sütüne göre daha büyük kütleler oluşturur.

Eminim şu an buna inanmak size oldukça zor gelecek fakat bebeğinizin sabahın erken saatlerindeki yemekleri, sizin en tatlı anılarınıza dönüşebilir. Bu harika anlar –gürültü ve karmaşa arkada bırakıldıktan sonra– kendinizi zamanın dışında bir bulutun üstünde uçuyormuşsunuz gibi hissetmenizi sağlayabilir. Üç çocuk annesi Gretchen'a kulak verelim: "İki aylık bebeğimiz Julian üçüncü çocuğumuzdu ve kulağa ne kadar çılgınca gelirse gelsin, onu gecenin bir yarısı emzirmeye başlamak için sabırsızlanıyordum! Bu, ikimizin gerçek anlamda yalnız olduğu tek zamandı ve o zaman minik oğlumun huzur içindeki hâlinin keyfini çıkarabiliyordum."

Bebek Uykusu: Bebeğinizin Normal Döngüleri

Bütün bebeklerin uyku ve ağlama döngüleri vardır. Siz de ebeveynlerin çoğuna benziyorsanız, bebeğinizin gecenin çoğunu uyuyarak, günün çoğunu da uyanık geçirmesini istiyorsunuzdur.

Ama bebeğiniz tam olarak ne kadar uyumalıdır? Bebekler ortalama olarak yirmi dört saatlik bir zaman diliminde on dört ila on sekiz saat uyurlar. Bu kulağa çok fazla gelebilir fakat bu uyku, kısa süreli uyanıklıklar arasına serpiştirilmiş kısa süreli uykulara bölünmüştür. Bunun etkisi, beş kuruşluklar hâlinde verilen binlerce lira gibidir!

Uyku düzeni grafiğinde görebileceğiniz gibi, bebeğimiz hayatının ilk haftalarında günün üçte ikisini uykuda geçirir (gri alanlar). Ortalama bir bebek, yemek yemek, huysuzlanmak ve etrafına dikkat etmek için bir saat civarında uyanıklık molaları vererek (beyaz alanlar) iki–üç saatlik periyotlarla uyur. Sonuç olarak bebeğinizin en uzun uyku periyodu muhtemelen dört saat civarında olacaktır.

Üç aylık olduğunda bebeğiniz hâlâ günde on dört–on sekiz saat uyuyacaktır, fakat uyanık geçirdiği zamanlar (beyaz alanlar) daha uzun periyodlar hâline gelir ve uyku süreleri (gri alanlar) altı–sekiz saate kadar uzar.

İlk aylarda bebeğinizin beyni günün yirmi dört saatini üç ana aktiviteye ayırmak konusunda giderek daha da iyileşir:

- *Uyanıklık vakti* – Yemek yer ve dünyayı tanır.
- *Aktif (REM) uykusu* – Rüya görür ve gün içinde öğrendiği dersleri "dosyalar."
- *Sessiz uyku* – Gün boyu sarf ettiği çabalardan sonra uyuyup dinlenir.

Gündüz/Gece Uyku Modeli

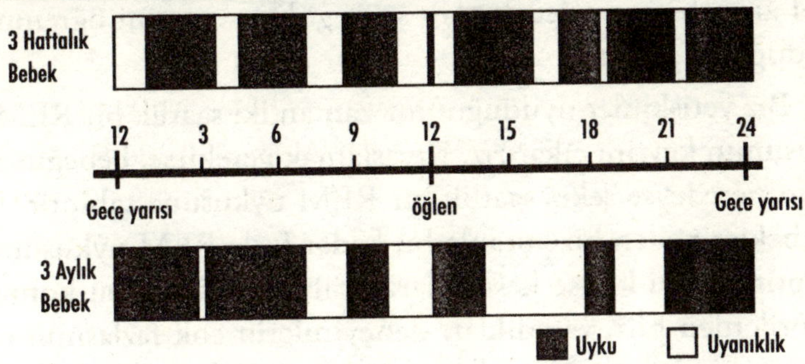

A. H. Parmelee'nin bir bebeğin doğumundan sekiz aylık olana kadar geçen sürede uyku düzeni üzerine yaptığı bir çalışma olan bebeklerde uyku modellerinden alınmıştır. Acta Pediatrica 1961:50:160

Hem bebeklerde, hem de yetişkinlerde iki tip uyku görülür (bundan kastım çok az uyku ve hiç uyumamak değil). Bebeğinizin uyuyarak geçirdiği zamanın yüzde ellisini sessiz uyku oluşturur. Bunlar, bebeğinizin bir kütük gibi uyuduğu, nefesinin hafif ve düzenli olduğu ve yüzünün sakin bir meleğe benzediği zamanlardır. Sessiz uyku sırasında bebeğinizin kasları biraz gergindir; bebeğiniz bir oyuncak bebek gibi gevşek değildir.

Bebeğinizin uykusunun geri kalan yüzde ellisini aktif uyku oluşturur. Bu uykunun özelliği REM (Rapid Eye Movement – Hızlı Göz Hareketleri) adı verilen ani beyin aktivitesi patlamalarının yaşanmasıdır ve sessiz uyku periyotları arasında meydana gelir. REM uykusu sırasında bebeğiniz rüya görür ve derin hafızası gün boyu edindiği yeni deneyimleri organize etmeye odaklanır. Aktif uyku sırasında bebeğinizin nefes alışı düzensizleşir, ani sıçramalar gözlenir, bacakları fazla pişmiş spagetti gibi gevşek hâle gelir ve hepsinden güzeli, zaman zaman yüzünde kalbinizi eritebilecek minik gülümsemeler oluşur. Genel inanışın aksine, bu gülümsemeler gaz yüzünden oluşmaz, bu daha çok bebeğinizin kısa süre sonra en etkileyici ve güçlü sosyal aracı hâline gelecek olan şeyi, gülümsemesini öğrenmekte olduğunu gösterir.

Biz yetişkinler uyuduğumuz zaman iki saatlik bir REM uykusunun keyfini çıkarırız. Kıyaslamak gerekirse, bebeğiniz her gün neredeyse sekiz saatlik bir REM uykusuna sahiptir. Peki, bebekler neden bize oranla bu kadar fazla REM uykusuna sahiptir? Bunu kimse kesin olarak bilmiyor, fakat bu konudaki teorilerden biri, yaşadıkları deneyimlerin çok fazlasının onlar için yeni olmasından dolayı onların günü değerlendirmek için bizden çok daha fazla zamana ihtiyacı olduğunu söylüyor. Yani sanki beyinleri şunu söylüyor: "Vay canına! Bugün ne kadar çok yeni şey var, bunların *hepsini* hatırlamam gerekiyor!" Buna kıyasla bir yetişkinin günü çok daha rutindir ve bizim beyinlerimiz şöyle düşünerek birçok şeyi hızlıca geçebilir: "Bunları atlayabiliyorum. Bunları zaten biliyorum."

Uyku elbette kişinin farkındalığının yüksek olduğu bir an değildir, fakat bir "koma" durumu da değildir. Uyurken, etrafınızda olup biten birçok şeyin farkındasınızdır. Örneğin muhtemelen gecenin bir yarısı uyurken çalan telefonu duymakta güçlük çekmez ya da yatağın çok ucunda uyusanız da yataktan çok nadiren düşersiniz.

Bebekler de uyudukları süre boyunca etraflarındaki dünyadan sürekli bir bilgi akışı alırlar. Bu nedenle bebeğiniz için hareketsiz yatağı ve evinizin fazlaca sessiz olması rahatsız edici bir eksik uyarılmaya dönüşebilir.

Bebeğinizin geçtiği sessiz ve aktif uyku dalgaları daha büyük olan derin ve hafif uyku döngülerinin içinde yer alır. Bu durum gelgit dalgaları gibi gece boyunca durmadan tekrarlanır. Bebeğiniz yaklaşık her altmış dakikada bir derin ve hafif uyku arasındaki döngüyü gerçekleştirir. Durum kontrolleri iyi olan ve yumuşak bir mizaca sahip olan bebekler genellikle hafif uykuları esnasında uyumaya devam etmeyi başarırlar ve uyansalar bile genellikle hemen tekrar uykuya dalarlar. Fakat düşük kendini kontrol yeteneğine sahip ve zorlu mizaçlara sahip bebekler, hafif uyku dönemine girdiklerinde genellikle uyumaya devam etmekte zorlanırlar. Uykunun bu aşamasında, bebekler uyanıklığa o kadar yakın hâle gelirler ki açlık, gaz, ani bir ses ya da ufak bir sıçrama onların uyanmasına ve ağlamaya başlamasına sebep olabilir.

Bebeklerin Tipik Uyku Döngüsü

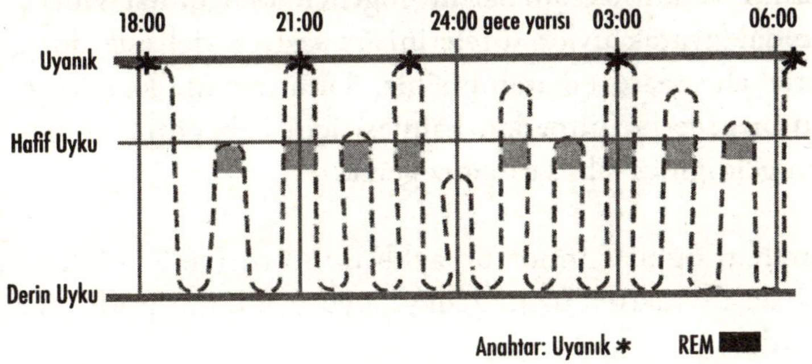

R. Ferber'in Solve Your Child's Sleep Problems (Çocuklarda Uyku Sorunları ve Çözümleri) kitabından alınmıştır. (New York: Simon & Shuster, 1985)

Kolay Dinlenme: Bebeğinizin Uykuda Kalmasına Beş Temel Prensip'i Kullanarak Yardımcı Olmak

Söz konusu uyku olunca, bebeğinizle siz bir takımsınız ve her şeyin yolunda gitmesi için ikinizin birlikte çalışması gerekir. Fakat her annenin bildiği gibi, ilk dört ila altı ay boyunca, en fazla fedakârlık yapması gereken ekip üyesi siz olacaksınız. Önceliklerinizi yeniden düzenleyeceksiniz, ev işlerini geri plana atacaksınız ve bebeğinizin düzeniyle uyum içinde uyumaya çalışacaksınız.

Ama umutsuzluğa kapılmayın. Bu ilk aylarda bebeğinizi daha iyi bir uyku düzenine sokmayı sağlamanız için kullanabileceğiniz beş yol vardır: Beş Temel Prensip. Bu rahim hissi taklitçileri bebeğinizin sakinleşme refleksinin tetiklenmiş hâlde kalmasını sağlayacaktır ve geceleri kullanıldıklarında da onun gün doğana kadar uyumasını sağlayabilirler.

1. Kundaklama

Sıkıca sarmak bebeğinizin yanlışlıkla kendisine vurmasını ve ani sıçramalarını engeller. Bebeğinizi sadece kundaklayarak uyku sürelerini üç saatten deliksiz dört, hatta altı saate çıkarabilirsiniz. Unutmayın, kundağın bütün gece bozulmadan kalması için bebeğinizi elinizden geldiğince sıkı sarmanız gerekir.

Karen'ın oğlu Connor üç aylık olmuştu (ve 7.7 kiloydu!) fakat hâlâ altı saatten uzun deliksiz uyumak konusunda güçlük çekiyordu:

"Connor'ı emzirdikten sonra yatırdığımda, sonunda sakinleşip uykuya dalmadan önce yarım saat boyunca buna itiraz eder ve kıpırdanırdı. Yeni doğduğu günlerden beri kundaklanmamıştı fakat Doktor Karp bunu bir kez daha denememizi önerdi.

Connor (biraz direndikten sonra) kundaklanmayı kabul edip her zamankinden bir saat daha fazla uyumaya başladığında gerçekten çok

şaşırdım. Kundaklamak ayrıca gün içindeki 15 dakikalık kısa şekerlemelerini de sabahları ve akşamüstleri bir–iki saatlik uzun ve rahat uyku dönemlerine dönüştürdü.

Bu gelişme karşısında çok mutluydum, ta ki bir sonraki hafta bir arkadaşım bana uğrayıp Connor'ı ne kadar gevşek kundakladığımı bana gösterene kadar. Bana nasıl daha sıkı kundaklamam gerektiğini gösterdi ve bundan sonra Connor gecede deliksiz sekiz saat uyumaya başladı!"

2. Yan ya da Yüzükoyun

Yan ya da yüzükoyun yatırmak hırçın bir bebeği sakinleştirmenin en iyi yolu olsa da, bebeğinizi her zaman sadece sırt üstü uyutmalısınız. Bu durumun iki istisnası, çok huysuz bir bebeğin bebek salıncağında oturarak uyumasına izin vermek ve çok nadir tıbbi durumlarda doktor tavsiyesiyle bebeği yüzükoyun uyutmaktır (Bu duruma Ek A'da geniş biçimde değinilmiştir).

3. Şşşt Sesi

Bebeklerin çoğu yatağının yakınında sert, sürekli ve monoton bir sesle daha iyi uyur. Diğer dikkat dağıtıcı sesleri dışarıda bırakan, karnın içindekine benzeyen seslerin kesin bir sakinleştirme etkisi vardır. Kundaklamayla birlikte bebeğinizin odasına monoton ses eklemeniz uyku saatlerini bir ya da iki saat artırabilir.

4. Sallama

Sallama hareketi (ya da daha düşük ölçüdeki bir titreşimli sandalye) bebeğinizin gün içinde ve gece daha iyi ve uzun uyumasına yardımcı olabilir. Bebeklerin çoğu geceleri iyi uyumak için gece boyunca sallanmaya ihtiyaç duymaz, fakat doğumdan sonraki ilk aylarda bebekleri ancak gece boyunca sallanmasına izin verildiğinde çok iyi uyuyan birçok ebeveyn tanıyorum.

5. Emme

Göğsünüzü ya da bir emziği emmek bebeğinizin uykuya dalmasına yardımcı olabilir, fakat onun derin uykuda kalmasını sağlamak konusunda bir etkisi yoktur.

Beş Temel Prensip'le hiç karşılaşmamış bebekler bile onların uykuyu iyileştirici etkilerinden faydalanabilirler. Başlangıçta bebeğiniz bunlara karşı direnirse endişelenmeyin. Sabırlı olup uygulamaya devam ederseniz, başarınız karşısında hayrete düşeceksiniz.

Bebeğinizi Beş Temel Prensip'ten Vazgeçirmek

Eninde sonunda bütün çocuklar kendi kendilerine uykuya dalmayı ve uyandıklarında yeniden uyumayı öğrenmek zorundadır. Deneyimlerime göre üç aylık civarındaki bebeklerin çoğu bunu öğrenmeye hazır hâle gelirler ve yarı uyanıklık durumundayken yataklarına yatırılmalıdırlar.

Üç aydan küçük bebeklerin ebeveynlerinin bazı bebek kitabı yazarları tarafından Beş Temel Prensip gibi gece uykusunu iyileştirici yöntemler kullanmanın bebeklerini şımartacağı ve onları kendilerine bağımlı hâle getireceğine dair uyarıldığını biliyorum. Buna kesinlikle katılmıyorum! Bebeğiniz doğmadan önce dokuz ay boyunca karnınız ona Beş Temel Prensip'teki duyguları günün her anı yaşatıyordu. Bu nedenle bütün bebekler geceleri temel prensiplerden birkaçı kullanıldığında çok daha iyi uyurlar. Ama endişelenmeyin, bebeğiniz üç ya da dört aylık olduğunda, hiç zorlanmadan onun bu temel prensipleri bırakmasını sağlayabilirsiniz.

Bırakacağınız ilk Temel Prensip'in emme olmasını tavsiye ediyorum. Ben bebeklerin bir aylıkken ağızlarında bir şey olmadan uyumayı öğrenmelerini tercih ederim. Beni yanlış anlamayın: Bebeğinizin göğsünüzü, biberonunu ya da emziğini emerken uykuya dalmasında bir sakınca görmüyorum, fakat bebeğiniz uykuya daldıktan bir–iki dakika sonra, onu yerine yatırırken onu hafifçe uyandırın. Bu onun kendi kendine uykuya dalmayı öğrenmeye başlamasını sağlayacaktır. (Bebeğiniz ağlamaya başlarsa onu şşşt sesi, emme ve sallamayla sakinleştirin.)

Bebeğinizi emziksiz uyumaya alıştırmanız için iyi bir sebep de, sık sık düşen emziklerin güvenilir bir uyku aracı olmamasıdır. Kundaklamanın kontrolü sizdedir ve kolayca bebeğinizin sabaha kadar sarılı kalmasını sağlayabilirsiniz, fakat emzik üzerinde kontrolünüz yoktur çünkü bebeğiniz istediği an onu ağzından atabilir.

Bunun ardından vazgeçilmesi gereken temel prensibin sallama olduğunu düşünüyorum. Bebeğiniz iki ya da üç aylık olduğunda, salıncağın hızını en düşüğe ayarlamaya başlayabilirsiniz. Birkaç gün sonra, bebeğiniz hâlâ huzur içinde uyuyorsa onun salıncakta sallanmaz hâlde uyutmayı deneyin. Son olarak birkaç gün sonra hâlâ derin uykusunu koruyabiliyorsa onu yatağına yatırın.

Birçok ebeveyn bundan sonra kundaklamayı kullanmayı bırakır. Dört aylık olduktan sonra bebeğinizi, tek kolu dışarıda kalacak şekilde sıkıca sarmayı deneyin. Parmaklarını emerek kendini sakinleştirmeyi başaracaktır. Bu şekilde de aynı derecede iyi uyumayı başarabiliyorsa, onu sarmalamadan yatırmayı deneyin. Fakat daha sık uyanmaya başlarsa bir adım geri gidin ve onu yeniden kundaklamaya başlayın.

Son olarak şşşt sesini kesin. İki haftalık bir dönemde monoton sesin yüksekliğini, sonunda duyulmayacak kadar kısılıp kapatabileceğiniz hâle gelene kadar düşürün.

Genel olarak minik hastalarım 3–4 aylıkken salıncaklarına, 3–6 aylıkken kundaklarına(çok azı dokuzuncu aya kadar devam eder) ve 3–12 aylıkken monoton sese ihtiyaç duymamaya başlar. (şşşt sesi bırakılacak son temel prensiptir çünkü bu, çok basit, etkili ve kontrol etmesi kolay bir prensiptir.)

Bebeğiniz temel prensiplerden hiçbirine ihtiyaç duymadan bütün gece uyumayı başarabildiğinde ona bir diploma verin. Artık dördüncü üç aylık dönemden mezun olmuştur ve hayat macerasına atılmaya hazırdır!

Bebeğinizi Düzene Sokmak Konusundaki Gerçek

Yeni ebeveynlerin genellikle bebeklerini düzene sokmanın önemi konusunda kafaları karışıktır. Programlar kullanılmalı mıdır, yoksa onlardan kaçınılmalı mıdır? Çocuklarla ilgili birçok konuda olduğu gibi, bu sorunun da birden fazla doğru yanıtı vardır.

Emeklemeye yeni başlamış bebekler ve küçük çocuklar rutinlere bayılır. Neler olacağını bildiklerinde kendilerini güvende ve rahat hissederler. Bir ya da iki yıl içinde muhtemelen sizin de her gece tekrarlanan bir uyku vakti ritüeliniz olacak: Battaniye, sıcak süt ve çocuğunuzun huzur içinde uykuya dalması için "Aydede'ye iyi geceler dileme" seansları yapacaksınız.

Benzer biçimde esnek beslenme programları küçük bebekler ve ebeveynleri için harika birer yardımcı olabilirler. Bu özellikle ikiziniz ya da daha büyük çocuklarınız varsa, ev dışında çalışıyorsanız ya da yalnız bir ebeveynseniz daha da faydalıdır.

Fakat bebeğinizle bir program uygulamaya başlamadan önce, program kavramının ebeveynlikte oldukça yeni bir kavram olduğunu bilmenizde fayda vardır. Geçmişteki anneler bebeklerini güneş saatine göre beslemezdi. Günümüz annelerinin çoğu da bebeklerini önceden belirlenmiş bir programa dâhil etmeye çalışmak konusunda kendilerini pek rahat hissetmezler.

Bir aylık bebeğiniz için bir program yapmaya çalışmanın yanlış olduğunu söylemiyorum. Sadece şunu anlamanız gerekir, bir aylık bebekler sadece yüz yıldır saate göre bir programa uygun hareket etmeleri için eğitilmeye çalışılmaktadır ve birçoğu basitçe, bunu yapabilecek kadar olgun olmaz.

Bebeğinizin bir programa uyum gösterme becerisi, gecikmeli tatmini kaldırma yeteneğiyle doğru orantılıdır. Diğer bir deyişle, bebeğiniz yiyecek ya da uyku ihtiyacını ne kadar süreyle erteleyebilir?

Yeni doğmuş bebeklerin bazılarının ilgisi kolayca dağılır, fakat bazılarının beyinlerinin yiyecek ya da uyku ihtiyacını görmezden gelebilmesi aylar alır. Bu bebeklerin ebeveynleri, bebekleri bir program göre hareket etmeye hazır hâle gelene kadar bu arzularını sabırla ertelemek zorundadır.

Bunu aklınızdan çıkarmadan, bebeğiniz bir ya da iki aylık olduktan sonra onu bir düzene sokmayı denemek isterseniz, bunu yapmanın en iyi yolu, beslenme saatleri arasındaki boşluğu üç saate çıkarmanızdır. Elbette bebeğiniz iki saat sonra acıkırsa (ve siz onu sakinleştirmenin başka bir yolunu bulamazsanız) programı bir kenara bırakıp onu besleyin. Ayrıca, dört saatten uzun süre uyur ve yemek yemek için ağlayarak uyanmazsa da bebeğinizi uyandırıp beslemeniz gerekir. Gün içinde uzun süreler boyunca beslenmeyen bebekler genellikle geceleri daha sık uyanıp beslenmek isterler.

Programlamanın bir sonraki adımı, bebeğinizi ağzında göğüs ucunuz olmadan uykuya dalması konusunda eğitmenizdir. Onu besledikten sonra uyutmadan önce onunla bir süre oyun oynayın. Bu ona kendi kendine uykuya dalmayı öğretmeye başlayacaktır. Bebeğiniz, karnını ılık sütle doldurduktan hemen sonra uykuya dalıyorsa, bu sorun değildir, sadece onu gözlerini açana kadar hafifçe dürtün. Sonra onu yatırın ve yeniden uykuya dalmasına izin verin. Bir ya da iki ay boyunca sabırla bunu yapmaya devam ederseniz bu, bebeğinizin kendi kendine uykuya dalmayı öğrenmesine yardımcı olacaktır.

Her gün aynı şablonu takip ederseniz bir program yapmak kolaylaşır. Bebeğiniz bir aylık olduktan sonra bu sakinleştirici gece rutinini uygulamaya başlayın:

Kısık ışıklar
Sıcak banyo
Isıtılmış masajla sevgi dolu bir masaj
Biraz ılık süt
Sıkı bir kundak
Yavaşça söyleyeceğiniz bir ninni ve...
Arka planda hafifçe çalan monoton gürültü

Kısa süre sonra bebeğinizin uyku vaktiyle ilişkilendireceği bu deneyim neredeyse hipnoz gibi iyi sonuç vermeye başlayacaktır. Siz bu rutine başlar başlamaz bebeğiniz kendi kendine şöyle der:"Hey, kendimi şimdiden uykulu hissediyorum!"

Bebeklerin çoğu bir ya da iki ay sonra otomatik olarak bir şablonu takip etmeye başlarlar, fakat daha tahmin edilebilir bir rutinin oluşmasını bekleyemiyorsanız programlamaya bir şans verebilirsiniz.

Fakat diğer yandan, bebeğiniz sizin belirlediğiniz bir programa uymayı reddediyormuş gibi görünüyorsa, minik bebeğinizin ihtiyaçlarına dakika ve sevgi dolu bir tavırla tepki vermenizi tavsiye ediyorum. Bir hafta sonra programı uygulamayı bir kez daha deneyebilirsiniz. Sonuç olarak bir ebeveyn olarak sizin göreviniz kendinizi yeni doğmuş bebeğinizin ihtiyaçlarına göre organize etmenizdir; tam tersi değil.

Uyku Konusunda Birkaç Ekstra İpucu

Burada bebeğinizin daha uzun süre uyumasına yardımcı olabilecek birkaç fazladan ipucu bulabilirsiniz:

Bebeğinizi Gün İçinde Daha Fazla Besleyin

Bu adımlar bebeğiniz dördüncü üç aylık dönemin sonlarına yaklaşırken gündüz yeme, gece uyuma şablonunu destekleyebilir:

- Bebeğiniz iki saatten fazla uyursa onu beslemek için uyandırın.
- Dikkatinin dağılmaması ve emmeyi reddetmemesi için bebeğinizi sessiz bir odada besleyin.
- Bebeğinize "yoğun besleme" uygulayın. (Onu kalori bombardımanına tutmak için akşamüstü ve akşamın erken saatlerinde iki saatte bir fazlaca besleyin.)
- Bebeğinizi gece yarısı uyandırıp besleyerek "depoyu doldurun."

Bebeğinizi uyku vaktinde pirinçli kahvaltı gevreğiyle beslemeniz onun daha iyi uyumasına yardım etmez. Anne sütüyle beslenen bebeklerin akşamları yiyeceği biraz mamanın daha uzun uyumasına yardımcı olabileceği doğruysa da, birçok bilimsel araştırma pirinçli kahvaltı gevreğinin bebeklerin daha uzun uyumasını sağlamadığını defalarca kanıtlamıştır. Zaten bunu nasıl yapabilir ki? Buna besin değeri açısından bakarsak, içindeki onca yağ ve proteinle 170 mililitreye kadar sütün bebeğin aç kalmasına sebep olacağı fakat birkaç pirinç kıtırının gece boyunca onu tok tutacağını düşünmek mantıklı değildir.

Bebeğinizin yeterince beslenemediğine dair herhangi bir şüpheniz varsa, doktorunuzdan onu tartmasını isteyin ve kilo aldığından emin olun.

Gün İçinde Bebeğinizi Kucağınıza Alın ve Sallayın

Ebeveynlere sıklıkla, onları yorup geceleri daha uzun süre uyumalarını sağlayacağını umarak bebeklerini gün boyu uyanık tutmaya çalışmaları tavsiye edilir.

Bu kulağa mantıklı gelse de yorgun bir bebeği uyanık tutmak genellikle onu acınacak şekilde yorgun hâle getirir ve bu, gece uykusunun daha da kötü olmasına sebep olur. Aslında yeni doğmuş bebeğinizin gün içinde uyumasına izin vermekle birlikte, onun bu uykuları esnasında onun (bir salıncakta, zıplayan sandalyede ya da sizin üzerinizdeki ana kucağında) hareketli olmasını sağlamanız gerekir. Deneyimlerime göre gün boyu taşınan (besleyici dokunma ve hareketlerle "karnı doyan") bebekler, akşamları (bu duygulara "aç" olmadıkları için) daha sakin olurlar.

Işıkları Kısın

Akşam olduğunda evinizdeki ışıkları kısmanız bebeğinize uyku vaktinin geldiği işaretini de verir. Kısık ışıklar bir bebeğin sinir sistemini sakinleştirerek rahatlamasına yardımcı olur. Birçok hastanenin yeni doğan bölümlerinde akşamları ışıkları kısmayı ve erken doğmuş bebeklerin küvezlerinin üstünün, ışıktan etkilenmemeleri ve ebeveynlerinin gece/gündüz şablonuna daha kolay ayak uydurmaları için örtülmesinden oluşan bir akşam rutini vardır.

Dört kız annesi Mabel, koliğin sebebinin elektrik olduğun dair teorisini anlattığında oldukça dikkatimi çekmişti! Teorisini şöyle açıklıyordu: "Akşamları evi iyice aydınlattığımızda çocuklarımın daha fazla uyarılmış olduğunu ve uykuya dalmakta zorluk çektiğini fark ettim. Bence elektrik sayesinde yapay olarak uzatılan gündüz onların kendi kendilerini hâlâ oyun zamanı olduğuna inandırmalarına sebep oluyordu. Çocuklarımız, akşamları ışıkları kıstığımızda ya da mum yaktığımızda her zaman daha iyi uyuyordu."

Birlikte Uyumak: Uyumanın Doğal Yolu (Fakat Bu Herkese Göre Değildir)

Onlar, babalarıyla birlikte uyumalıdır.

Deuteronomy 31:16

İnsanlığın en eski zamanlarından beri, ortak korunma, sıcaklık ve gece emzirmelerini kolay hâle getirmek için ebeveynler ve bebekler birlikte uyumuşlardır. Japon ebeveynler geleneksel olarak bebeklerini aralarına yatırarak uyurlar ve bebek, kocaman iki dağ sırası arasında kalan bir vadi gibi güvende olur. Onlar bir anneyle bebeğinin bütün gece boyunca birlikte olması gerekip gerekmediğini sorgulamaz; onlar kendilerini tek bir insanın iki parçası gibi görürler ve bebeklerinden mümkün olduğunca az ayrılırlar.

Maya aileleri çok sosyaldir ve onlar için aynı yatağı paylaştıkları zaman birlikte olmak için harika bir fırsattır. Bu ebeveynler bebeklerinin yalnız uyumasına izin vermenin onlara adil olmayan bir zorluk çıkardığına inanırlar.

1800'lerin sonlarına kadar Amerika'daki bebekler de ebeveynlerinin yataklarında uyuyordu. Fakat yüzyıl döndüğünde, ABD'deki ebeveynlerin birlikte uyumak konusunda gözleri korkutuldu. Bunun hastalık bulaşmasına, çocukları şımartmasına ya da onların boğulmasına sebep olabileceği konusunda uyarıldılar. Bu nedenle bebeklerimizi kendi yataklarında ve zaman içinde kendi odalarında yatırmaya başladık. Bugün biz Amerikalılar, bebeklerimizin uykuda geçirdiği zamanı kendilerine ait olması gereken, kendine güveni öğrendikleri bir zaman dilimi olarak görüyoruz. Artık birçok ebeveyn bebekleriyle aynı yatağı paylaşmayı bir fedakârlık ya da kötü bir alışkanlık gibi görüyor. (Tuhaftır ki bu ebeveynlerin birçoğu bu tip endişeler duymadan gündüz uykularında bebeklerinin yanında yatmakta sakınca görmüyor.)

Birlikte uyumaya karşı oluşmuş olan bu direnç yavaş yavaş kırılıyor. Emzirmenin popülerliği gün geçtikçe artarken, emziren anneler bebeklerinin yanında olmasının işlerini ne kadar kolaylaştırdığını fark ediyor. Ayrıca Amerika'nın Avrupa dışından aldığı göçlerin fazlalığı, kültürel geleneklerin bir karışımının ortaya çıkmasına sebep oluyor ve bunların birçoğu birlikte uyumayı destekliyor.

Fakat birçok diğer tarih öncesi alışkanlık gibi, birlikte uyumak modern ebeveynlerin ihtiyaçları ve hayat biçimlerine uyum sağlayamayabilir. Bana gelen annelerden biri şöyle demişti: "Dört haftalık bebeğim yatağımdayken uyuyamıyorum. Sürekli onun için endişeleniyorum."

Bazı ebeveynlerse bundan rahatsız olur, çünkü ebeveynleriyle birlikte uyuyan bebekler daha sık uyanır. Pratisyen hemşirem Dana Entin, ebeveynleriyle birlikte uyuyan bebeklerin daha sık emmek istemesinin sebebini "baştan çıkma" teorisiyle açıklıyor: "Benim de yatağımın yanında bir parça çikolatalı kek olsaydı, ben de arada bir uyanıp ondan bir parça yemek isterdim!"

Bebeğinizle birlikte uyumamaya karar verirseniz, kendinizi suçlu hissetmeyin! Shakespeare'in yazdığı gibi, "Önemli olan, kendine dürüst olmaktır." İyi bir ebeveyn olmak için bebeğinizle birlikte uyumak zorunda değilsiniz. Bebeğinizi kundaklayıp kendi yatağında ya da beşiğinde rahatça yatırmak gibi harika bir alternatife sahipsiniz.

Diğer yandan, bebeğinizi yatağınıza almak size doğru geliyorsa, içgüdülerinize güvenin. Bebeğinizle birlikte uyumak karnınızdaki deneyimin doğal bir uzantısıdır. Bebeğiniz yanında yatan vücudunuzun keyfini çıkarır ve bu onun nefesinin düzenlenmesine, etrafındaki ısının sabit kalmasına ve uykusunun düzenli olmasına yardım eder. Ayrıca hamileliğin onca zorluğundan sonra bebeğinizin onu size bağlayan tek şey olan bir bebek radyosuyla koridorun öbür ucunda olması *sizin* için de tuhaf bir değişiklik olabilir. Uzun saatler boyunca çalışan bir anne benimle duygularını şu şekilde paylaşmıştı: "Bebeğimle birlikte uyumak, gün boyunca onunla birlikte geçiremediğim saatlerin bir kısmını telafi etmemi sağlıyor."

Hem siz hem de bebeğiniz birlikte uyumaktan memnun olduğu sürece bu tatlı ve havalara uçuran deneyimin tadını çıkarın. Bebeğinizi yatağınızdan uzaklaştırmak isterseniz, bunu yapmak için en iyi zaman, o bu gece rutinine alışmadan önce, henüz dört–beş aylıkken onu kendi yatağına götürmektir. Birlikte uyumayı sonlandırmak için daha uzun süre de bekleyebilirsiniz fakat genel olarak, ne kadar gecikirseniz bebeğinizi bundan vazgeçirmeniz o kadar zor olacaktır.

Birlikte uyumanın ekstra faydalarından biri de ABÖS'yi engellemek olabilir. Notre Dame Üniversitesi'nde araştırmacı olarak görev yapan James McKenna ve birçok başka araştırmacı ebeveynleriyle uyuyan bebeklerin daha hafif olan uyku seviyelerinin ABÖS'yi engelleyebileceğini düşünüyor.

Birlikte Uyumak Bebeğin Sağlığı Açısından Tehlikeli midir?

1999 yılında ABD Son Kullanıcı Ürünleri Güvenlik Komisyonu (SKÜGK) ebeveynleri birlikte uyumanın tehlikeleri hakkında rahatsız edici bir uyarı yayınladı. Her yıl yaklaşık 64 çocuğun (2 yaşın altında) bir yetişkinin yatağında uyumaları sebebiyle öldüğünü açıkladılar. Peki, bundan çıkardıkları sonuç neydi? Ebeveynler asla bebeklerini kendi yataklarına yatırmamalıydılar.

Ne yazık ki bu tavsiyeleri, birinin yılda elli bin ölümle sonuçlanan trafik kazalarının önüne geçmek için *araba kullanmamamızı* tavsiye etmesi kadar hedeften uzaktaydı. Elbette trafikte kaybedilen hayatların önüne geçmek için bulabileceğimiz çok daha işlevsel bir çözüm, hepimizin daha güvenli araç sürmeye dikkat etmemizdir. Benzer şekilde yetişkinlerin yatağında gerçekleşen bebek ölümlerinin çok büyük bir kısmı birkaç mantıklı önlem alınarak önlenebilir. Örneğin, SKÜGK'nin belirttiği ölümlerin %8'i, bebeklerin sıkışmalarını engellemek için yataktaki boşluklar doldurularak ya da asla bir su yatağı kullanmayarak engellenebilir. Geri kalan ölümlerin %20'lik kısmı da, birlikte uyuma ek parçası kullanılarak engellenebilirdi (Bu, kenarları yükseltilmiş ve ebeveynin yatağının içine tam olarak uyum gösteren küçük bir bebek yatağıdır).

Bebeğinizin Sizin Yatağınızda Güvenle Uyumasını Sağlamanın On Yolu

Bebekleriyle birlikte uyuyan her ebeveyn aşağıdaki kuralları uygulayarak onları korumalıdır:

1. Bebeğinizin nefes almasına yol açabilecek yastık, oyuncak ya da gevşek yatak örtülerinden uzak durun.
2. Bebeğinizi asla bir su yatağında uyutmayın.
3. Bebeğinizin başının sıkışabileceği, yatakla duvar ya da yatakla yatak başlığı arasındaki boşlukları doldurun.
4. Bebeğinizin düşmesini ya da yuvarlanmasını engellemek için birlikte uyuma eklentisi kullanın.
5. Bebeğinizle birlikte kanepenin üzerinde uyumayın.
6. Bebeğinizin gece içinde tehlikeli bir pozisyona geçmemesi için onu bütün gece boyunca kundakta tutun.
7. Bebeğinizi her zaman sırt üstü uyutun.
8. Sigarayı bırakın! Anneleri sigara içen bebeklerin ABÖS'den ölme ihtimalleri daha fazladır.
9. Daime ayık hâlde yatağa yatın.
10. Çok şişmansanız bebeğinizle birlikte uyumayın.

Beş Temel Prensibin Sebepleri: Ebeveynlerin Uyku Konusunda Sorduğu Sorular

1. Uykuya dalmış bebeğimi yatağına her yatırdığımda birkaç dakika içinde uyanıp ağlamaya başlıyor. Neden?

Bebeğinizi yatırdığınızda uykuya dalmış olsa da etrafındaki dünya hakkında hâlâ biraz farkındalığa sahiptir. Ve onun için, kollarınızda olmakla durağan ve sessiz bir yatak arasında büyük bir fark vardır.

Bebeğinizin kendi yatağına geçişini kolaylaştırmak için Beş Temel Prensip'i kullanmayı deneyin. Kundaklama, monoton ses ve sallama, bebeğiniz için kucağınızdan yatağına geçişteki büyük değişimi azaltarak gecede bir ya da iki kez daha az uyanmasını sağlayabilir.

2. *Bebeğim yemek yedikten sonra uykuya dalarsa yine de onun gazını çıkartmalı ve onu uyandırma riskini göze almalı mıyım?*

Evet. Uykusunda kusmasını engellemek için gazını çıkarmalı ve pişik olmasını engellemek için de bezini değiştirmelisiniz. Yemek yedikten sonra bebeklerin çoğu kendilerini biraz "sarhoş gibi" hisseder ve özellikle Beş Temel Prensip'i kullanıyorsanız çabucak uykuya dalar.

Bu arada, cildini uyurken sızabilecek çiş ya da kakanın tahriş etmesini engellemek için bebeğinizin poposuna merhem sürmeniz de iyi bir fikirdir.

3. *Sıcak havalarda bebeğimi fazla kundaklamaktan endişe ediyorum. Geceleri bebeğime aşırı sıcak gelip gelmediğini nasıl anlayabilirim?*

Bebeğinizin aşırı kundaklanıp kundaklanmadığını anlamak çok kolaydır: Kulaklarına ve ayak parmaklarına dokunun. Bu uzuvları kırmızı, terli ya da çok sıcaksa, bebeğinize sıcak gelmiş demektir. Bu uzuvları soğuk ve renksizse bebeğiniz üşümüştür ve elinize ne sıcak ne de soğuk gelmiyorsa (ama birazcık soğuğa yakınsa), bebeğinizin vücut ısısı en iyi seviyede demektir.

Yazın en sıcak günlerinde bile bebeğinizi kundaklamanız faydalı olacaktır. Bebeğinizin sadece altını bağladıktan sonra pamuklu bir battaniyeyle onu sıkıca kundaklayın.

Talia'nın büyükannesi çok sıcak yaz günleri için bir çarşafı kare biçiminde kesip kenarları dikerek çok ince kundaklar yapıyordu.

4. Bir bebek büyüme sıçramaları yüzünden uyku sorunları yaşayabilir mi?

Evet. Bebekler hayatlarının ilk aylarında inanılmaz bir hızla büyürler ve yaklaşık altı aylık olduklarında doğum kilolarının iki katına çıkmış olurlar. Bazı bebekler bu büyümeyi dengeli ve eşit bir dağılımla gerçekleştirirken, birçok bebek de bunu düzensiz bir ritimle yapar (büyüme sıçramaları ve duraklamalar). Bir büyüme sıçramasının ortalarında bebeğiniz daha sık uyanıp yemek yemek için ağlamaya başlayabilir (Ve bu onu gerçekten beslemenizi gerektirir!).

5. Bebeğim, her iki göğsümden süt emerse mi, yoksa sonradan gelen süte ulaşması için tek göğsümden süt emerse mi daha iyi uyur?

İlk yudumundan son yudumuna kadar değişmeyen bebek mamalarının aksine, anne sütü emzirmenin başından sonuna kadar büyük ölçüde değişir. Göğsünüz ilk beş dakika boyunca kan süt, protein ve antikorlarla doludur ve bebeğinizin susuzluğunu gidermek için daha suludur. Göğsün boşalmasına yakın (10–15 dakika sonra) yavaş yavaş azalmaya başlayan sütün zenginliği de yarı yarıya azalır. Bu kremamsı, tatlı süte "son süt" denir.

Bazı uzmanlar annelere emzirirken göğüslerini değiştirmemelerini tavsiye ederler. Onlar iki göğüsten de birkaç dakika süt emen bebeklerin, doğanın bebeklerin doymasını sağlayan ve (bizim ağır bir yemekten sonra kendimizi ağırlaşmış hissetmemiz gibi) uykusunu getiren bir mucizesi olduğuna inandıkları bu son sütten mahrum kalmasından endişe eder.

Bazı uzmanlarsa, anneleri emzirirken göğüs değiştiren bebeklerin daha fazla süt içebildiklerine inanır. Annelere yaklaşık yedi dakika bir göğüsleriyle emzirdikten sonra ilk göğüsteki hızlı akan ve çabuk emilen süt bittiğinde, boşaltılmak için bekleyen ikinci göğse geçmelerini tavsiye ederler.

Ben hastalarıma şunu tavsiye ediyorum: Bebeğiniz ve kendiniz için en iyi olan şeyi deneme yoluyla bulun. Tek göğsünüz bebeğinizi gün içinde iki saat tok tutuyor ve geceleri dört saat boyunca deliksiz uyumasına yetiyorsa göğüs değiştirmenize gerek yoktur. Fakat bebeğiniz çok sık acıkıyor ya da çok yavaş kilo alıyorsa, bir göğsünüzde yedi dakika kadar emzirdikten sonra bebeğinize diğer göğsünüzü verip on–on beş dakika ya da daha uzun süre bu göğsünüzü emmesine izin verin. (Bu sayede bebeğiniz iki göğsünüzden de gelen ilk sütü içmiş ve ikinci göğsünüzdeki son sütün keyfini çıkarmış olacaktır.)

6. *Bebeğim neden sürekli gün doğumunda uyanıyor?*

Bebekler uyurken bile hisseder, duyar ve görür! Birçok bebek için göz kapaklarından ve kafatasından içeri sızan günün ilk ışıkları bir saat alarmı görevi görür. Neyse ki bu bebeklerin birçoğunu sabah uykusu, güneşin ilk ışıklarını engellemek için perdeler çekilerek, kuşların, köpeklerin, trafiğin ya da komşuların çıkardığı ilk sabah eslerini gizlemek için monoton ses makineleri kullanılarak ya da onu yatağınıza alıp sizinle keyifli vakit geçirmesi sağlanarak biraz uzatılabilir.

Bebeklerini tekrar uyumaya ikna edemeyen ebeveynler genellikle sıcak yataklarından çıkıp "minik horozlarının" sabahın erken saatlerinde başlayan rutinini uygulamak zorunda kalırlar. (İster inanın ister inanmayın, bu gezintiler daha sonra bebeğinizin küçüklüğüne dair en tatlı anılarınız arasında yerlerini alacaktır.)

7. *Bebeğimin bebek arabasında uyumaya alışmasına izin vermem yanlış mıdır?*

Bebeğinizi bebek arabasında bir gezintiye çıkardığınızda onun uykuya dalmasını engellemeniz neredeyse imkânsızdır. Bunun sebebi, bebeğinizi bir bebek arabasına ya da ana kucağına koyup bir gezintiye çıkmanızın, ona en sevdiği üç duyguyu bir arada yaşatmasıdır: Zıplamalı hareket; kucaklanma ve nefesinizin ritmik, rahatlatıcı sesi. Bu araçlar bebeğimize dördüncü üç aylık dönemi hatırlatmamız için çok etkilidir.

Bu nedenle, yanlışlıkla ona kötü alışkanlıklar edindireceğinizden endişelenmeyin. Dördüncü üç aylık dönem sona erip bebeğiniz dört aylık olduktan sonra, kendi kendini eğlendirmeyi öğrenmeye başlayacaktır ve onu daha az temasa alıştırmanız kolaylaşacaktır; tabii gerçekten istediğiniz bu olursa. (Açıkçası, o zamana kadar ebeveynlerin bir çoğu bebeklerini "giymeyi" o kadar çok sevmeye başlarlar ki, onları sürekli üzerlerinde taşımak istemeye başlarlar.)

8. Bebeğimin göğsümün üstünde uyumasına izin vermemde sakınca var mıdır?

Genel olarak bu pozisyonu pek tavsiye etmem. Bir keresinde, dört haftalık bebekleri uyuyakaldığı babasının göğsünden düşüp yatağın yanındaki duvara kafasını vurduğu için gece yarısı beni arayan bir çiftle karşılaşmıştım. (Bitkin çift, derin bir uykuya dalmıştı.) Neyse ki bebek yaralanmamıştı, fakat bu tip bir düşüş ciddi yaralanmalara sebep olabilir.

Ebeveyn Gözünden: Yatak Odası Anıları

Bebeğimizin doğal bir uyku uyuması için gerçekten büyük zorluklar atlattık. Onu battaniyelere sardık, minik arabalarla salladık, saat başı onu kucağımıza alıp odanın içinde turlar attık, vs. vs. Ama ardından bebeğimizin kollarına düştüğü uyku muhteşemdi. Bebeğimiz her zaman uyanık görünürdü ve sanki hiç uyumamış gibi görünürdü.

G. L. Prentiss, The Life and Letters of Elizabeth Prentiss, 1822

Zavallı Elizabeth Prentiss, bebekleriyle gece deneyimlerinin kısacık uykulardan uzun ve derin uykulara nasıl dönüştüğünü anlatan ebeveynlerin hikâyelerinden birkaç şey öğrenebilirdi:

Debra ve Andrew ikiz kızları Audrey ve Sophia'yı hayatlarının ilk gününden beri kundaklıyordu. Kundaklamak, bebeklerinin gece uykusunu uzatıyordu. Dört aylık olduklarında bile ikizler kundaklanmayı tercih ediyordu. Bu her gece deliksiz sekiz saat uyumalarına yardımcı oluyordu.

Debra, Andrew, Audrey ve Sophia

Dört haftalık olduğunda kızımız Eve daha uyanık ve etrafındaki dünya yüzünden daha stresli olmaya başladı. Yemek yemediği ya da uyumadığı zamanlarda huysuzluk yapıyordu ve bazen, susturulamaz biçimde ağlıyordu. Bir gece o kadar çok ağladı ki burnu tıkandı ve horlamaya başladı. Tavsiye almak için Doktor Karp'ın ofisini aradım. Hemşiresi Louise'le konuşurken Eve'i kucağıma aldım ve onu kurutma makinesinin üstüne dayadım. Kurutma makinesinin sesi, titreşimi ve sıcaklığı onu biraz sakinleştirdi ve birkaç dakika telefonda konuşmama fırsat verdi.

Bundan sonraki birkaç hafta boyunca Hemşire Louise'in bize o gece anlattığı Beş Temel Prensip'i kullanmak konusunda uzmanlaştım ve Eve bizi her gece 6–8 saatlik kesintisiz bir gece uykusuyla ödüllendirmeye başladı. Altı aylık olduğunda Eve'i hâlâ kundaklıyorduk fakat artık parmaklarını emebilmesi için bir kolunu kundağın dışında bırakmaya başlamıştık.

Shari, Michael, Hillary, Noah ve Eve

Didi ve Richard, Cameron'ın her gece saat başı uyanmasından bitap düşmüştü. Altı haftalık bebeklerini, gece daha iyi uyması umuduyla gündüzleri uyanık tutmaya çalışıyorlardı, fakat bu, onun aşırı yorulmasına sebep olarak daha da fazla ağlamasına sebep oluyordu.

Geceleri bebeklerini bir banyo, elektrik süpürgesi ya da bir araba gezintisiyle sakinleştirmeye çalışıyorlardı ve bunlar bir süreliğine işe yarıyordu, fakat Cameron "eğlence" biter bitmez yeniden ağlamaya başlıyordu.

Daha sonra oğullarının, sıkıca kundaklandıktan sonra bebek salıncağına oturup yanında yüksek sesle monoton ses çıkaran bir makine açıkken uyanmaktan hoşlandığını keşfettiler. Fakat onu orada bırakmak konusunda endişelendikleri için uyuduktan sonra Cameron'ı yeniden yatağına taşıyorlardı. Cameron bu şekilde daha iyi uyuyordu fakat yine de üç–dört saatte bir uyanıyordu.

Sonunda Didi ve Richard, Cameron'ın daha uzun uyumasını sağlamanın sırrını keşfettiler. Cameron bir gece bebek salıncağındayken bitkin ebeveynleri uyuyakaldı ve onu salıncakta monoton ses bütün gece açık kalacak şekilde bıraktılar. Bu büyük bir fark yarattı. Geceleri aldığı destekle Cameron altı saat deliksiz uyumaya, sonra yemek yiyip üç saatlik bir uykuya daha gömülmeye başladı!

Wyatt iki aylık olduğunda hemşire olan annesi Lisa ve doktor olan babası Aaron, geceleri kundaklanıp monoton ses makinesi açık bırakıldığında kesintisiz beş saat uyuduğunu, fakat kolları açıkta olduğunda ve sessiz bir odada yattığında sadece üç saat uyuduğunu fark etti.

Lisa bunu şöyle anlatıyordu: "Oğlumuzun kundaklanmaya ne kadar iyi tepki verdiğini görmekten memnundum, fakat hâlâ buna 'bağımlı' hâle gelmesinden ve büyüdüğünde kundaklanmadan uyumakta güçlük çekmesinden endişeleniyordum. Bu yüzden üç aylık olur olmaz onu kundaklamayı bıraktım."

"Wyatt bir ay sonra, dördüncü ayını doldurana kadar her şey yolundaymış gibi görünüyordu. Bir anda geceleri iki saatte bir uyanmaya ve çığlıklar atmaya başladı! Bir arkadaşım diş çıkarıyor olabileceğini söyledi, fakat Tylenol işe yaramıyordu. Kocam bir büyüme atağı geçirdiğinden şüphelendi fakat pirinçli kahvaltı gevreği de işe yaramadı. Wyatt'ın dördüncü ay kontrolünde Doktor Karp'a yorgunluğumdan ve çaresizliğimden bahsettim. Bana, ilacı ve pirinçli kahvaltı gevreğinden vazgeçip kundak ve monoton sesi bir kez daha denememi tavsiye etti. Açıkçası, Wyatt'ın kundaklanmak için fazlasıyla büyüdüğünü düşünüyordum ama çok çaresizdim."

"İki gece sonunda, Wyatt her gece beş kez uyanmak yerine bir kez uyanıyor, sütünü içiyor ve hemen ardından saat altıya kadar sürecek uykusuna dalıyordu!

Monoton ses makinemizin şelale sesine de bayılıyordu. Makineyi ilk bir saat boyunca sesini iyice açarak çalıştırdıktan sonra gece boyunca orta seviyede açık bırakmaya başladım. (Bu, benim de uyumama yardımcı oluyordu!)"

"Her şey o kadar iyi gidiyordu ki bu rutine Wyatt altı aylık olup bir gece onu kozasına sarmadığımda da derin ve güzel bir uykuya dalana kadar devam ettim."

Lise, Aaron, Wyatt ve Rachel

Görmesem hayatta inanmazdım ama her şeyin anahtarı kundaklamaktı! İlk oğlumuz Eli kundaklanmaya hiç direnmezdi fakat Benji buna bütün gücüyle karşı koyuyordu. Fakat ancak onu sıkıca kundakladıktan sonra onu sallayarak, emzik vererek ve şşşt sesi çıkararak sakinleştirebiliyorduk.

Beş Temel Prensip üzerinde birkaç gün çalıştıktan sonra sorun yaşamadan Benji'nin birkaç saatlik bir uyuya dalmasını sağlayabiliyordum. Şu anda oğlum altı haftalık ve ağlama krizleri açısından en korkunç dönemini geçiriyor olması gerekirken bunu oldukça kolay atlatıyor. Gündüzleri saatler süren uykuları olabiliyor ve geceleri de (arada sadece kısa bir emzirmeyle) yedi–dokuz saat arası uyuyor.

Gündüz uykularında salıncakta kalmasına izin veriyorum ve monoton ses makinesini açık bırakıp sesini epeyce yükseltiyorum.

Gündüzleri sık sık uyumasına izin veriyorum çünkü Ben'i gündüleri uzun süre uyanık tutarsam aşırı uyarıldığını ve kendini sakinleştirmek konusunda güçlük çektiğini fark ettim. Bu yüzden oğlum hırçınlaşmaya başladığında bunu, onu tekrar salıncağa koyup rahim taklidine başlamak için bir işaret olarak algılıyorum.

Bu yöntemi "zor" bir bebeğe sahip olan herkese tavsiye ediyorum. Onu hala bütün gün kucağımızda taşıyıp bütün gece sallıyor olsaydık ruh sağlığımın ne halde olacağını tahmin bile edemiyorum. Bu yöntem hem benim, hem Benji'nin hem de ailemin geri kalanı olan Steve ve Eli'nin hayatında büyük bir fark yarattı!

Wendy, Steve, Eli ve Benji

SONUÇ

Tünelin Ucundaki Gökkuşağı: Bebeğiniz Sonuçta Doğmaya Hazır

Yavaş yavaş bizi yeniden sevmeye başlamıştı.

Francie'nin dört aylık oğlu Jackson hakkındaki fikri

Esme doğduğunda, annesinin gözlerine bakabilmek için sahip olduğu tüm konsantrasyona ihtiyaç duyan tombik ve harika kokulu bir bebekti. Fakat dört aylık olduğunda, odadaki herkese, "Ne harikayım, değil mi?" demek istermiş gibi uzun ve güçlü çığlıklar atmaya başlamıştı.

Yaşasın! Aylar süren bulanık bakışlar ve uzun uykulardan sonra dört aylık bebeğiniz gülmeye ve size yönelik sesler çıkarmaya başladı ve sanki şunu söylemeye çalışıyor: "Kostümlü provalar sona erdi. Artık büyük açılışımı yapmaya hazırım."

Siz göbek kordonunu keseli üç ay oldu fakat bebeğiniz ancak *gerçekten* doğmaya hazır hâle geldi. Karnınızdan dünyaya yaptığı zorlu geçişe ayak uydurdu ve artık olgunlaşmamış bedeninin içinde hapis değil. Artık eylemleri üzerinde sahip olduğu ve hızla gelişen kontrol yeteneğiyle, mutsuzluğunu ağlamaya başvurmaya ihtiyaç duymadan geçirebileceği birçok yeni yol öğreniyor.

Lütfen bebeğinizin bu kısacık hayatında başarmış olduğu şeyleri küçümsemeyin. Bunlar gerçekten inanılmazdır. Bebeğiniz temelde, milyonlarca yıl sürmüş bir evrim sürecini doksan gün gibi kısa bir sürede aşmıştır. Başlangıçta bir fare kadar çaresiz olsa da artık bizim türümüz için en önemli becerilerden birini geliştirmeye başlamıştır; fiziksel ve zihinsel olarak temas sağlama becerisi. Gevşek ve açık elleri artık hedefini (muhtemelen sizin burnunuzu) yakalamak için uzanır ve Esme gibi, o muhteşem dişsiz gülümsemesini onunla tanışan herkesi kendisine âşık etmek için nasıl kullanacağını öğrenmeye başlar!

Okulun ilk günündeki bir çocuk gibi kırmızı yanaklı, dört aylık bebeğinizin çıkardığı mutlu sesler enerjiyle etrafa yayılır. Artık öğrenmeye ve arkadaş edinmeye hazır olduğuna şüphe yoktur. Ve bebeğinizin artan merakının doğrudan bir sonucu olarak, onun aniden yüzükoyun yatmaktan hoşlanmamaya başladığını fark etmeniz muhtemeldir. Yeni doğan bebekler sakinleştirici olduğu ve dış dünyanın karmaşasıyla iletişimlerini kesmelerine yardım ettiği için yüzükoyun yatmayı severken dört aylık bebeğiniz etrafındaki dünyayı görebilmek için sırt üstü yatmayı isteyecektir. Artık etrafındaki karmaşa *ilgisini çekmektedir...* Ve oyun oynamaya hazırdır.

Hayatının bir sonraki bölümüne geçmeye hazır olan tek kişi bebeğiniz değildir. Eminim bu noktada siz de biraz daha fazla oyun oynamaya ve dinlenmeye hazır hâle gelmiş olacaksınız. Bebeğiniz doğduktan sonraki üç ay boyunca, büyük bir fedakârlıkla acıya, aşırı yorgunluğa ve endişeye katlandınız. Artık mahalledeki deneyimli ebeveynler arasındasınız ve "bebek bilimi" konusunda uzmanlık derecenizi almaya hak kazandınız. Umarım bu kitap, dünyayı bebeğinizin gözüinden görmenize ve çok eskiden kalma bebek sakinleştirme ve rahatlatma teknikleri konusunda uzmanlaşmanıza yardımcı olmuştur.

Sonunda, dördüncü üç aylık dönem denen çetin tünelin sonundaki ışığı gördünüz ve neyse ki, bu tünelin diğer ucundan gelmekte olan bir trenden çok daha güzel bir şey; bu tam bir gökkuşağı! Gösterdiğiniz bütün sevgi ve harcadığınız büyük emek meyvelerini verdi ve gerçek eğlence daha yeni başlıyor. Tebrik ederim! Bebeğiniz artık, *mahallenin en mutlu bebeklerinden* biri olma yolunda!

EKLER

EK A:

Kırmızı Bayraklar ve Kırmızı Alarmlar: Ne Zaman Doktoru Aramanız Gerekir?

Neyse ki kolik bebeklerin çoğu fiziksel bir hastalığa sahip değildir. Onlar daha çok, annelerinin rahminin dışındaki dünyaya alışmaya çalışırken "sıla hasreti" çeken bebeklerdir. Fakat bebeğinizin ağlamasının *gerçek* bir hastalığın işareti olup olmadığını nasıl anlayabilirsiniz?

Burada, doktorların bir bebeğin ağlamasının hastalığın belirtisi olup olmadığını anlamak için en başta kontrol ettiği on kırmızı bayraklı durumu ve bu kırmızı bayraklı durumların belirtisi olabilecek, kırmızı alarm vermeniz gereken tıbbi durumların özetlerini bulabilirsiniz:

1. Bebeğiniz diğer tüm açılardan normal büyümesine devam ediyor ve normal tepkiler veriyor mu?
2. Bebeğiniz gün içinde uzun süreler boyunca aşırı sakin kalıyor mu?

Eğer bu iki sorunun ikisine de "Hayır" cevabını verdiyseniz, doktorunuz size, bebeğinizin ağlamadığı zaman nasıl tepkiler verdiğini soracaktır. Aradığı, şu on kırmızı bayraklı durumdur:

1. *Sürekli sızlanma.* (Saatlerce süren homurtular ve zayıf ağlamalar)

2. *Çok tiz ağlamalar.* (Bebeğinizin daha önce hiç ağlamadığı gibi ağlaması)
3. *Kusma.* (Yeşil ya da sarı kusmuk ya da bebeğinizin, günde beş defadan fazla ve her seferinde 30 ml'den fazla kusması)
4. *Kakada değişiklik.* (Kabızlık ya da ishal, özellikle kanlı ishal)
5. *Yemek sırasında huysuzluk.* (İki büklüm olma, kendini geriye atma, yemek esnasında ya da hemen sonrasında başlayan ağlama)
6. *Normal dışı ateş.* (37.8'in üstünde ya da 36.1'in altında ölçülen ateş)
7. *Sinirlilik.* (Arada neredeyse hiç sakin dönem geçirmeden neredeyse sürekli ağlama)
8. *Letarji.* (Bir bebeğin normalden iki kat daha uzun uyuması, kendinde değilmiş gibi davranması ya da 8–10 saatlik bir zaman diliminde hiç süt ememesi)
9. *Kafadaki yumuşak noktalarda şişlik.* (Bebeğiniz otururken bile)
10. *Çok az kilo kazanımı.* (Günde 14 gramdan daha az kilo alması)

Doktorunuzun Göz Önünde Bulunduracağı On Tıbbi Kırmızı Alarm

Bir doktor, kırmızı bayraklı belirtiler gösteren ve durmadan ağlayan bir bebek gördüğünde, yapacağı ilk iş bunun aşağıda göreceğiniz on ciddi –fakat tedavi edilebilir– tıbbi durumdan biri olup olmadığını araştırmak olur. Lütfen unutmayın, bu tıbbi durumların birçoğu gerçekten *çok, çok, çok* nadir görülür. (Yiyecek duyarlılığı ya da reflü dışarıda bırakıldığında ciddi ve sürekli ağlama sorunu olan bebeklerin %1'inden daha azı aşağıda sıralanan hastalıklardan muzdariptir.)

1. Enfeksiyon: Kulak Enfeksiyonundan Apandisite

Bebeğinizin vücudunda enfeksiyon olup olmadığını anlamanın en iyi yolu onun ateşini ölçmektir, fakat yeni doğan bebeklerin çoğu ateşlenmez. Bu nedenle ağlayan bebeğinizin ateşi yoksa bile, ağlaması birkaç saatten uzun süre durdurulamadan ağlıyorsa ya da hareketleri çok hâlsizse ağlamasının enfeksiyon belirtisi olabileceğinden şüphelenmeniz gerekir. Hemen doktorunuzu arayın. Muhtemelen kontrol edeceği şeyler şunlardır:

Kulak Enfeksiyonu – Bu rahatsızlığa sahip olan bebekler sadece huysuzlanıp mutsuz olabilir ve içlerinden çok azı kulaklarını çekiştirir.

İdrar Yolları Enfeksiyonu – Bu rahatsızlığa sahip bebeklerin idrarı ağır kokabilir, fakat bu da nadir görülen bir durumdur.

Beyin Enfeksiyonu (menenjit) – Bu rahatsızlığa sahip bebeklerin kafasında şişkin yumuşak noktalar bulunur. Sıkça kusarlar, aşırı hâlsiz olurlar ve bir ya da iki gün içinde hızla kötüye giden durdurulamaz ağlama krizlerine girerler.

Apandisit – Bebeklerde çok nadiren görülen bu hastalık mide sertleşmesi, iştah kaybı ve sürekli ağlamaya sebep olabilir.

Bağırsak Enfeksiyonu – "Midesini üşüten" bir bebek kusar, ishal olur ve genellikle hasta bir yakınıyla yakın geçmişte temasta bulunmuştur.

2. Bağırsaklarda Acı: Bağırsak Tıkanmasından Reflüye

Bazı mide sorunları acıya sebep olur ve kolik bebeklerin %10-%15'inin ağlama sebebini açıklayabilir. (Hastalıklar ciddiyet sırasına göre önemliden önemsize doğru sıralanmıştır.)

Bağırsak Tıkanıklığı – Bu, hemen doğumun ardından ya da birkaç hafta sonrasında ortaya çıkabilecek, çok nadir görülen bir durumdur. Bebekler ciddi acı verici spazm dalgalarına yakalanır, sıklıkla kusar ve/veya kaka yapmayı keser. Bağırsak tıkanıklığı sorunu olan bebeklerin kusmuğu genellikle belirgin biçimde sarı ya da yeşil olur. (Doğumdan sonraki ilk birkaç gün anne sütüyle beslenen bebeklerin kusmuğu da sarı olabilir, çünkü kolostrum denen ilk süt bu renktedir. Fakat bebeğinizin kusmuğu sarıysa, *asla* bunun sütünüzden olduğunu düşünmeyin. Bunun, daha ciddi bir durumun belirtisi olmadığından emin olmak için hemen doktorunuza danışın.)

Reflü – Yakıcı bir acıya sebep olan bu hastalık, huysuz bebeklerin yaklaşık %3'ünün ağlama sebebidir.

"Arka Taraftaki Acı": Fazla Sıkı Bir Anüs Bir Bebeğin Bağırsaklarını Tıkayabilir mi?

M.S. 100 yılında Soranus adlı bir doktor, dar bir anüsün bebeğin bağırsaklarının tıkanmasına sebep olarak spazmlar geçirmesini sağlayabileceğini düşünüyordu. Bebeğin ağlamasını durdurmak için anüsünün genişletilmesini tavsiye ediyordu. Ondan sonraki iki bin yol boyunca doktorlar onun tavsiyesine uydu ve parmaklarını, ağlayan bebeklerin popolarına soktular. Fakat bugün, bunun çok nadir görülen bir durum olduğunu ve muhtemelen koliğin sebebi olmadığını biliyoruz.

Yiyecek Duyarlılığı – Huysuz bebeklerin %5-%10'u beslenme değişiklikleriyle iyiye gider, bu nedenle muhtemelen sorunları budur. Bu sorun ağlamanın yanı sıra kusma, ishal, kaşıntı ya da kakada mukozayla karışık kan görülmesine sebep olabilir.

(Reflü ve yiyecek duyarlılığı konusunda daha geniş bilgi için 4. ve 14. Bölümlere bakabilirsiniz.)

Yemek Öncesi, Sonrası ve Yemek Esnasında Ağlama

Yemekten hemen önce: Açlık, susuzluk, zorlu mizaç.

Yemek sırasında: Gastro-kolik refleks, süt akışının çok yavaş ya da çok hızlı olması, sütün tuhaf bir tadının olması, reflü.

Yemekten hemen sonra: Bebeğin hâlâ aç olması, gastro-kolik refleks, gaz çıkarma ihtiyacı, kaka yapma ihtiyacı, daha fazla emme isteği, yiyecek alerjisi, reflü.

3. Nefes Alma Sorunları: Burun Tıkanıklığından Fazla Büyük Dillere

Nefes alma sorunları arasında en yaygın olanı, bebeklerin minik burun deliklerinin tıkanmasıdır. Bebekler ağladıkları zamanlar dışında nasıl ağızlarından nefes alacaklarını bilmezler. Bu nedenle dar burun delikleriyle doğan ya da alerji ve üşütme benzeri sebeplerle burun delikleri tıkanan bebekler çılgına dönebilir.

Bebeğinizin burnunun tıkalı olup olmadığını kontrol etmek istiyorsanız, küçük parmağınızı birkaç saniye boyunca bebeğinizin burun deliklerinden birine sokup deliği kapatın. Bebeğiniz, açık bıraktığınız burun deliğinden kolaylıkla nefes alabilmelidir. Sonra aynı testi diğer burun deliğine uygulayın.

Bebeğiniz nefes almakta zorlanıyor ya da bu testi uyguladığınızda sinirleniyorsa, doktorunuzu arayın. Burun delikleri sümük yüzünden tıkanmışsa bunun üstesinden gelmek için neler yapabileceğinizi ona sorun. Ve evinizi toz, küf, spreyler, parfümler, sigara dumanı ve bebeğinizin burnunun tıkanmasına sebep olabilecek her şeyden arındırmak için elinizden geleni yapın.

Çok nadir görülen bir durum da, bebeğin dilinin çok büyük olması sebebiyle sırt üstü yatarken geriye kıvrılıp onun nefes almasını engellemesidir. Bu sorun, dili her zaman ağzından taşacağı için bebeğin doğumundan itibaren kendini belli eder.

4. Artan Beyin Baskısı

Bir bebeğin başının içindeki basıncın yükselmesinin sonuçları şunlardır:

- Huysuzluk ve baş ağrısı sebebiyle ağlama.
- Kusma.
- Alışılmadık derecede yüksek sesli ağlama.
- Bebek otururken bile belli olan baştaki şişkin yumuşak noktalar.
- Alında şişmiş damarlar.
- Aşırı hızlı büyüyen baş. (Doktorunuz her muayenede bebeğinizin baş çevresini ölçmelidir.)
- Günbatımı işareti (Gözlerin kocaman açıldığı, gözün beyaz kısmının renkli kısmının üstüne biniyormuş gibi durup bir günbatımı manzarasını andırdığı durum)

Bebeğiniz yukarıda tasvir edilen belirtileri gösteriyorsa vakit kaybetmeden doktorunuza başvurun.

5. Deri Acıları: Bir Parmağa, Ayak Parmağına ya da Penise Dolanan İplik ya da Saç Teli

Eskiden normalde sakin olan bir bebeğin ani çığlıkları, ebeveynlerinin bezinin üzerinde yanlışlıkla açık kalmış bir çengelli iğne aramasına sebep oluyordu. Fakat günümüzde, çengelli iğneye ihtiyaç duymayan bebek bezleri sayesinde bu artık mümkün değil. Artık bu tip ani ve tiz bir çığlık duyan ebeveynler, bebeklerinin parmağına, ayak parmağına ya da penisine dolanmış bir iplik ya da saç teli arıyor. Bu sorun, hemen tıbbi müdahale gerektirir. (Doktorlar genellikle bu sorunu, bölgeye saçı oradan çıkaracak bir krem kullanarak müdahale eder.)

6. Ağızdaki Acı: Pamukçuktan Diş Çıkarmaya

Ağızdaki bir mantar enfeksiyonu olan pamukçuğu tanımak kolaydır, çünkü dudaklar ve ağzın içinde silinince geçmeyen süt beyazı bir kalıntı oluşmasına sebep olur. Pamukçuk aynı zamanda bebeğin bez bölgesinde ve emziren annenin göğüs uçlarının çevresinde kızarıklıklara sebep olabilir.

Pamukçuk nadiren bebeğin hırçınlaşmasına sebep olur, ama zaman zaman tahriş olmuş bir ağız bebeğin ağlamasına sebep olabilir. Neyse ki tedavisi oldukça kolay, iyileşme süresi de kısadır.

Birçok ebeveyn, bebeklerinin ağlama sebebinin diş çıkarması olup olmadığını sorar. Buna gerçekten çok nadir rastlanır, çünkü iki aylık bir bebeğin diş çıkarması, bir tavuğun diş çıkarması kadar mümkündür. Fakat yine de, bebeğinizin diş çıkardığı için acı çektiğini düşünüyorsanız ona biraz asetominofen damlası verin ve bir rahatlama yaşayıp yaşamadığını gözleyin. (Doğru dozu bulmak için mutlaka doktorunuza danışın). Bu ilaç kolik konusunda etkili değildir fakat diş çıkarma ağrılarını hafifletir.

7. Böbrek Ağrısı: Boşaltım Sistemi Tıkanıklığı

Böbreklerde oluşan bir tıkanıklığın gece ya da gündüz ağlamalarına sebep olması çok nadir görülen bir durumdur. İki ayın sonunda iyiye gitmeye başlayan klasik koliğin aksine, böbrek tıkanıklığından kaynaklanan ağlama gitgide kötüleşir.

8. Göz Ağrısı: Glokomdan Kornea Aşınmasına

Çok nadir görülse de göz ağrısı glokomdan (göz tansiyonu), korneanın yanlışlıkla çizilmesinden ya da bebeğinizin gözünün içine, bir kirpik gibi çok küçük bir şeyin kaçmasının sebep olduğu tahrişten kaynaklanabilir. Bebeğinizin yaşarmış ve kırmızı gözleri varsa ve gece gündüz demeden ağlıyorsa doktorunuz bu olasılıkları düşünmelidir.

9. Aşırı Yükleme: Fazla Sodyumdan Fazla A Vitaminine

Sürekli ve ciddi ağlama krizleri, bebeklere aşırı sodyum (tuz) verilmesinden kaynaklanabilir. Bu, ebeveynler mamayı çok az sulandırdığında ortaya çıkabilir. Bu durum çok nadiren de olsa, doğumdan bir hafta sonra emziren bir annenin sütünün çok az olması hâlinde fazlasıyla tuzlu hâle gelmesiyle de ortaya çıkabilir. Bu bebekleri saptamak oldukça kolaydır, çünkü kilo kaybederler, başka hiçbir sıvı tüketmezler ve gece ve gündüz boyunca hem çok hâlsiz hem de çok huysuz olurlar.

Aşırı A vitamininin bebeklerin ağlamasına sebep olması da çok nadir görülen bir durumdur. Bu sadece çok fazla ek gıda ya da balık yağı verilen bebeklerde görülür.

10. Diğer Sebepler: Migrenden Kalp Yetmezliğine

Küçük bebeklerin durdurulamayan ağlama krizlerinin sebebi olarak bildirilen bazı aşırı nadir durumlar şunlardır: Kemik kırığı, meyve ya da meyve suyuyla beslenen bebeklerde şeker intoleransı, migren kaynaklı baş ağrısı, hipertiroid ve kalp yetmezliği. Bu bekler günde üç saat civarında ağlar ve gün boyunca çok az tepki verirler.

EK B

Yeni Ebeveynin Hayatta Kalma Kılavuzu: Yeni Doğan Bebeklerin Ebeveynlerine En Önemli On Hayatta Kalma Sırrı

Artık bebeklerin ağlaması konusunda söylenebilecek her şeyi söylediğimize göre, biraz da sizden bahsedelim! Bütün yeni ebeveynlerin bildiği gibi, beş kişiye fikrini sorsanız (ki bu beş kişi muhtemelen fikrini sormanızı beklemez), on farklı fikirle karşılaşırsınız. Bu yüzden siz *bana* fikrimi sormasanız bile, ben size bebeğinizin dünyadaki ilk birkaç ayında biraz daha zarif biçimde hayatta kalmanızı sağlayacak, akıl sağlığınızı korumanıza yardımcı olacak on hayat kurtarıcı tavsiye veriyorum.

1. Kendinize Güvenin: Siz, Hiç Kırılmayan Dünyanın En İyi Ebeveynleri Zincirinin Son Halkasısınız.

Yanında dört günlük bebeği Gabriel'le hâlâ hastane yatağında olan Leslie bana şunları söylemişti: "Genellikle oldukça iyimser biriyimdir fakat sürekli bebeğimi düşürdüğüm ya da onu bir yerlerde unuttuğum rüyalar görüyorum. Kocam, Gabe'i hastaneden çıkarıp eve götürdüğümüzde 'deneyimsiz ebeveyn'

alarmının kendi kendine kapanacağını söyleyerek bana şaka yapıyor."

Kendinize güvenin. Bildiğinizi sandığınızdan daha fazlasını biliyorsunuz.

Dr. Benjamin Spock

Siz de neredeyse tüm yeni ebeveynlere benziyorsanız, muhtemelen kendinizi deneyimli bir profesyonelle bir amatör arasında değişen bir konumda görüyorsunuz. Bir insana "ebeveynlik işkencesini" öğretmek yeterlidir! Ve birçok kişiden gelen, birbiriyle çelişen tavsiyeler de kafa karışıklığınızı derinleştirir.

Fakat kendinize güveninizi kaybetmeden önce, lütfen şunu hatırlayın: Siz, temeli zamanın başlangıcına dayanan, hiç kırılmamış başarılı bir ebeveyn zincirinin son halkasısınız. Sizin ve bebeğinizin hayatta kalma sebebi, sizin dünyadaki en başarılı annelerin, en koruyucu babaların ve en güçlü bebeklerin torunları olmanızdır. İşte bu yüzden, Doktor Spock'un ebeveynlere kendilerine güvenmelerini tavsiye etmesi çok yerindedir.

Duygularınıza güvenin. Sakinleşin ve bebeğinizin gerçekten ihtiyacı olan tek şeyin sütünüz ve besleyici sevginiz olduğunu unutmayın. Ve sizin ihtiyacınız olan şeyler de sabır, destek, biraz bilgi ve arada sırada yapılacak bir masajdır.

2. Beklentilerinizi Düşürün

Göreceksiniz. Bir bebek sahibi olmak, gece kendi yatağınızda uyuyup sabah Zimbabve'de uyanmak gibidir!

Sonya'nın kızı Denise'e Aidan'ı doğurmadan bir ay önce söylediği sözler

Ebeveyn olmak her türlü yanlış anlama ve sürprizle doludur. Ve sahip olacağınız belki de en büyük yanlış anlama, bebeğiniz doğduğu an otomatik olarak ne yapacağınızı bilmeyi beklemenizdir.

Üçüncü çocuğunu doğurduktan sonra Beth, esprili biçimde şöyle diyordu: "İlk hamileliğimin sonunda gerçekten hazır olduğum şeyler form doldurmak ve hamile kıyafetleri satın almaktı!"

Ebeveynlik için pratik deneyimler gereklidir (özellikle de zor bebeklerle uğraşırken). Fakat günümüzde, bebek sahibi olmaya hazırlanan çiftlerin birçoğu yeni doğmuş bir bebeğe dokunmamıştır bile. Bu deneyim eksikliğine rağmen bebekleri doğduğu anda onlarla gerektiği gibi ilgilenebilmeyi *ve* evin işlerini halledebilmeyi *ve* işlerine aksatmadan gidebilmeyi *ve* hâlâ romantik bir ilişkiye sahip olabilmeyi umarlar.

Ne yazık ki bu gerçekçi olmayan beklentiler bizim kültürümüzde geçtiğimiz elli yılda gitgide daha da artmıştır. Hamileyken insanlar sizi "Hayatın bir daha asla eskisi gibi olmayacak!" diye uyardıysa da, muhtemelen siz bu sözler karşısında omuz silktiniz. Çok az insan *kendi* bebeklerinin zor bir bebek olacağına inanır. Birçok kadın için hamilelik dönemi normal hayatlarına o kadar benzer ki, kendilerini yanlış bir güvenlik duygusu içinde bulurlar. Doğumdan önce hâlâ sıcak bir duş alıp şöyle düşünebilirsiniz: "Ben hazırım. Ben bu olayın üstesinden geldim." Birçok kadın otomatik olarak yeni doğan bebeklerine bakmanın onlara çok doğal geleceğine inanır fakat artık sizin bildiğiniz gibi, bu gerçeğin çok uzağındadır. Ancak bebeğiniz gerçekten doğduktan sonra ebeveynliğin gerekliliklerini daha net görmeye başlarsınız. Bir anda, bebek doğmadan bir ay önce aldığınız o sıcak, uzun duş Karayipler'de bir tatil gibi görünmeye başlar.

Hemen gerçekleşmeyen bir beklenti de bebeğinizi gördüğünüz an sevmeye başlamanızdır. Elbette birçok ebeveyn yeni doğmuş bebeklerine gördükleri anda âşık olur, fakat pek de fazla söylenmeyen bir gerçek de, birçok anne ve babanın bebeklerini gördükleri ilk an onlara tutulmadığıdır. Bebeğinizi sevmenin biraz zaman alması mantıklıdır. Sonuçta çok azımız ilk görüşte aşkı deneyimlemişizdir. Endişelenmeyin, şarkıda da söylendiği gibi, "Aşkı aceleye getiremezsiniz."

Ve hepsi bu değildir. Kısa süre sonra sizin beyninizin de beklenmedik şekilde değiştiğini görebilirsiniz. Aşırı unutkanlık, hayatınızın bir süreliğine sizin kontrolünüzde olmadığını gösteren kanıtlardan biridir. Yeni doğum yapmış bir anne bana şöyle demişti: "Bu konudaki en iyi tahminim, doğum esnasında plasentayla birlikte beynimin bir kısmının da dışarı atıldığıydı."

Birçok anne doğum yapmanın kendilerini sadece göğüslerden oluşan birer canlıya dönüştürdüğünü hisseder ve bir anlamda bu doğrudur! Süt üretimi vücudunuzu prolaktinle doldurur ve bu, vücudunuzda meydana gelen diğer devasa hormonal değişikliklerle birlikte unutkanlığın temelini oluşturur. Son olarak, baş dönmelerinizin aşırı yorgunluk yüzünden on kat kötüleştiğini göreceksiniz. Uzun süreli uyku eksikliği karşısında net düşünmeyi sürdürmeniz gerçekten çok zordur.

Bu yüzden kendinize karşı sabırlı ve nazik olun. Birkaç ay gibi kısa bir süre sonra tekrar ayaklarınız yere basmaya başlayacak ve dahası, dünya üzerinde bebeğinizi en iyi tanıyan insan siz olacaksınız!

3. Ulaşabildiğiniz Her Türlü Yardımı Kabul Edin

Florida'dan California'ya taşındığımda ailemden bağımsız olduğum için mutlu olmuştum. Fakat bebeğim doğduğunda, onları daha önce hiç özlemediğim gibi özledim. Bir anda ailemin yanımda olmasını istemeye ve buna ihtiyaç duymaya başladım.

İki aylık Ella-Rose'un annesi Kathleen

Tarihin hiçbir döneminde bir anne ve bir babanın bebeklerine *tamamen tek başlarına* bakması beklenmemiştir. Her şeyi bir anne ve bir babanın yaptığı çekirdek aile fikri, insanoğlunun sadece son üç kuşaktır hayata geçirdiği en yeni, en riskli ve en deneysel girişimdir. (Bu, modern insan çağının başladığı 60.000 yıl içinde yaklaşık 60 yıla tekabül eder.) Geçmişte, çiftin aileleri ve çevresindeki insanlar daima onlara yardım ederdi ve daha sonra da onlar kendilerine yapılan bu iyiliği geri öderdi.

Noah ve Ariel'in annesi Sharon ailesinden 1500 kilometre uzakta yaşıyordu ve bir bebek bakıcısı ya da yardımcısı yoktu. Sharon'ın amacı, çocuklarının mutlu ve sağlıklı olmasını sağlamaktı ve bunu ayakta uyuma pahasına yapıyordu. Kendi durumunu şöyle tanımlıyordu:

"Bir domates bitkisi düşünün, dallar ve yapraklar eski ve kurumuş olsa da üzerindeki meyve hâlâ diri ve lezzetlidir."

Hastalarımın ebeveynlerine her zaman şunu söylüyorum: Yardım alın ve yardım isterken ya da bunun için para öderken kendinizi suçlu hissetmeyin. Arkadaşlarınızdan sizin için yemek yapmaları, temizliğe yardım etmeleri ya da siz biraz kestirirken bebeğinize göz kulak olmaları konusunda yardım isteyin. Siz yeni bebeğinize bakmak için kendinizden çok şey verirken, etrafınızda oluşturacağınız destek ağının sizinle ilgilenmesine izin verin; daha sonra bunun karşılığını onlara ödersiniz. Bir yeğenin, komşunun, dadının ya da salıncağın size sağlayacağı "fazladan iki el" ne bir lükstür ne de sizin başarısız olduğunu gösterir. Bu tarih boyunca neredeyse tüm annelerin sahip olduğu minimum destektir.

4. Önceliklerinizi Netleştirin: Bir Mola mı Vermelisiniz Yoksa Bulaşıkları mı Yıkamalısınız?

Ağlayan bebeğimin benden önce uykuya daldığı nadir durumlarda, kalan zamanı kendim için kullanıyordum! Kendime bir köpük banyosu hazırlıyor, bir içkiyle rahatlıyor, bir kitap okuyor ve bebeğimin biraz daha fazla uyuması için dua ediyordum.

Frances Wells Burck, *Babysense*

Daha önce de söylediğim gibi, size yardım almanızı tavsiye ediyorum, fakat yardım alma imkânınız yoksa endişelenmeyin. Bu işin üstesinden gelebilirsiniz, tabii önceliklerinizi doğru belirlediğiniz sürece. İstediğiniz her şeye ulaşacağınız zaman da gelecektir, fakat bu, bebeğiniz doğduktan hemen sonra olmayacak.

En önemli önceliklerinizden biri şudur: Çok fazla şey yapmaya çalışmayın. Örneğin bebeğinizin doğumundan sonraki hafta, şehir dışından gelen aile mensuplarını ağırlamak için doğru bir zaman değildir. Annem hep şöyle derdi: "Kibarlıkla aptallığı karıştırma!" İyi dileklerini sunmaya gelen birkaç kişi sorun değildir, fakat sadece bu kişiler sağlıklı ve size yardımcı olan kişilerse geçerlidir. Yemek yapmaya ya da temizliğe yardım edemeyen ziyaretçiler çok değerli zamanınızdan çalarlar ve daha kötüsü, *evinize mikropların taşınmasına sebep olabilirler*! Kendinizden uzak tuttuğunuz insanlar sizin paranoyak olduğunuzu düşünebilirler, fakat doğrusunu isterseniz, nevrotik ve fazla korumacı olmak konusunda daha haklı olabileceğiniz bir durum yoktur!

Yapabileceğiniz bir başka şey de, telesekreterinize bebeğinizin durumuyla ilgili bilgileri özetlediğiniz ve birkaç hafta boyunca telefonlara geri dönemeyebileceğinizi açıkladığımız sevimli bir mesaj kaydetmenizdir. Elbette istediğiniz zaman sizi arayanları geri arayabilirsiniz, fakat bu en azından, güzel bir banyo gibi daha büyük önceliklerinizi yapabilmeniz için sizi özgürleştirir.

Dinlenme: Yeni Bir Ebeveynin Hayati Besini

Bazen yapmanız gereken en acil ve hayati şey... biraz kestirmektir.

Ashley Brilliant

Ergenlik döneminde, büyün gece ayakta kalmak için "ölebilirdik." Şimdi, bütün gece ayakta kaldığımızda gerçekten "ölüyoruz."

Yeni ebeveyn olmakla birlikte karşılaşacağınız aşırı yorgunluk kendinizi depresif, sinirli, beceriksiz hissedebilir ve algınızın bir lunaparktaki komik aynalar bölümündeki gibi bozulduğunu düşünebilirsiniz. (Bazı ülkeler insanları her uykuya daldığında uyandırarak işkence eder!)

Bu yüzden bebeğiniz kestirirken siz de kestirin, anneniz geldiğinde iyi bir uyku çekin ve nasıl yaparsanız yapın, biraz dinlenin.

5. Esnek Olun: Eğilmek, Kırılmaktan Çok Daha İyidir

Sadece, bazı günler vezir, bazı günler piyon olduğunu kabul etmeniz gerekir.

Roger Anderson

Hayatta, ödün vermek konusunda isteksiz olmanın takdir edilebileceği bazı durumlar olabilir, fakat yeni ebeveynlik dönemi *bunlardan biri değildir.* Bu nedenle tüm ebeveynlerin arabalarına yapıştırmaları gereken çıkartmanın üzerinde *"Esnek ölün ya da ölün!"* yazması gerektiğine inanıyorum.

Bir anne ya da baba olmanın eğlenceli yanı ve sorumluluğu, hangi ebeveynlik seçeneklerinin *size* anlamlı geldiğini ve bebeğinizin *işine yaradığını* belirleyebilmenizdir. Fakat işler planladığınız gibi gitmediğinde tüm seçimlerinizi çöpe atıp en baştan başlayabilmeniz de çok önemlidir.

Düzenli olmaktan her şeyi zamanında yapmaktan ve evinizin çok temiz olmasından hoşlanan biriyseniz, bu yeni esnekliğe ulaşmak için derin bir nefes almanız ve biraz çalışmanız gerekecektir. Fakat bunu büyük bir espri anlayışıyla da karşılayabilirsiniz, çünkü göğsünüzden gelen sütün en sevdiğiniz bluzunuzu lekeleyeceği ve minik sevgilinizin, beyaz koltuğunuzun üzerine bağırsaklarını boşaltacağı zaman gelmiştir!

Yapabiliyorsanız, birkaç ay boyunca yapmanız gereken şeyler listesini bir kenara bırakın. Duvarınızda asılı duran saatin, bir süreliğine bir zaman ayarlama aracından bir dekorasyona dönüştüğünü kabul edin. Ayrıca, bir süre için gece ve gündüzün sizin için bir öneminin kalmayacağını da bilin.

Siz "bileti satın aldınız", artık kendinizi akışa bırakın ve hayatın en büyük maceralarından birinin muhteşemliğine ve neşesine kendinizi kaptırın!

6. Kendinizi Tanıyın: Bebeğinizin Ağlaması Kendinizi Nasıl Hissetmenize Sebep Oluyor?

Bebeğiniz çılgınca çığlık atmaya başladığında sakince şöyle düşünebiliyor musunuz: "*Kötü bir gün geçiriyor olmalı.*" Yoksa şöyle mi düşünüyorsunuz: "*Tanrım, bir şeyi yanlış yapıyor olmalıyım!*", "*Ben anne olmayı hak etmiyorum!*" ya da "*Kendini kim zannediyor?*"

Bebeğinizin çığlıklarının, geçmişte yaşadığınız kötü anıları tetikleyebileceği konusunda hiçbir şüphe yoktur. Bir anda çok uzun zaman önce size yönlendirilmiş öfke, eleştiri ve dalga geçme dolu sesleri anımsayabilirsiniz. Elbette yeni doğan bebeğinizin ağlamasının sizin geçmişteki travmalarınızla hiçbir bağlantısı yoktur. Bebeğiniz, öfke duymak, sizi eleştirmek ya da yönlendirmek için henüz çok küçüktür. Fakat aşırı yorgunluk ve stres bazen zihninizi kandırarak sizin bu masum ağlamaları size karşı düzenlenen saldırılar olarak algılamanıza sebep olabilir.

Bu da yeni ebeveyn olmanın normal bir parçasıdır. Bu tip duygular içinizde uyanmaya başladığında cesur olun ve bunları eşiniz ya da sizi gerçekten önemseyen biriyle paylaşın. Geçmişteki acılarınızı ve şu anki korkularınızı ne kadar çok paylaşırsanız, bu eski deneyimlerin bebeğinizin ağlamalarıyla ilgisiz olduğunu o kadar net görürsünüz.

7. Beşiği Çok Sert Sallamayın: Bebekler, Çaresizlik ve Çocuk İstismarı

David aniden öfke dalgasının güçlü bir rüzgâr gibi tüm bedenini sardığını hissetti. İkiz oğulları Sam ve Ben'in haftalardır süren kolik ağlamalarının ardından o kadar öfkelendi ki yumruk attığı kapıyı kırdı. "O kadar öfkeli

ve yorgundum ki kendimi kontrol edemedim. Oğullarıma asla zarar vermem, fakat hayatımda ilk defa bir ebeveynin nasıl kendini o kadar çaresiz hissedebileceğini anladım."

Çok az şey kendimizi, kolayca bebeğimizin çığlıklarını susturmak kadar iyi hissetmemizi sağlayabilir, fakat benzer şekilde çok az şey, denediğimiz hiçbir şey işe yaramadığında kendimizi hissettiğimiz kadar kötü hissetmemize sebep olabilir.

Unutmayın, bebeğiniz bir elektrik süpürgesinin sesinden daha yüksek çığlıklar atabilir. Bebeğiniz omzunuzda, kulağınızın hemen yanındayken buna katlanmanın bu kadar zor olmasının sebebi de budur. Ayrıca bebeğinizin ağlama sesi, sinir sisteminizin içinde, kalbinizin hızlanmasına ve derinizin korkuyla gerilmesine sebep olan bir "kırmızı alarmı" tetikler ve sizin bu sesi derhâl durdurmak istemenize sebep olur. Bu ağlama aşırı yorgunluk, depresyon, maddi gerilim, hormonal karmaşa, aile içi anlaşmazlıklar ve istismar geçmişiyle birleştiğinde neredeyse katlanılmaz hâle gelir. Bu güçlü stres kaynakları birleştiğinde bazen sevgi dolu bir ebeveyn bile kendini çocuk istismarının karanlık boşluğunda bulabilir.

Tanıdığım yumuşak huylu bir baba bana, bir gece bebeğinin ağlamasının çok sinirine dokunduğunu ve beşiğini "biraz fazla sert" salladığını fark edip kendi kendine şaştığını söylemişti. "Kendimi berbat bir ebeveyn gibi hissettim. Minik Marlo'm çok mutsuzdu fakat yaptığım hiçbir şey işe yaramıyormuş gibi görünüyordu. Kendimi çok yetersiz hissettim."

Ebeveynler için büyük bir hayal kırıklığı olan başka bir şey de, genellikle bebeklerini sakinleştirmekte işe yarayan bir yöntemin bir anda işe yaramamaya başlamasıdır. Bu, güpegündüz, hiç beklemediğiniz anda cüzdanınızın çalınmasına benzer.

Kendinizi ne kadar çaresiz hissederseniz hissedin, her zaman duygularla eylemler arasında büyük bir fark olduğunu aklınızdan çıkarmayın. Yorgun olduğunuzda, istediğiniz kadar bebeğinizi birinin kapısının önüne bırakıp kaçmak üzerine şaka yapabilirsiniz, fakat söylemeye gerek bile yoktur ki, bunu yapmamanız gerekir.

Peki, kırılma noktasına çok yakın olduğunuzu hissettiğinizde ne yapmanız gerekir?

- İş yükünüzü hafifletin; ev temizliği ve bebek bakımı konusunda yardım alın.
- Enerjinizi harcamak için fiziksel bir aktivitede bulunun: Bir çukur kazın, çivi çakın, koltuğu yumruklayın, yüzünüze bir yastık kapatıp çığlık atın, bir havlu alıp ağlayın ya da sadece dışarı çıkıp koşun!
- Birileriyle konuşun: Bu bir arkadaşınız, akrabanız ya da bir yardım hattı olabilir.

8. Espri Anlayışınızı Kaybetmeyin

Gülmeyi başaran, hayatta kalır!

Mary Pettibone Poole

Ebeveynliğin gözünüze, sizi ısıran bir ağzı beslemekten başka bir şey değilmiş gibi göründüğü zamanlar vardır.

Peter de Vries

En normal aileler, sizin yakından tanımadıklarınızdır.

Joe Ancis

Bebekler her zaman düşündüğünüzden daha çok sorun çıkarırlar ve düşünemeyeceğiniz kadar harikadırlar.

Charles Osgood

Sorunlarım sıraya girmeye reddettiğinde onları tek tek ele almak benim için hep çok zor olmuştur.

Ashley Brilliant

Bir çocuk yetiştirmek sonu gelmez görev ve zorluklardan oluşur. Hata yapmak istemezsiniz, fakat yapacaksınız. Unutmayın, mükemmelliği bulabileceğiniz tek yer bir sözlüktür. Bu yüzden, gururunuzu unutun... Düzeni unutun... Kendinize karşı nazik olun... Ve *gülün, gülün, gülün.*

Bir doktor olarak size kesin tavsiyem, gülmenizdir. Birkaç komedi filmi kiralayın ya da televizyonda defalarca izlediğiniz bir komediyi bir daha izleyin. Cleopatra'nın bebeğinin gazını çıkardığını ve sırtında kocaman bir kusmuk lekesiyle dolaştığını hayal etmeye çalışın.

Saçınızın hâline, bebeğinize ve darmadağın olmuş evinize gülün. Şu anda, bir zamanlar partilerde gaz çıkarmanın zorlukları ve bebeklerinin kakasının rengi konusunda ateşli tartışmalara girişen ve sizin uzak durmaya çalıştığınız kadınlardan birine dönüşmüş olduğunuz gerçeğine gülün.

9. Eşinizle İlgilenin (Bir Ara İşinize Yarayabilir)

Cheryl ve Jeff'in ikinci çocuğu olan Curtis dört haftalık olduğunda Jeff şunları söylüyordu: "Henüz bir kez bile sevişmedik." Cheryl'ın buna cevabı ise şöyleydi: "Ne bekliyorsun? Vücudumun

cinsellikle ilgili her uzvu ya sızdırıyor ya çürük içinde ya da zonkluyor!"

Yeni doğmuş bir bebeğe bakmak o kadar emek isteyen ve zaman alan bir iştir ki, bir ebeveynin, enerjisinin yüzde yüz onunu harcıyormuş gibi hissetmesi (ki genellikle doğrudur) ve eşinin sadece yüzde yetmiş beş çaba sarf ediyor olduğunu düşünmesi (ki genellikle yanlıştır) çok muhtemeldir.

- "Bütün gün çalıştıktan sonra eve gelip bir de bebeğe banyo yaptırıyorum." Karşısında "Bütün gün boyunca bebeğe bakmama rağmen yine de ona akşam yemeği hazırlayıp sırtını kaşıyorum."
- "Bütün gün evde rahatça vakit geçirebildiği, pembe dizileri izleyebildiği ve bebekle ilgilenebildiği için çok şanslı." Karşısında "İşe gidip bir sürü farklı insanla iletişim kurabildiği için çok şanslı."

İşin doğrusu, ebeveyn olmanın ortak bir iş olduğudur. Yapılması gereken o kadar çok şey vardır ki, hepsini yapıp hâlâ arkadaş kalabilmenin tek yolu bir takım olarak çalışmaktır.

Bebeğinizin dünyasının dengesi, sizin ve eşinizin elindedir. Bu nedenle asla şöyle söylediğinizi duymak istemez: "Senin için her şeyden vazgeçtim. Hatta seni, annenle/babanla olan ilişkimden bile daha fazla önemsedim." Hatta bebeğiniz, eğer bunu yapabilseydi, sizi oturtup şunları söylerdi: "Benim için endişelenmeyin. Ben iyiyim, fakat daha sonra size gerçekten çok ihtiyacım olacak. Bu yüzden şimdilik biraz eğlenin, bir film izleyin... Ama lütfen kendinize iyi bakın."

Bebeğinizle ilgilenmek, yapmanız gereken işin sadece yarısıdır; diğer yarısı da birbirinize sevgi ve ilgi göstermenizdir. Babalar anneleri desteklemeli ve takdir etmeli, anneler babalarla ilgilenmeli ve onlara şefkat göstermeli ve ebeveynler birbirleri için özel zaman ayırmalı ve birbirlerini sert biçimde eleştirmekten kaçınmalıdır. (Elbette bir durum karşısında sizin tepkileriniz eşinizinkilerden farklı olacaktır. Siz, kendinize özgü hayat beklentileri olan farklı iki insansınız.)

Birlikte yürüyüşe çıkmak, birbirinize on dakikalık masajlar yapmak, birbirinizin sırtını kaşımak ya da cinsel ilişkiye girmek için zaman yaratın. Eşinizin yaptıklarını küçümsememeye ve yatağa asla kızgın girmemeye çalışın. Bu ilk aylar, ilk yılın en zor kısmıdır, fakat bu konudaki harika haber, birlikte çalışırsanız evliliğinizin bu dönemin sonunda çok daha güçlü olabileceğidir.

Babalara: Karınızın Kıymetini Bilin – Muhteşem Yaratım Tanrıçası

Sizin "su keseniz" bir iş toplantısının ortasında patlasa ne kadar utanacağınızı hayal edebiliyor musunuz? Yeni baba olmuş bir erkek, hayatının son dokuz ayını normal hayatına oldukça yakın biçimde geçirmişken, karısı zihinsel ve bedensel olarak gerçek üstü bir değişime maruz kalmıştır. Şunu kabul edelim, karısının doğum yapışını izlemiş olan her erkek, asıl güçsüz cinsiyetin hangisi olduğunu bilir.

Anneler büyük kahramanlardır! Konu bebek yapmak olduğunda biz erkekler spermimizi vermekle yetinirken, eşlerimiz *bir köpek kızağını Alaska'dan Meksika Körfezi'ne kadar çekerler.* Hatta sizin 23 kromozomunuz dışında, bebeğinizin her bir molekülü ona karınızın vücudu tarafından ulaştırılmıştır. Bu neredeyse her hücrenin üzerinde *"Anne tarafından incelenmiştir"* yazan minik birer etiket taşıdığı anlamına gelir.

Ve bebeğiniz doğduktan sonra da karınız müthiş bir sorumluluğu omuzlarında taşır. Siz işe gitmek için evden çıktıktan sonra o, sızdıran göğüsler, ağrıyan göğüs uçları, fazladan on beş kilo ve çılgına dönmüş, kırmızı suratlı, sürekli ona bağıran bir bebekle uğraşmak üzere evde kalır ve bunu çok küçük bir hazırlıktan sonra ya da hiçbir hazırlığı olmadan yapar.

Tabii bir de seks (ya da seks eksikliği!) meselesi vardır. Hamileliğin son kısmında kaçındıktan sonra siz, seks yapmakla ilgileniyor olabilirsiniz, fakat birçok yeni anne için, seks akıllarına gelen son şeydir. Kadınlar genellikle doğumdan sonra "pelvik yorgunluk" yaşarlar ve karınızın göğüsleri her zamankinden daha çekici görünse de, muhtemelen kendini pek erotik hissetmemektedir. (Şu an onların bebeğinize ait olduğunu unutmayın.)

Peki, ne yapmanız gerekir? Öncelikleriniz hakkında yeniden düşünün. Unutmayın, kimse ölüm döşeğinde "Tek pişmanlığım, ofiste daha fazla vakit geçirmemiş olmam" demez. Bu dönem karınızın ilginize, desteğinize ve şefkatinize en çok ihtiyaç duyduğu dönemdir. (Araştırma sonuçlarının, emzirme başarısını en çok yükselten şeyin, kocanın desteği olduğu yönünde olması tesadüf değildir.) Eve çiçeklerle gelin, arada bir bebeğin altını değiştirin ve arkadaşlarıyla dışarı çıkması için ona fırsat yaratın. Şu anda ihtiyacı olan, bu tip bir "çocuk desteğidir."

Karınıza yardım etmenin bir diğer yolu da, bebeği sakinleştirme işini üzerinize almanızdır. Erkekler Sarmalama Tedavisi'ni öğrendiklerinde bebekleri sakinleştirmede çok başarılıdır. Bir inşaat işçisi ve iki aylık kolik Angela'nın babası olan Frank şöyle diyordu: "Ağlayan bebeğimi birkaç saniyede sakinleştirebilmeye bayılıyorum."

Annelere: Kocanızın Kıymetini Bilin – Rahme Düşmemizi Sağlayan Adam

Tamam, bu doğru: Şimdiye kadar işin en zor kısmını ve ağırlık taşımayı *siz* yapmak zorunda kaldınız ve o kadar meşgulsünüz ki tuvalete gidecek zamanı bile zor buluyorsunuz, ama yeni bir baba olmak da o kadar kolay değildir.

Unutmayın, kocanız dünyanın en başarılı mağara adamının torunu ve muhtemelen kendisi hakkında dinozor boyutlarında beklentileri var.

Artık sizi keskin dişli kaplanlardan korumak zorunda olmayabilir, fakat erkeklerin çoğu ailelerini geçindirmek için dünyaya çıkıp her şeyle rekabet etmek konusunda büyük bir baskı hisseder.

Kocanız sessiz kalıyorsa, onun sizin kadar derin duygular içinde olmadığını düşünmeyin. Erkeklerin ağlayan bebeklere gösterdiği tepkiler kadınlara göre daha az konuşma içerir fakat onlar da aynı terleme, kalp atışı ve tansiyondaki keskin artış tepkilerine sahiptir.

Yeni bir babanın, bebeğini ilk kez kucağına alacağı zaman, hayatında ilk kez bir kıza çıkma teklif ettiği an kadar gergin olduğuna şüphe yoktur. Bu yüzden sevgili kocanıza karşı sabırlı olun. Size ihtiyacı olduğunda yanında olun, fakat bebeğinizi nasıl sakinleştireceğini anlamaya çalışmaya başladığı an onu hemen kurtarmayın; ona sadece "Beş Temel Prensip"i hatırlatın. Sizin ona duyduğunuz güveni hissedecek ve bunu tek başına yapabildiğinde çok mutlu olacaktır. Bundan sonra bebek konusunda kendini bir yabancı gibi görmek yerine, kendini "takımdaki yıldız oyuncu" gibi hissetmeye başlar.

10. Depresyonu Görmezden Gelmeyin: Davetsiz Misafir

Bir anda dünyam karardı. Duygularım suçluluk, öfke, umutsuzluk ve derin bir endişe arasında o kadar hızlı değişiyordu ki kendimi bedenimden ayrılacak ya da aklımı kaçıracakmışım gibi hissediyordum. Kendime zarar verip hastaneye kaldırılarak tüm bunlardan kurtulmaya dair korkunç hayaller kuruyordum.

Kendimi, iyi bir anne olabileceğimi düşündüğüm için cezalandırılıyormuş gibi hissediyordum. Bebek sahibi olmayı hak etmediğimi hissediyordum. Ve saatlerce ağlıyordum.

Üç haftalık Georgia'nın annesi Louisa

Kulağa ne kadar şaşırtıcı gelse de, yeni doğum yapmış annelerin yüzde kırkı bebeklerinin doğumundan sonraki birkaç haftada mutluluklarını bölen kötü duygular hisseder. Kendinizi bir anda gözyaşları içinde bulabilir, sebepsiz yere endişelenebilir ya da çok yorgun olduğunuz hâlde uyuyamayabilirsiniz ki bunların hepsi doğum sonrası depresyonun erken belirtileri olabilir. Doğumdan kısa süre sonra anneler üç farklı seviyede depresyona girebilirler: *Bebek sıkıntısı,* arada bir ağladığınız, endişeli olduğunuz ve uyumakta zorlandığınız durumdur. *Gerçek doğum sonrası depresyonu* daha çok canınızı yakan ve sizi güçten düşüren bir üzüntüdür. Nadir görülen ve oldukça ciddi sonuçları olabilen bir durum da sanrılar görmek, tutarlı olmayan ifadeler kullanmak ve tuhaf davranışlarda bulunmak gibi belirtileri olan *doğum sonrası psikozudur.*

Bebek Sıkıntısı

Bebek sıkıntısı genellikle bebeğin doğumundan birkaç gün sonra başlar ve en az yedi gün sürer. Kimse neden ortaya çıktığını tam olarak bilmemektedir fakat bazı bilim insanları bunun, doğumdan sonra kadını vücudunda gerçekleşen büyük hormonal değişimlerin sonucu olduğunu düşünmektedir. Ayrıca Bebek Sıkıntısı, yeni doğum yapmış bir annenin hayatındaki diğer stresli durumlar yüzünden (örneğin çok huysuz bir bebek) daha da kötüye gidebilir.

Bebek sıkıntısı o kadar yaygındır ki birçok doktor bunu, doğumun doğal bir uzantısı olarak değerlendirir. Fakat aşırı yorgunluk, korku ve beklenmedik üzüntüler, siz onları yaşarken oldukça büyük bir stres kaynağı olabilir.

Sarah beni aradığında kendini mutsuz ve reddedilmiş hissediyordu. Dört haftalık kızı Julie sonunda sabrını taşırmıştı. Sarah şöyle diyordu: "Kızım sürekli huysuzluk yapıyor ve devamlı ilgi istiyor. Bütün yaşama sevincimin yok olduğunu hissediyorum. Ağlamaya başlamasından çok korkuyorum çünkü hiçbir zaman, birkaç dakika mıyoksabirkaçsaatmisüreceğinikestiremiyorum. Ve bunlar yetmezmiş gibi uykusuzluk çekiyorum. Uykum her zaman hafiftir, fakat şimdi, Julie'nin ağlamasına o kadar dikkat kesilmiş durumdayım ki ufak bir şekerlemeden daha uzun süre uyuyamıyorum. Endişeliyim, bitkinim ve kendimi kaybediyormuşum gibi hissediyorum."

Sarah ve John'dan, onlara Sarmalama Tedavisi'ni öğretebilmem için muayenehaneme gelmelerini istedim. Sarah'nın sorununun büyük kısmının çok yorgun olmasına bağlı olmasını umuyordum fakat Bebek Sıkıntısı'ndan da şüpheleniyordum. Beş Temel Prensip'i onlara öğrettikten sonra, tekniğin işe yaramaması ihtimaline karşı Sarah'yı bir psikologla görüşmek konusunda yüreklendirdim. Neyse ki Sarmalama Tedavisi Julia'nın çığlıklarını susturmak konusunda büyük bir başarı elde etti. Sarah kısa zamanda onu sakinleştirme ve daha uzun uyumasını sağlamak için gerekli beceriler konusunda ustalaştı. Julie daha fazla uyumaya başlayınca, Sarah da kendini daha iyi bir anne gibi hissetmeye başladı.

"Dün bebeğimi beş dakikadan kısa sürede sakinleştirdim! Kendimle öyle gurur duydum ki! Bir hafta içinde üzerime çöken karanlığın yok olduğunu ve normal hayatıma dönmeye başladığımı hissettim."

Gerçek Doğum Sonrası Depresyonu

Bebek sahibi olmakla ilgili en az paylaşılan sırlardan biri depresyondur. Ebeveynlerin hayatlarının en mutlu günleri olması gereken ilk haftalar boyunca normal annelerin yaklaşık %5'i (bu rakam %3 ile %20 arasında değişmektedir) güçlü endişe ve üzüntü dalgalarına yakalanırlar. Doğumdan sonraki hafif üzüntü hissine Bebek Sıkıntısı ismi veriliyorsa, bu daha ciddi olan depresyona "Bebek Cinneti" denmelidir, çünkü bu, bir kadının psikolojik sağlığına bir saldırıdır.

Dalgalar hâlinde gelen ağır duygular bu annelerin tüm dengesini bozar ve kendilerini üzüntü, utanç, öfke, endişe, acı, korku, duygu kaybı, bitkinlik ve umutsuzluk içinde boğuluyorlarmış gibi hissetmelerine sebep olur. Bu durumdaki bir anne için bir sandviç hazırlamak bütün enerjisinin bitmesine sebep olabilir. Bu anneler sıklıkla kendilerine ya da bebeklerine zarar vermekle ilgili hayaller kurarlar. Bu belirtiler doğumdan sonra her an ortaya çıkabilir ve birkaç haftadan birkaç aya kadar etkili olabilirler.

Kendini böyle hisseden bir kadın, o kadar kırılgan hâle gelir ki, neredeyse her şey, şöyle düşünmesine sebep olabilir: *"Benim dışımda her kadın benden daha iyi bir anne olurdu"* ya da *"Benden nefret ettiği için ağladığına eminim."* Sevdiği insanlar ona ne kadar destekleyici sözler söylerse söylesin, yeni anne o kadar kaybolmuş hisseder ki, onların asla ne hissettiğini anlayamayacağını düşünür.

Bu kara delik bir kadını bütün iyimserliğini ve kendine güvenini emebilir. Fakat aynı zamanda, doğum sonrası depresyonunun sebep olduğu utanç ve yalnızlık, bu annelerin birçoğunun acılarını doktorlarından bir sır gibi saklamasına sebep olur.

Fakat depresyon tıbbi bir hastalıktır. Bu anneler genellikle durumlarından kendilerini sorumlu tutsalar da, aslında alerjisi olan insanlardan daha fazla suçluluk hissetmemeleri gerekir. Daha yumuşak biçimi olan Bebek Sıkıntısı gibi Doğum Sonrası Depresyonu'nun sebebinin de, geçici bir hormon dengesizliği olduğuna inanılmaktadır. Ve bu da, stres, yorgunluk, maddi sıkıntılar, aile içi sorunlar ve kolik yüzünden daha kötü hâle gelebilir.

Kendinizi böyle hissediyorsanız, yalnız değilsiniz. Daha önce birçok kadın, şu anda yaşamakta olduğunuz duyguları yaşadı. Neyse ki, kendinizi çok daha iyi hissetmenize yardımcı olacak çok etkili tedaviler mevcut. Lütfen doktorunuzu arayın. Sorununuz Doğum Sonrası Depresyonu bile olmayabilir; doğum sonrasında düşük troid değerleri de depresyon benzeri belirtilere sebep olabilir. Ve depresyona girdiyseniz bile, birçok yeni ve harika ilaç, hipnoz, hafif bir terapi ya da psikoterapinin size çok faydası olacaktır.

Doğum Sonrası Psikozu

Fiziksel, duygusal ve hormonal değişimler içeren ve doğumdan sonra ortaya çıkan bu oldukça ciddi durum bin anneden ancak birinin başına gelir (genellikle doğumdan sonraki iki hafta içinde ortaya çıkar). Genellikle bu çileden çıkmış anneler başkalarının göremediği şeyler görür ve başkalarının duyamadığı şeyler duyar. Sözleri anlamsız hâle gelir, tuhaf şeyleri kafalarına takarlar ve yemek yemeyi reddedip çılgınca hareketli ve kafası karışık hâle gelebilirler.

Doğum Sonrası Psikozu'nun tedavisi vardır, fakat bu acilen müdahale edilmesi gereken çok ciddi bir tıbbi durumdur! Kendinizin ya da tanıdığınız birinin bu çok ciddi hastalığa sahip olduğunu düşünüyorsanız, *hemen* tıbbi yardım alın.

Sevgili Okuyucu,

Umarım *Mahallenin En Mutlu Bebeği* kitabında anlatılan teknikler sizin için de, dünyanın dört bir yanındaki birçok ebeveyn için olduğu kadar yararlı olur.

Göz açıp kapayana kadar, kucağınıza kıvrılan o yeni doğmuş bebek yürüyen, konuşan, yıldırım hızında emekleyen bir bebeğe dönüşecek. Korkunç! Bebeğinizin ilk yaş günü yaklaşırken, lütfen daha büyük çocuklar hakkındaki pratik, eğlenceli ve çok satan kitabım, *Mahallenin En Mutlu Yumurcağı*'na bir göz atın. O da minik yumurcağınızı, şu anda bebeğinizi sakinleştirdiğiniz kadar kolay ve etkili biçimde sakinleştirmenizi sağlayacak teknikleri size öğretecektir.

Bir-dört yaş arasındaki çocuklara yönelik benzersiz yaklaşımım -ki onlar hem şapşal hem de sevimli oldukları için en sevdiğim yaş grubudur- pediatri alanındaki yirmi beş yıllık deneyimlerimle çocukların beyninin işleyişi üzerine yapılan en son araştırmaların birleşimiyle ortaya çıktı. Mahallenin En Mutlu yumurcağı kitabında size, minik yumurcağınızın sabırlı, saygılı ve işbirliğine yatkın olmasını sağlayacak ipuçları, püf noktaları ve teknikleri anlattım. Bu yepyeni yaklaşım, *çocuğunuzun huysuzluk krizlerini birkaç gün içinde %50*'den *%90*'a *kadar azaltmanıza* yardımcı olacaktır!

Söylemeye bile gerek yok ama, bir – dört yaş arasındaki çocukların da iyi ve kötü günleri vardır. Fakat çocukların dilini konuşmayı öğrendiğinizde, en büyük patlamalarını bile durdurmayı ve en histerik yumurcağı bile dakikalar içinde sakinleştirmeyi başaracaksınız. *Mahallenin En Mutlu Yumurcağı* kitabıyla minik yumurcağınızla nasıl iletişim kuracağınızı öğrenecek, huysuzluk krizlerini sonlandırabilecek, etkili sınırlar çizmeyi öğrenecek ve uyku savaşlarından tuvalet eğitimine, ayrılık korkusundan ısırma sorunlarına kadar birçok sorunla nasıl başa çıkabileceğinizi göreceksiniz. "Fast-Food Kuralı", "Yumurcak-ça", "Özel Zaman" ve "Komşu Övgüsü" gibi devrimci tekniklerimi kullanarak, çocuğunuzun günlük "Hayır!" ve "Yapma!" çığlıklarını tatlı bir "Evet!" akıntısı ve kucaklaşmalara dönüştürecek ve çocuğunuzun bu zorlu yılları neşe ve heyecanla atlatmasına yardımcı olacak sakin ve sevgi dolu ortamı yaratacaksınız.

Önünüzde mutluluk dolu pek çok yıl olmasını dilerim.

Doktor Harvey Karp

"Evdeki disiplin ve davranış sorunlarını çözebilmek için pratik ve anlaşılır bir yaklaşım. Bütün ailelere tavsiye ediyorum."
Pediatri Doktoru, Weldon Jordan
Çocuğunuza Sınır Koyma
Sorumluluk Sahibi, Bağımsız Çocuklar Yetiştirmek için Anlaşılır Sınırlar Koymak
Robert J. Mackenzie
yakamoz

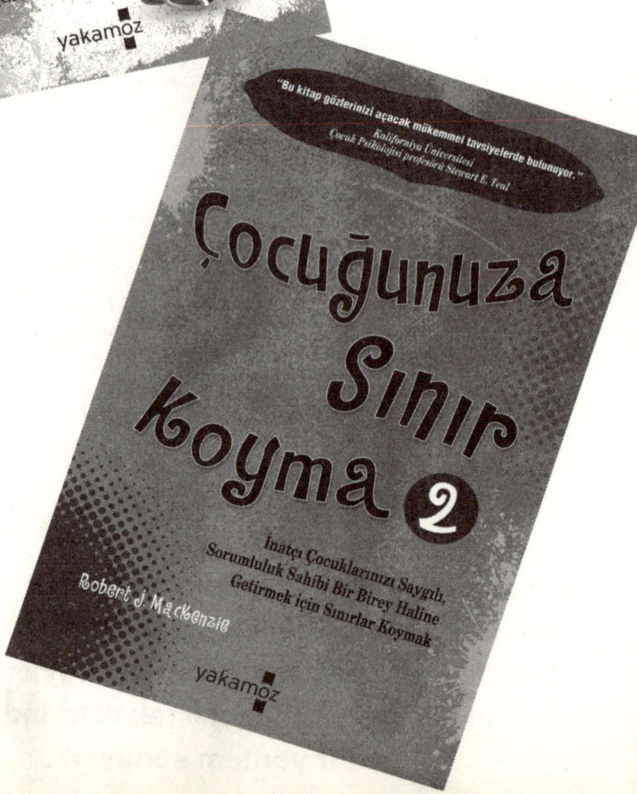
"Bu kitap gözlerinizi açacak mükemmel tavsiyelerde bulunuyor."
Kaliforniya Üniversitesi Çocuk Psikolojisi profesörü Stewart E. Teal
Çocuğunuza Sınır Koyma 2
İnatçı Çocuklarınızı Saygılı, Sorumluluk Sahibi Bir Birey Haline Getirmek için Sınırlar Koymak
Robert J. Mackenzie
yakamoz